我国知识产权信息服务体系建设研究

WOGUO ZHISHICHANQUAN XINXIFUWUTIXI JIANSHEYANJIU

李喜蕊 著

中国政法大学出版社

2016・北京

图书在版编目（CIP）数据

我国知识产权信息服务体系建设研究/李喜蕊著.—北京:中国政法大学出版社,2015.11

ISBN 978-7-5620-6462-6

Ⅰ.①我… Ⅱ.①李… Ⅲ.①知识产权－情报服务－研究－中国 Ⅳ.D923.404

中国版本图书馆CIP数据核字(2015)第274280号

出 版 者　中国政法大学出版社

地　　址　北京市海淀区西土城路25号

邮寄地址　北京100088信箱8034分箱　邮编100088

网　　址　http://www.cuplpress.com（网络实名：中国政法大学出版社）

电　　话　010-58908437(编辑室)　58908334(邮购部)

承　　印　北京华联印刷有限公司

开　　本　880mm×1230mm　1/32

印　　张　9.25

字　　数　220千字

版　　次　2016年8月第1版

印　　次　2016年8月第1次印刷

定　　价　39.00元

本书为国家社会科学基金重大项目（国家知识产权文献及信息资料库建设研究 10&ZD133）阶段性成果，并获得中央高校基本科研业务费专项资金资助。

目录

导　论

当今世界，随着知识经济和经济全球化的深入发展，知识产权日益成为国家创新性发展的战略性资源。知识产权制度就是开发和利用知识资源的基本制度，它通过赋予人们对于知识与信息的有限垄断权，调整人们在创造、运用知识和信息过程中产生的利益关系，激励创新，推动经济发展和社会进步。知识产权信息就是知识产权制度推行过程中而产生的关于知识产权的创造、运用、保护和管理的大量基础性、战略性的信息资源，它集文化、技术、法律及市场等多种信息于一体，几乎包含了各行各业、各个学科最广泛、最前沿的信息。知识产权信息服务是指围绕知识产权信息资源的开发、利用等环节而开展的专业化信息服务。充分发挥知识产权信息的作用，对于推动科技进步和经济建设十分重要，对于提高我国民众的知识产权认知与运用能力、实施国家知识产权战略，促进国家技术创新和发展，具有十分重要的保障作用。

一、研究价值：国家创新体系与知识产权信息服务

20 世纪中后期，以美国为代表的发达国家经历了传统经济发展模式的滞胀和衰落，转而借助于强大的科技实力及其衍生的“知识产品”，找到了以“知识经济”为核心的经济增长点。[1]知识经济的概念首次出现在 1996 年经济合作与发展组织（OECD）的报告《以知识为基础的经济》中，强调知识对经济发展的基础性作用。知识经济作为一种新的社会经济形态，最突出的特点是以高新技术为基础的“知识”的经济功能得到凸显，经济的繁荣直接依赖于信息的生产、分配和使用，知识在生产力中的作用已从非独立因素变为独立因素，由潜在的生产力变成了现实的生产力，知识经济的社会分配方式开始按照知识和信息的占有程度来分配。美国学者拉兹洛曾指出：“在 20 世纪末和 21 世纪初……一个比黄金、货币和土地更灵活的无形的财富和权力基础正在形成。这个新基础以思想、技术和通讯优势为标志。”[2]

知识经济的发展动力是知识的不断创新，以“知识创新”作为提高本国创新能力和核心竞争力的基本国策，实现科技进步和技术创新在产业发展和财富增长中起重要作用的国家被称为“创新型国家”。创新型国家的主要内涵是，知识经济在经济总体结构中占主导地位。创新型国家有四个衡量指标，即科技进步对经济发展的贡献率超过 70%，研发（R&D）经费占 GDP 的总量超

---

〔1〕 吴汉东主编：《科学发展与知识产权战略》，北京大学出版社 2012 年版，第 6 页。

〔2〕［美］E. 拉兹洛：《决定命运的选择》，李吟波等译，三联书店 1997 年版，第 6 页。

过2%，对外技术的依存度不超过30%，在美国、欧盟、日本这三个国家和地区所取得的专利要达到90%以上。依据这四项指标，世界上公认的创新型国家有20个左右，包括美国、日本、德国、瑞士、韩国等。〔1〕这些国家的成功实践证明，强大的自主创新能力是提高核心竞争力的关键，是在激烈的国际竞争中把握先机赢得主动的有力保障。

研究创新型国家知识经济的发展历程，可以发现知识经济的发展体现为以科技进步为支撑的战略性新兴产业飞速发展、以创新为目标的创意文化产业日益活跃、以服务于新兴产业和创意文化为己任的现代服务行业迅猛发展，而这些进步又都依赖于不断完善的知识产权制度提供强有力保障。知识经济从本质上讲，又是以知识产权为基础的经济。〔2〕自主创新能力的提升与实施知识产权战略密切相关。美国于20世纪80年代开始将知识产权纳入国家发展战略，日本于2001年提出“知识产权立国”战略，2004年韩国确立了知识产权的基本国策，2005年欧盟采取对内统一对外一致的欧盟超国家的知识产权战略。这些国家或地区综合竞争实力和经济发展水平均处于世界前列，其共同发展特点是具有较强的创新能力，知识产权对GDP的贡献率比较高，经济发展态势良好。可见，发达国家通过实施知识产权战略激励和保护创新，提高了知识产权创造、运用、保护和管理的能力，提升了自主创新能力和国家核心竞争力，知识产权已成为知识经济中最重要的生产要素和财富资源。

我国正处在经济发展模式转型的关键时期。党的十七大报告

〔1〕 吴汉东主编：《科学发展与知识产权战略》，北京大学出版社2012年版，第16～17页。

〔2〕 王景川：“实施国家知识产权战略，提高我国自主创新能力”，载鲍红主编：《知识产权与创新发展论坛论文集》，知识产权出版社2012年版，第7页。

强调，实现未来经济发展目标关键是转变经济发展方式，大力推进经济结构的战略性调整。时任中共中央总书记胡锦涛在全国科技大会的讲话中指出，自主创新能力是国家竞争力的核心，是我国应对未来挑战的重大选择，是统领我国未来科技发展的战略主线，是实现建设创新型国家目标的根本途径。〔1〕显然，我国已经深刻地认识到转变经济发展方式、提高自主创新能力的重要意义，并将建设创新型国家提高到战略高度。但是，研究结果表明，我国与创新型国家的目标还有很大距离，目前我国科技进步贡献率为51%，2009 年我国对外技术依存度为41.1%，2010 年我国研发支出占全球的12%，但向中国境外提交的专利申请或被其授予的专利权只占世界的1%，〔2〕我国建设创新型国家还任重道远。2008 年我国颁布了《国家知识产权战略纲要》，确立了“激励创造”、“有效运用”、“依法保护”、“科学管理”的十六字战略方针，战略实施七年来，我国在知识产权的创造、运用、保护、管理以及人才培育和文化建设等方面都取得了明显的成效。但我们应该清醒地认识到，在国际竞争日益激烈的知识产权领域，我国所处的国际环境十分复杂，我国的自主创新能力和国家综合竞争力与发达国家相比还有很大差距，必须通过知识产权战略提升我国的科技文化水平和核心竞争力，才能在国际知识产权关系中拥有更多的话语权。

全面提升知识产权信息服务的水平是实施国家知识产权战略的需要，知识产权信息服务在国家知识产权战略实施中起基础支

---

〔1〕 胡锦涛：“走中国特色自主创新道路，为建设创新型国家而奋斗——在全国科技大会上的讲话”，载 http://theory.people.com.cn/GB/49169/49171/4012810.html，最后访问日期：2013 年 8 月 10 日。

〔2〕 吴汉东主编：《科学发展与知识产权战略》，北京大学出版社 2012 年版，第 16～17 页。

撑作用。

2008年颁布的《国家知识产权战略纲要》将知识产权信息服务纳入战略规划之中，提出构建国家基础知识产权信息公共服务平台，促进知识产权系统集成、资源整合和信息共享，同时培育和发展市场化知识产权信息服务，满足不同层次知识产权信息需求。2011年，国家知识产权局、发改委、科技部等十部委联合发布了《国家知识产权事业“十二五”规划》，进一步明确将知识产权信息公共服务建设作为“十二五”期间知识产权事业发展的重点任务。

加快发展知识产权信息服务也是落实国家信息化建设，提高知识产权这一具体领域信息化水平的重要举措。2006年科技部发布的《关于提高知识产权信息利用和服务能力，推进知识产权信息服务平台建设的若干意见》指出，要“加快知识产权信息服务平台建设”，包括“建设和完善各种类型的知识产权信息库”、“建立知识产权信息服务平台向社会开放与服务的运行机制”，以及“加强知识产权信息服务平台与其他科技信息服务平台的相互支撑”等措施，旨在加强对知识产权信息利用与服务工作的领导和协调。

大力发展知识产权信息服务还是保障社会公众和各类企业及时获取知识产权信息，进行知识产权创造和运用，积极参与建设创新型国家的迫切需要。《国家知识产权战略纲要》指出，要“保障公众在文化、教育、科研、卫生等活动中依法合理使用创新成果和信息的权利，促进创新成果合理分享”。2011年国务院办公厅发布《关于加快发展高技术服务业的指导意见》，提出“培育知识产权服务市场，构建服务主体多元化的知识产权服务体系”，同时“扩大知识产权基础信息资源共享范围，使各类知识产权服务主体可低成本地获得基础信息资源”。

知识产权信息服务体系是以满足各阶层对知识产权信息需求为目标，由各类知识产权信息服务机构组成的，以知识产权信息的公布、整合、分析、检索、翻译、数据库建设、信息系统开发等为主要内容，由相关政策法规制度保障顺利开展的整体系统。目前我国已经初步形成以国家知识产权制度为保障、以公益性知识产权信息服务为基础、商业化知识产权信息服务为补充的知识产权信息服务体系。然而，我国知识产权信息服务体系建设与知识产权信息服务能力、国家创新发展的需求之间仍存在较大差距。我国知识产权信息公共服务还存在基础信息公开不充分、基础资源整合不完善、综合服务平台缺乏、地区和行业服务不均衡等诸多问题；我国市场化知识产权信息服务还处在起步阶段，知识产权信息的增值分析（或服务）、深度加工、语言翻译等高层次的信息服务需求无法满足；知识产权信息的公共服务与市场化服务的界限不明确，规范知识产权信息服务的制度不健全等。知识经济的迅猛发展对知识产权信息服务水平的要求越来越高，我国知识产权信息服务还需不断创新发展，与发达国家的信息服务水平和制度规范相比，也有很大差距。

知识产权信息服务是国家知识产权战略体系的组成部分，应该从战略高度充分认识知识产权信息服务的重要意义，从体系化的视角分析我国知识产权信息服务的整体水平与均衡发展，以国际化的视野寻找我国知识产权信息服务的不足，探索我国知识产权信息服务的完善途径。以服务社会需求为导向，以提供知识产权信息资源为主要内容，以支撑国家知识产权战略实施为主要目标的知识产权信息服务体系的建设与研究，具有重要的现实意义与价值。

二、研究现状

（一）“知识产权信息”研究现状述评

1. 关于知识产权信息的内涵及范围

“知识产权信息”其实包含了“知识产权”、“信息”与“知识产权信息”等互不相同又密切相关的概念。知识产权指的是专利权、商标权、版权（也称著作权）、商业秘密等的主体对于创造性的智力劳动成果或工商业标记所享有的民事权利。由于其客体的无形性，知识产权被视为一种极为特殊的私权，[1]对于客体的性质也存在信息说、知识说等不同观点。信息说认为，知识产权的客体是信息，信息是对物质的运动及物质间运动的一种描述，并由此推导出知识产权是信息产权的理论。[2]知识说认为，知识产权的客体是知识，知识是人类对认识的描述，是人的创造物，可以传递，并有真伪之分，信息是物质存在方式和状态的自身显示，就是物质的属性，属于客观领域，不具有传递性，也无所谓真假，并且人不能创造信息，因而知识产权的对象是信息及知识产权就是信息产权这两个结论都是值得推敲的，信息产权理论尚缺乏坚实的基础。[3]两种观点的分歧源于知识说对信息说的误解，误认为信息说把知识等同于信息，事实上，信息说认识到信息产权“是知识产权的扩展”，知识产权是“信息产权的核心”，[4]其侧重点在于强调“知识产权客体的本质是一种信息”。

---

〔1〕 郑成思、朱谢群：“信息与知识产权的基本概念”，载《科技与法律》2004年第2期。

〔2〕 郑成思、朱谢群：“信息与知识产权”，载《西南科技大学学报（哲学社会科学版）》2006年第1期。

〔3〕 向波：“知识、信息与知识产权的对象”，载《知识产权》2011年第1期。

〔4〕 冯晓青：“信息产权理论与知识产权制度之正当性”，载《法律科学》2005年第4期。

知识说具有一定的合理性，比如不能将知识与信息等同，知识产权对赋予财产权的客体有一定限制，如独创性、创新性等，但知识说把知识与信息完全对立也是值得商榷的。简单地从知识说的概念出发，如果说信息是对客观物质的存在方式和状态的自身显示，而知识是人类对认识的描述，那么认识从哪儿来？认识显然只能是人类对于客观事物的自身显示的一种捕捉，可以说，知识就是人类对于信息的认识，所以知识仍然无法脱离信息而存在。从这个角度说，知识是人类对捕捉到的信息的一种描述，是一种人类附加了劳动的带有人类智识的信息。有学者论述过知识与信息的关系：知识是在信息的基础上形成的，信息是知识产生和更新的原材料，但知识的宿主是人，知识是人对一系列相关信息所产生的反应。[1]所以，无论知识说还是信息说，都无法否认知识产权的客体是一种信息，当然这种信息必须是符合一定限制条件的信息，达到“知识”水平的信息。

“知识产权信息”在知识产权信息服务的意义上可以被描述为“知识产权的信息”，也就是说知识产权在此是一个限定词，限定了“信息的范围”即知识产权相关的信息。有观点认为，知识产权信息包含三方面内容：①知识产权保护客体内含的信息，包括发明、创造、新设计及相关的专利技术文献，包括商标新标记、新包装、新装潢商标信息与新科研成果、文学创作以及数据库、软件、网络作品等数字化作品，也就是那些表达了作者新思想、新观点的信息；②知识产权的权利信息，包括权利的性质、归属、权限、时间限制等，实质是知识产权法律信息；③与权利信息相关的经济、贸易信息等，如技术转让信息、商标价值评估信

---

〔1〕 姜永常：“论知识服务与信息服务”，载《情报学报》2001 年第 5 期。

息、出版发行信息等。[1]有观点认为，知识产权信息是表征知识产权属性的信息，这种属性既包括知识产权作为整体的属性，又包括知识产权内各种智力成果权的属性。同时，知识产权信息又是表征知识产权保护客体内含的信息，包括专利信息、商标信息、著作权信息、技术合同信息、涉及知识产权业务的竞争信息等等。因而，知识产权信息概念有两层含义：第一是知识产权保护客体的内在信息。专利文献、商标文献、著作权作品所包含的信息以及工业产权与著作权开发、交流、传播中的信息。第二是有关知识产权的信息。这种信息主要是指知识产权的产生、发展、变更中所发生的信息。知识产权信息的内容主要包括人类认识信息、法律保护信息、知识产权贸易信息、智力成果的形象信息、法律规范信息、知识产权活动动态信息与知识产权行为主体信息。[2]

本书中，知识产权信息是在知识产权信息服务的内容意义上使用的，由于知识产权信息服务需求的广泛而不确定性，对于知识产权信息的内容与范围采取最广泛的解释和运用。对知识产权信息可以有不同认识视角，比如从知识产权的横向分类可以将知识产权信息分为著作权信息、专利信息、商标信息以及其他知识产权信息等。从知识产权信息的产生、发展、保护、运用、管理的过程来看，可以将知识产权信息分为知识产权权利信息、知识产权技术信息、知识产权保护信息、知识产权运用信息以及知识产权法制信息等类型。根据社会的不同需求，对这些类型的知识产权信息的整理、加工、检索、分析及预警等构成了知识产权信

---

〔1〕马海群："网络时代的知识产权信息理论研究"，载《图书情报知识》2003年第1期。

〔2〕马海群："知识产权信息的概念、内容、特点和功能"，载《图书情报工作》1998年第3期。

息服务的主要内容。

2. 关于知识产权信息的基本特点与基本属性

知识产权信息除了具有一般信息的特征外，比如普遍性、共享性、独立性等，还由于知识产权的特性而具有独有的特征与属性。有观点认为，知识产权信息具有法律规定性和特殊时效性，即法律规定着知识产权信息的种类、范围、数量、时效等；同时，知识产权信息既是文献信息又是非文献信息，既是动态信息又是静态信息，通常是公开化信息等。[1]有学者从权利归属的视角，认为知识产权的客体——智力成果作为一种信息具有共享性(知识产权客体的“可复制性”)，因而具有利益归属的多元性或多重性。法律为了知识发展延续的公共利益，则赋予其一定的时效性。[2]有学者从利益平衡与激励论的视角分析知识产权信息的无形性，认为知识产权保护的知识产品作为一种信息，具有无形性的特征，因而使得知识产权信息在没有财产权保护的情况下，将难以被信息的最初生产者所占有，同时信息的无形性也使得信息被生产出来后，可以由无数人同时使用并获益，而不会给信息生产者带来额外的成本。[3]为了既确保信息利用的大众利益又刺激足量信息的生产，需要寻求一种平衡办法。有学者对知识产权的私有与知识产权信息的共享特性的关系进行了进一步分析，认为知识产权作为私权具有排他性，而知识产权的客体作为一种信息具有共享特性，实现二者的兼顾与利益平衡，应该将“客体”与“客体利益”区分开，允许客体（某特定信息）的共享，同时

---

〔1〕 马海群：“知识产权信息的概念、内容、特点和功能”，载《图书情报工作》1998 年第 3 期。

〔2〕 郑成思、朱谢群：“信息与知识产权的基本概念”，载《科技与法律》2004 年第 2 期。

〔3〕 冯晓青：“信息产权理论与知识产权制度之正当性”，载《法律科学》2005 年第 4 期。

运用法律的强制力将该特定信息所生利益确定地配置给法律认可的特定主体（权利人）。表现在立法上，就是知识产权法一般允许甚至要求知识产权信息的公开共享，也就是“客体共享，利益排他”。[1]

前人对于知识产权信息的特征和属性的研究，为知识产权信息服务提供了可行性和正当性的解释。知识产权信息由于知识产权的私权本质而具有私权属性，又由于其无形性和共享性而使得私人权益难以实现，而且为了知识传承的公益需要，法律往往规定私权的授予以知识产权信息公开为前提，这就为知识产权信息服务的开展提供了信息资源的基础。就知识产权信息的具体内容而言，知识产权内在信息同时具有公益性与私权性，知识产权权利信息、法制信息、保护信息及公开的技术信息等则基本上属于公共信息范畴，这也从根本上确定了知识产权公共信息服务的基本责任范围，而对知识产权公共信息资源进行进一步整理、加工等信息服务行为则属于市场化信息服务范畴。

3. 关于知识产权信息的价值功能

在信息社会，知识消费主要是知识产权信息的消费，及时准确获取信息具有巨大经济价值。有研究认为，知识产权信息作为一种信息，它首先应具备信息的功能，一般可分为两个层次。第一个层次是信息的基本功能：维持和强化世界的有序性。第二个层次是信息的社会功能：维系社会的生存，促进人类文明的进化和人自身的发展。同时知识产权信息又具有自己独特的价值功能，具体包括：第一，显示功能，即知识产权信息表达着知识产权活动状态，显示着知识产权法律活动的存在方式；第二，认识功能，即知识产权信息的传播与利用，拓展了人类的认识范围和

[1] 朱谢群：“信息共享与知识产权专有”，载《中国社会科学》2003 年第 4 期。

认识深度；第三，信息资源功能，即知识产权法律保护制度促进了知识产权信息资源的产生，并大大丰富了整个社会信息资源的种类和总量；第四，法律凭证功能，知识产权信息在很大程度上可以说是一种法律信息，它有助于人们据以从事知识产权法律活动；第五，咨询功能，即知识产权信息可以帮助人们完成各种智力创作活动以及开展商业竞争活动，因而具有独特的咨询功能。〔1〕

有学者从比较知识服务与信息服务的视角讨论知识服务与信息服务的功能。信息服务就是为了解决社会信息现象的复杂多样性和社会信息的无序性与人类需求的特定性之间的矛盾而产生的，而知识服务是基于知识在当今社会经济发展中的特殊重要地位而提出的。传统信息服务的核心能力主要体现在信息组织、检索与传递，而知识服务是通过对知识信息的析取、整合、集成、创新而形成知识服务的核心能力，并将这种核心能力融入用户的问题解决和环境分析之中，从而提高对用户活动的支持层次和力度。〔2〕

如前所述，知识产权信息服务的内容是知识产权信息，这是一种融合了人类智力劳动的高层次的达到知识水平的信息。事实上，知识产权信息基本可以代表时下社会科学技术和文化的最高发展水平，是人类社会最前沿的发展信息，因而这种知识产权信息服务行为注定是一种高层次的信息服务行为，除了像一般信息服务一样，具备实现社会信息秩序和文化秩序的有序化以及促进文化的不断发展的功能以外，还具有加速前沿信息传播，促进社会不断创新的价值功能。事实上，知识产权信息正是高科技创新

〔1〕 马海群："网络时代的知识产权信息理论研究"，载《图书情报知识》2003年第1期。

〔2〕 姜永常："论知识服务与信息服务"，载《情报学报》2001年第5期。

顺利推进的保障，纵向来看，知识产权信息在知识产权的产生、发展、保护、运用与管理等各个环节都具有重要的作用和价值；横向来看，不同知识产权信息具有不同价值功能。知识产权法制信息可以提供国家产业政策、文化政策导向，产生或者调整知识产权制度的激励方向，对某个行业或者领域具有决定性影响。知识产权权利信息对于提高知识产权查询与保护证据搜索具有高效度，有利于节约社会成本。专利技术信息对国家产业发展、无形资源利用以及企业发展战略都具有重要的指引作用，是科技发展的"体温计"。

（二）"知识产权信息服务"研究现状述评

1. 关于知识产权信息服务的基本问题

关于知识产权信息服务的一些基本问题，比如知识产权信息服务的内涵或概念、提供主体、服务内容和服务对象等，学界还没有深入的研究，对于这些问题，大多是在对知识产权服务体系进行研究的时候有所涉猎。

马海群在文章《网络时代知识产权信息服务的创新与发展》中认为，知识产权信息服务是基于知识产权信息收集、组织加工与检索而形成的面向用户的信息提供行为，主要包括专利信息服务、商标信息服务、著作权信息服务，是一种围绕知识产权信息资源开发、信息传递与交流、信息加工与发布、信息提供与利用、信息用户获取与信息保障等环节而开展的专门化信息服务。该文同时认为，知识产权信息服务除具有信息服务的一般特性如社会性、伴随性、控制性等特点外，更突出地具有法定性、专业性、特定时效性[1]。

刘菊芳等在《我国急需加快培育知识产权服务业》中指出，

〔1〕马海群："网络时代知识产权信息服务的创新与发展"，载《情报学报》2003年第3期。

知识产权服务是现代服务业和高技术服务业的重要组成部分，主要涉及六方面内容，包括知识产权信息服务（如知识产权信息检索分析、市场预警）、知识产权代理服务、知识产权法律服务、知识产权成果运用转化服务、知识产权咨询服务和知识产权培训服务。杨武等在《知识产权服务业体系研究》[1]中指出知识产权服务业的内容包括六大领域，即知识产权信息服务、知识产权代理服务、知识产权价值评估服务、知识产权金融服务、知识产权培训服务、知识产权管理咨询服务。这两篇文章都指出了知识产权信息服务是知识产权服务的重要组成部分，但并未在行文中对知识产权信息服务进行界定或阐述。

吴汉东主编的《科学发展与知识产权战略实施》一书认为，知识产权服务体系一般分为三个部分和层面：知识产权管理服务层（行政管理、行业管理、公共服务平台）；知识产权中介服务层（代理、咨询、法律、交易、融资服务）；企业内部知识产权服务层（专利申报、跟踪、分析、创新、策略）。其中最重要的是中介服务层，主要包括创新服务、获权和确权服务、法律服务、转化服务、资信服务。资信服务即通过对知识产权信息进行收集、统计、分析、发布，为公众提供信息服务，并促进政府、企业、社会及其知识产权服务机构间有效沟通的服务活动。[2]

国家各行政管理部门在制定知识产权战略或知识产权服务业发展指导意见时对于知识产权信息服务的界定和地位进一步明确化。

---

〔1〕 杨武、付婧、郑红：“知识产权服务业体系研究”，载《中国发明与专利》2011 年第 12 期。

〔2〕 龚健：“数据挖掘技术在农业信息服务中的应用研究”，安徽农业大学 2010 年硕士学位论文。

《国家知识产权战略纲要》将“构建国家基础知识产权信息公共服务平台”作为加强知识产权行政管理的重要措施，将“培育和发展市场化知识产权信息服务，满足不同层次知识产权信息需求”作为发展知识产权中介服务的重要措施。从知识产权信息服务的角度看，纲要指出了知识产权信息服务的两个主要方面，即知识产权信息公共服务与市场化知识产权信息服务。

国家知识产权局等《关于加快培育和发展知识产权服务业的指导意见》(2012) 对知识产权服务业进行了定义，并指出知识产权服务业重点发展的领域有六项，其中之三为知识产权信息服务，主要任务是发展知识产权信息检索分析、数据加工、文献翻译、数据库建设、软件开发、系统集成等信息服务。并指出“加强知识产权基础信息资源整合和开放共享，提升知识产权信息公共服务能力，提供准确、及时、全面的知识产权信息”，是夯实知识产权服务业发展的基础。该意见不仅指出了知识产权信息服务的主要内容，而且明确了知识产权信息服务在知识产权服务业中的基础地位。

2. 关于知识产权信息服务网络平台或数据库建设

随着计算机和网络技术的发展，知识产权信息服务逐渐向数字化、网络化、数据库集成方向发展，国内外知识产权信息服务网络平台或数据库就成为学界研究的热点。比如尹新强的《网络免费专利信息资源识别与利用——国内几大专利信息服务平台比较》〔1〕，张娴、肖国华的《利用 USPTO 网站资源检索美国专利信息》〔2〕，李湖生、康美娟的《中外四大官方网站免费专利检

〔1〕 尹新强：“网络免费专利信息资源识别与利用——国内几大专利信息服务平台比较”，载《山东图书馆学刊》2010 年第 6 期。

〔2〕 张娴、肖国华：“利用 USPTO 网站资源检索美国专利信息”，载《图书情报工作》2005 年第 10 期。

索系统之比较研究》[1]等，对国内外主要的专利信息服务平台进行了比较研究，侧重点在于信息网络平台的利用方式与信息资源的检索方法。鲁欣蕊的《日本知识产权信息服务现状介绍》[2]和《韩国知识产权信息服务现状介绍》[3]两篇文章分别介绍了日本和韩国知识产权管理机构，尤其是专利管理机构的信息服务及其网络平台建设现状。李喜蕊的《中美英行政管理型知识产权网络信息服务对比研究》[4]主要对比了中美英三国行政管理机构知识产权网络平台信息服务的情况，为我国行政管理机构网络信息服务的完善提供了建议。冯晓青、李喜蕊的《中国知识产权文献及信息网络服务现状研究》[5]则是一篇对我国知识产权信息网络服务进行综合性研究的文章。文章认为，中国基本搭建了一个覆盖知识产权基本信息与服务的信息服务网络，包括学术型、行政管理型、司法实务型、专业服务型、商业数据库型和搜索引擎型等几种类型，应在构建综合服务平台、整合信息资源、加大政府信息透明度等方面进一步加强和完善。从目前研究现状看，现在学界的研究较多关注的是服务平台或数据库的使用方法介绍，缺乏理论研究，且绝大多数是对专利信息服务平台和数据库的研究，很少有对商标、著作权等其他知识产权类型的信息服务平台的研究，尤其缺乏对综合性集成化的知识产权信息服务网

---

〔1〕 李湖生、康美娟："中外四大官方网站免费专利检索系统之比较研究"，载《图书馆理论与实践》2008 年第 1 期。

〔2〕 鲁欣蕊："日本知识产权信息服务现状介绍"，载《中国发明与专利》2012 年第 6 期。

〔3〕 鲁欣蕊："韩国知识产权信息服务现状介绍"，载《中国发明与专利》2012 年第 12 期。

〔4〕 李喜蕊："中美英行政管理型知识产权网络信息服务对比研究"，载《湘潭大学学报（社会科学版）》2013 年第 1 期。

〔5〕 冯晓青、李喜蕊："中国知识产权文献及信息网络服务现状研究"，载《黑龙江社会科学》2012 年第 5 期。

络系统建设的研究。

3. 关于知识产权信息服务的发展与完善

知识产权信息服务的发展与完善是知识产权信息服务研究的着眼点，因而不少学者在不同的文章中、从不同的视角对此多有论述。

马海群认为网络时代知识产权信息服务的发展趋势为，从单一形式的服务向综合性服务发展，信息服务体制向多元化方向发展，信息服务业务向集成化方向发展，知识产权信息服务手段、形式等也都呈现出多样化的发展态势。同时指出我国知识产权信息服务应该创新发展，从随机性服务向控制性、规范化服务方向发展，从简单的信息提供服务向专题信息研究服务方向发展，加强在网络信息挖掘技术上的深度加工信息服务，加强信息服务人才培养。〔1〕

冯晓青、李喜蕊认为我国知识产权信息网络服务的完善，需要在以下几方面着力：其一，将知识产权信息网络服务纳入我国信息化建设工程的重要内容，促进我国知识产权信息网络服务体系的构建和完善；其二，政府应当整合知识产权文献及信息资源，建构统一、高效、方便、快捷、内容丰富而全面的知识产权公共文献与信息网络；其三，政府应加大信息的透明度和公开度等。〔2〕

对于知识产权信息公共服务的完善，李喜蕊认为创新知识产权公共服务平台运行机制和服务模式将会大幅提高为科技创新提供专业知识产权服务的能力，也能有效推动知识产权文化建设，形成尊重知识产权的文化氛围，但知识产权公共信息服务平台的建设和有效运行同样需要知识产权意识提高、政策支持和制度完

〔1〕 马海群："网络时代知识产权信息服务的创新与发展"，载《情报学报》2003 年第 3 期。

〔2〕 冯晓青、李喜蕊："中国知识产权文献及信息网络服务现状研究"，载《黑龙江社会科学》2012 年第 5 期。

善来推动，知识产权公共信息服务体系建设是一个系统工程。[1]

吴桐、刘菊芳等认为，我国存在着知识产权信息条块分割、信息利用效率低下、公共信息平台的信息资源参差不齐等诸多问题。因此，应该有效整合知识产权基础信息资源，加强规范管理，有序及早开放基础信息资源，建立能提供全面的综合性信息的公益服务平台，以公共信息服务带动整个知识产权服务业的发展。可以利用云计算技术，跨越地理区域间隔，集约利用资源，有效提供共性需求服务，避免数据库重复建设，浪费社会成本，提高我国知识产权信息化服务能力。[2]

马海群还从知识产权信息管理的视角对知识产权信息及其管理进行了研究，他指出，为了合理开发利用知识产权信息资源，推动知识经济的发展，应对知识产权信息进行有效的管理，比如鼓励知识产权信息的生产、重视知识产权信息的组织加工、提高知识产权信息的检索技能、扩大知识产权信息的传播渠道、强化权利管理信息的保护等。[3]该学者还从知识产权信息管理的调控手段着手，重点从政策导向、法律制约、经济调整等角度，分析了知识产权信息管理的诸多调控手段，以期推动实践中对知识产权信息管理机制的优化。[4]

张立频从知识产权服务模式的视角进行研究，指出在新的知识时代和网络环境下，为了更好地发挥知识产权的社会效益，应

---

〔1〕 李喜蕊："中美英行政管理型知识产权网络信息服务对比研究"，载《湘潭大学学报（社会科学版）》2013 年第 1 期。

〔2〕 吴桐、刘菊芳："我国知识产权服务业发展现状与对策研究"，载《中国发明与专利》2012 年第 6 期。

〔3〕 马海群："加强知识产权信息管理促进知识经济快速发展"，载《知识产权》2003 年第 5 期。

〔4〕 马海群："知识产权信息管理的调控手段分析"，载《世界科技研究与发展》2006 年第 2 期。

当更好地开展自助式知识产权信息服务，建设自助式知识产权信息服务平台，加强服务的主动性、个性化、互动性和连续性。[1]

知识产权信息服务作为信息服务业的一部分，还可以从信息服务方面的研究获取有益的启示。信息服务研究学界的共识是我国信息服务业还处于成长期，即高投入期；信息资源建设相对落后，与国际相比还有很大差距；缺少现代信息服务的高级技术和管理人才；没有健全的信息服务管理体制和组织协调机制；信息服务业法律法规不健全，环境不完善；没有真正建立起合理高效的运行机制。因此要采取以下对策：充分认识信息服务业在国民经济和社会生活中的重要性；统一规划、加大资金投入与政策支持力度；完善信息服务产业法律法规，规范信息服务市场；打造信息服务龙头企业；加大财税政策扶持力度等。

4. 关于知识产权信息服务的制度保障

信息技术的高度发展及广泛应用，使得信息服务领域出现了许多新的、复杂的、仅靠技术手段和传统法律体系难以处理的综合性社会问题，如信息产业的垄断与竞争、信息市场秩序混乱、网上知识产权保护、个人信息泄露、信息污染甚至是信息病毒、信息犯罪等。于是各国纷纷开始修订原有的法律规范或颁布新的法律法规以适应信息化的需求。

从信息服务管理的视角而言，我国知识产权信息服务的保障制度应该包括统一管理制度、市场竞争机制、服务规范机制、成果转化和企业创新机制、人才培养机制。从法律部门来说，涉及民法、刑法、行政法、商法、知识产权法等法律领域。从规范效力和层次上包括法律法规、行政管理条例、司法解释、国际公约等，主要有《专利法》、《著作权法》、《商标法》、《反不正当竞

---

〔1〕 张立频："自助式知识产权信息服务探讨"，载《图书馆学刊》2006 年第 2 期。

争法》、《保守国家秘密法》、《电子签名法》、《植物新品种保护条例》、《计算机软件保护条例》、《集成电路布图设计保护条例》、《出版管理条例》、《信息网络传播权保护条例》、《政府信息公开条例》、《互联网域名管理办法》、《互联网络信息中心域名注册实施细则》、《关于禁止侵犯商业秘密行为的若干规定》、《中国公用计算机互联网国际联网管理办法》、《计算机信息网络国际联网管理暂行规定》、《技术进出口管理条例》、《计算机信息网络国际联网管理暂行规定实施办法》、《互联网站从事登载新闻业务管理暂行规定》、《互联网电子公告服务管理规定》、《互联网信息服务管理办法》、《互联网上网服务营业场所管理办法》、《互联网出版管理暂行规定》等。另外还有大量司法解释和地方信息服务规范出台，我国还参加了相关的国际公约。

从世界范围看，各国在相关法律法规制定方面都取得了较大进展，它们都直接或间接地影响着知识产权信息管理与服务业务的开展。从立法模式看可以分为以美国为代表的分散立法模式和以俄罗斯为代表的统一立法模式。美国模式是针对急需解决的问题进行单独立法，美国于1966年出台《信息自由法案》、1976年出台《政府阳光法案》、1979年制定《统一商业秘密法》、20世纪80年代制定《计算机软件保护法》、1982年出台《国家信息安全法》、1995年发表《知识产权与国家信息基础设施（白皮书)》、1996年出台《反经济间谍法》、1998年颁布《数字千年版权法》等，建立了代表国际水平的信息法制体系，这种模式可以及时解决问题，效果立竿见影。俄罗斯模式是采取立法的整体思路，出台基本法，然后对具体问题制定单行规则。1995年俄罗斯联邦通过了信息基本法——《信息、信息化和信息保护法》，它明确了信息化法律框架，确立了信息资源的法律地位，主要调整对象是信息化建设、信息资源开发利用与服务过程中发生的各种法律关系，为俄罗斯信息经济的发展提供了法律保障。

2002 年 7 月日本制定了《知识产权战略大纲》，系统阐述了日本知识产权战略的思路和行动措施。2002 年日本通过了《知识产权基本法》，2003 年日本政府依据《知识产权基本法》在内阁中增设知识产权战略本部，作为统一推行知识产权战略的战略决策部门，为知识产权战略及相关措施的实施提供强有力的制度保障和组织保障。另外值得一提的是，欧盟于 1996 年公布了《数据库法律保护指令》，该指令对数据库进行了界定，并指出数据库服务是数字信息服务的重要方式。指令的出台使数字信息服务提供者的权益得到充分保障，增强了数字信息服务提供者投资数据库建设与服务的信心，促进了数字信息资源的交流与传播。美国、俄罗斯、日本和欧盟的立法是全球信息服务立法的典范。

可以说，从规范信息服务的视角而言，我国已有的法律规范已经广泛涉及信息管理、信息产权、信息交易、信息公开、信息保护和信息安全等方方面面。但是，如果与国外相关立法保护相比，我国相关的立法保护工作还只能说是处在初级阶段和初级水平，知识产权信息服务法律规范的立法层次性较低，系统性、独立性和操作性都显得不够，立法质量不高，法律规范相互冲突的现象也普遍存在。我国的相关立法不仅需要完善和发展，而且需要质的飞跃和成熟理论的指导。

通过以上考察，我们可以看到，学界对于知识产权信息服务，从概念、内容到服务平台或数据库、发展状况、制度保障等方面都有所研究，并从不同角度对知识产权信息服务体系的完善提供了建议，虽然某些方面还很薄弱，但也为继续研究提供了素材和有益的视角。

（三）“知识产权信息服务体系”研究现状述评

知识产权信息服务是国家知识产权战略实施的有力支撑，是知识产权服务业的基础组成部分，具有重要的研究价值。但同时知识产权信息服务是一个新型的服务行业，无论服务实践还是学界的研究都处于起步阶段，没有达到系统化体系化的程度，所以，目前对于知识产权信息服务体系的研究还比较欠缺。

当然，学界仍然有些关于知识产权服务体系与知识产权中介服务体系的研究成果。

杨武等学者认为，知识产权服务体系是指由相关法律法规、部门及地方政府规章构成的知识产权服务法律规范，由服务机构及其执业人员构成的知识产权服务执业主体，由政府主管部门、知识产权服务行业协会构成的知识产权服务行政管理和自律管理主体，由相关政策措施、保障措施构成的知识产权服务基础保障所共同组成的使知识产权服务活动能够正常有序地开展的整体系统。其主要服务内容包括知识产权信息服务业、知识产权代理服务业、知识产权价值评估服务业、知识产权金融服务业和知识产权咨询服务业等，并贯穿于知识产权创造、运用、保护和管理全过程的知识产权服务体系。该学者进一步通过对一些主要国家专利运用与产业化服务体系进行考察，发现各国的知识产权服务体系都包括公共和民营两部分，公共体系指主要由政府推动、支持的机构和活动，民营体系指主要由市场推动的机构和活动；通过对我国知识产权服务业的考察可以发现，从总体上看，我国知识产权服务发展与科技经济社会发展仍然不协调，在服务能力和水平方面亟待提高。因此，知识产权服务业的发展，应按照市场化、产业化、规范化、国际化的思路发展。〔1〕

唐恒认为，知识产权中介服务体系是为适应经济建设和科技进步发展的需要而设立的，以面向中小企业技术创新和提高竞争

---

〔1〕 杨武、付婧、郑红："知识产权服务业体系研究"，载《中国发明与专利》2011 年第 12 期。

力为主要目的的，由众多知识产权中介服务机构组成的知识产权服务体系。具体包括知识产权代理服务、知识产权转让交易服务、知识产权信息咨询服务和知识产权法律服务。我国知识产权信息服务体系有了一定的发展，但也存在一些问题，比如中介服务机构发展不平衡、中介服务市场不规范、中介服务能力较弱、人才素质较低、国际化程度较低等。我们应该健全法制、规范市场、加强人才培养等。[1]

吴汉东认为知识产权中介服务体系是知识产权服务体系三个层面中最重要的一个层面，是知识产权服务体系中最活跃、最丰富的要素和主力军。知识产权中介服务体系是指由有关法律法规、部门及地方政府规章构成的知识产权中介服务法律规范，由中介服务机构及执业人员构成的知识产权中介服务执业主体，由政府主管部门、知识产权中介服务行业型协会构成的知识产权中介服务行政管理和自律主体，由有关政策措施、保障措施构成的知识产权中介服务基础保障所共同组成的使知识产权中介服务活动能够正常有序地开展的整体系统。该学者同时对知识产权中介服务体系的类别、作用，我国知识产权中介服务的发展、不足及完善进行了研究。[2]

徐峰则对国外专利信息服务体系进行了介绍和研究，他认为目前发达国家的专利信息服务体系虽然各具特色，但从总体上看，大都形成了由政府部门、公益法人和民间盈利机构组成的完整的、多层次的服务体系，并呈现出以下几个主要特点：从国家战略层面强化专利信息服务体系的建设；政府专利机构提供了丰

[1] 唐恒：《知识产权中介服务体系的构建与发展》，江苏大学出版社 2011 年版，第 42 页。

[2] 吴汉东主编：《科学发展与知识产权战略实施》，北京大学出版社 2012 年版，第 346 ~ 365 页。

富的公共服务渠道和服务内容；拥有发达的商业专利信息服务体系；企业重视专利信息的开发与利用。该学者提出了完善我国专利信息服务体系的建议：进一步从国家战略角度强化专利信息服务体系的建设；拓展公共专利信息的服务渠道和服务方式；鼓励商业化的专利信息服务；采取措施鼓励企业开发与利用专利信息。[1]

知识产权服务体系、知识产权中介服务体系以及专利信息服务体系的研究为知识产权信息服务的研究提供了有益的研究思路、研究视角和方法，但都无法替代对知识产权信息服务体系的研究。知识产权信息服务作为知识产权服务体系的基础部分有着自己完整的体系和发展趋势，知识产权服务体系和知识产权中介服务体系研究中对知识产权信息服务的研究割裂了信息服务体系中信息的生产、服务、使用之间的链条，专利信息服务体系的研究则不能囊括知识产权信息服务的所有类型，因而是片面的。

目前，实务界更多关注服务平台和服务系统的使用或构造研究，学术界的注意力则较多地停留在对知识产权服务或专利信息服务的研究上，并没有把知识产权信息服务的微观构造和服务体系的宏观整合纳入研究视野之中。唯有全面深入研究知识产权信息服务体系，明确知识产权信息服务的内涵、特点、内容、体系等等，才能更好地完善知识产权信息服务，使其真正能起到知识产权战略与知识产权服务体系的基础支撑作用，为国家的创新发展发挥应有的作用。

三、研究思路与主要观点

本书从分析知识产权信息服务及知识产权信息服务体系的内涵、特点与对国家创新发展的意义入手，结合知识产权信息的专

---

〔1〕 徐峰：“国外专利信息服务体系建设经验与启示”，载《科技管理研究》2008 年第 11 期。

有与共享兼有的本质属性，探寻知识产权信息服务的价值追求，即知识产权公共信息服务与商业化信息服务相互补充、协调发展，实现知识产权信息资源的优化配置。根据我国知识产权信息需求调查和国内外知识产权信息服务体系建设现状比较，我们发现我国的知识产权信息服务体系建设在统筹规划、协调发展、网络建设等方面都取得了一定的成绩，但仍有很大完善空间。我们认为，我国的知识产权信息服务体系的发展完善应该立足于“知识产权信息资源优化配置”的价值理念，以“公共服务为基础、市场发展是方向”为基本原则，全面推进知识产权信息服务体系协调发展。在国家创新发展与知识产权国际化发展的趋势下，为了优化配置知识产权信息资源，我们应该兼顾公平与效率，建设信息资源丰富、信息需求旺盛、服务主体多元、保障有力制度的四位一体的层次丰富协调发展的知识产权信息服务体系。

本书在“四位一体”体系基础上，继续探索确保知识产权信息服务体系优化的制度因素，并没有局限于就信息服务论信息服务。知识产权相关政府机构作为知识产权规则的生产者和执行者，决定着知识产权信息的内容和范围，甚至是基础信息来源，所以知识产权信息服务产业的发展离不开政府基础信息的供给、政府信息的共享，以及知识产权政府信息资源的开发利用政策的保障，知识产权信息素养的培育则影响着知识产权信息资源的市场需求及应用能力。为此，我们的工作重点应放在确保知识产权信息资源的来源丰富、开发充分、利用便利，以及提高知识产权信息意识和利用能力等方面，落实到制度层面，我们的主要任务就是完善知识产权信息资源公开制度、共享制度、开发与利用制度，建立知识产权信息素养培育制度，形成信息公开、共享、开发、利用与创造良性循环的知识产权信息服务大环境，确保知识产权信息服务体系的健康协调发展。

第一章

知识产权信息服务体系范畴界定

加快发展服务业，推进经济结构调整、产业结构优化升级，是“十二五”时期的重大任务，是适应对外开放新形势、提升综合国力的有效途径。2012 年党的十八大报告再次提出了推动服务业特别是现代服务业发展壮大的任务要求，为服务业发展指明了方向。国家知识产权局等《关于加快培育和发展知识产权服务业的指导意见》（2012）进一步指出，“加快发展知识产权服务业，是促进科技和经济紧密结合的重要抓手，是提高产业核心竞争力、促进经济结构调整、加快转变经济发展方式的重要举措”，并且要重点发展知识产权代理服务、法律服务、信息服务、商用化服务、咨询服务和培训服务等六大服务领域。

第一节　知识产权信息服务的内涵与特点

一、知识产权信息服务的内涵与定位

《国务院关于印发服务业发展“十二五”规划的通知》（2012）是落实《中华人民共和国国民经济和社会发展第十二个五年规划纲要》要求、指导我国服务业发展的总体部署，是编制服务业各领域专项规划（指导意见）和地方服务业发展规划的重要依据。该通知将知识产权服务业定位为“高技术服务业”和“科技服务业”，强调高技术服务业和科技服务业对产业创新和企业核心竞争力的重要作用，提出要“培育知识产权服务市场，构建服务主体多元化的知识产权服务体系”。

为贯彻落实《国家知识产权战略纲要》（2008）和《国务院办公厅关于加快发展高技术服务业的指导意见》（2011），加快培育和发展知识产权服务业，知识产权局联合发改委、科技部、农业部、商务部、工商总局、质检总局、版权局、林业局联合制定了《关于加快培育和发展知识产权服务业的指导意见》（2012）。该意见进一步确定了知识产权服务业在“中国制造”向“中国创造”转变的战略转型期的重要地位和作用，指出“发展知识产权服务业，有利于提升自主创新的效能与水平，有利于提高经济发展的质量和效益，有利于形成结构优化、附加值高、吸纳就业能力强的现代产业体系”。

通过战略纲要以及上述规划、通知与意见，我们可以明确知识产权信息服务的高技术服务业的性质，了解知识产权信息服务在知识产权服务业中的基础作用，明晰我国现阶段知识产权信息服务需要重点发展的任务。

第一，知识产权信息服务是一种高技术服务。知识产权服务是现代服务业的重要内容，是高技术服务业发展的重点领域。知识产权信息服务是知识产权服务业重点发展的领域，也是信息服务的一种。但知识产权信息服务又有别于一般的信息服务，是一种专业的综合性的高技术含量的信息服务，是信息服务体系中高新技术服务的一种。

第二，知识产权信息服务是知识产权服务业重点发展的六大领域之一。知识产权服务业，主要是指提供专利、商标、版权、商业秘密、植物新品种、特定领域知识产权等各类知识产权“获权——用权——维权”相关服务及衍生服务，促进智力成果权利化、商用化、产业化的新型服务业。[1]知识产权服务业的重点发展领域包括信息服务、法律服务等六大领域。而知识产权信息服务的重点任务是“发展知识产权信息检索分析、数据加工、文献翻译、数据库建设、软件开发、系统集成等信息服务。鼓励知识产权服务机构对知识产权基础信息进行深度加工，支持利用移动互联网、下一代互联网、云计算、物联网等新技术，建设专业化知识产权信息服务平台，创新服务模式，开发高端知识产权分析工具，提高知识产权信息利用效率”。

第三，知识产权信息服务是知识产权服务业发展的基础。在我国经济发展方式由“中国制造”向“中国创造”转型的攻坚时期，知识产权服务业的发展是促进科技和经济紧密结合的重要抓手，是提高产业核心竞争力、促进经济结构调整的重要举措。为了“明显提高”知识产权服务业对经济社会发展的贡献率，将知识产权服务业发展为高技术服务业中最具活力的领域之一，《关于加快培育和发展知识产权服务业的指导意见》（2012）提出了

---

〔1〕 国家知识产权局等《关于加快培育和发展知识产权服务业的指导意见》（2012）。

知识产权服务体系的发展目标，即公共服务和市场服务协调化、服务主体多元化、服务机构规模化、服务人员国际化等，而要实现这些目标，必须夯实基础，即发展知识产权信息服务，尤其是知识产权信息的公共服务能力。知识产权信息服务在知识产权服务体系中具有基础支撑作用，这在研究领域中多有涉及。〔1〕

知识产权信息服务发展的重点任务包括：一是提升知识产权信息公共服务能力，加强知识产权基础信息资源整合和开放共享；二是知识产权信息服务均衡发展，支持欠发达地区完善知识产权服务公共设施建设；三是知识产权信息服务主体多元化，建立政府部门、行业协会、图书情报机构、知识产权服务机构与企业、高校、科研机构等共同参与、协调联动的服务体系。

第四，知识产权信息服务的内容应该是最广泛意义上的知识产权信息。知识产权信息是一个宏大的范畴，具有多层次性和多种类性。从主客体方面看，知识产权信息既包含客体意义上的信息，即知识产权的内在信息，是一种关于技术、工商业经营商誉以及文化的创新性信息；又包含主体意义上的信息，即知识产权权利保护与运用等方面的信息，还包括知识产权的创造、运用、保护与管理过程中及其历史演变中产生的信息。从知识产权的专业横向，可以将知识产权信息分为著作权信息、专利信息、商标信息以及其他知识产权信息等。从知识产权信息的产生、发展、保护、运用、管理的过程来看，可以将知识产权信息分为知识产权权利信息、知识产权技术信息、知识产权保护信息、知识产权运用信息以及知识产权法制信息等类型。此外，作为一种服务业，知识产权信息服务应该一切以社会或市场需求为导向，与知识产权信息的多层次相对应，社会对于知识产权信息的需求也是

〔1〕 杨武、付婧、郑红："知识产权服务业体系研究"，载《中国发明与专利》2011 年第 12 期。

多种多样、多种层次的，所以，知识产权信息服务内容应该包含知识产权信息最广泛的内容。考察了知识产权信息服务的定位和主要内容，我们可以考虑给知识产权信息服务进行界定。根据任何事物都是相互联系的观点，定义知识产权信息服务应该从知识产权信息服务在知识产权服务业及信息服务业的定位入手，包含知识产权信息服务的内容、任务及性质。因此，本书认为，知识产权信息服务主要是指提供专利、商标、著作权、商业秘密、植物新品种、特定领域知识产权等各类知识产权信息的信息公布、信息整合、信息分析、信息检索、信息数据库建设、信息文献翻译、信息系统开发等知识产权信息加工服务的信息服务新类型，是知识产权服务的一个重要组成部分，是知识产权服务业发展的基础，也是高新技术服务发展的重点领域。简言之，知识产权信息服务是指提供知识产权信息加工的高新技术型的信息服务。

二、知识产权信息服务的多元主体

知识产权信息服务的主体是知识产权信息服务的供给者和提供者，是知识产权信息服务体系中的服务机构。知识产权信息固然重要，但对知识产权信息的收集、整理、检索、分析和产业预警等却是一种十分专业的活动，知识产权信息服务的专业性、综合性和知识性决定了在知识产权创造阶段，为了有效利用知识产权信息，必须借助于专业的知识产权信息服务机构。知识产权信息服务机构人员既熟知相关国家政策和法律，又精通知识产权制度，了解专业技术知识，具备数据检索分析技能，因而能够确保对知识产权信息的充分掌握和正确分析。所以，知识产权信息服务机构是知识产权信息与创新主体之间有效沟通的一座桥梁，是知识产权市场主体创新决策的导航仪。

按照知识产权服务机构的组织形式和属性的不同，可以将其分为三大类：一是知识产权信息公共服务机构，主要包括国家知识产权行政机关、立法机构和司法机构；政府机构直属的事业型信息服务机构、知识产权行业联盟或协会等。这些机构提供知识产权信息服务主要基于公益性的需要，服务内容主要是基础性知识产权信息，服务方式大多是免费服务，或者基础信息免费、深加工信息实行价格交易等。信息公共服务目的是满足社会成员对信息的基本需求、维护公共利益，提供方式是免费或廉价的，基础性、普遍性和非营利性是其基本属性。[1]

二是商业性知识产权信息服务机构，主要包括以注册公司形式存在，具有独立法人资格的知识产权信息商业服务专门机构。商业服务机构，是介于政府与企业之间、信息生产者与使用者之间的信息服务机构，具有中介性质，以营利为目的。商业性知识产权信息服务机构又可以从业务范围上分为提供综合服务的综合型、提供某一种信息服务的专业型、专注于信息系统开发的技术型。

三是企业内部知识产权信息服务部门。企业既是知识产权信息生产的源头，又是知识产权信息运用的终端环节，因此，企业内部的知识产权信息服务机构对内负有知识产权信息的开发、管理与服务的职责，对外具有推动知识产权信息的营销、转化，并确保充分利用外部知识产权信息的责任。

按照提供知识产权信息的不同类型，还可以将知识产权信息服务机构分为综合性知识产权信息服务机构和专业性知识产权信息服务机构。综合性知识产权信息服务机构提供包括专利、商标、著作权、植物新品种等多种或各种知识产权信息的综合服务；专业性知识产权信息服务机构提供一种或两种知识产权信息

---

〔1〕 李蓉："公益性信息服务的内涵与外延探究"，载《情报杂志》2007 年第 11 期。

的专业服务，比如主要提供专利信息服务的专利信息服务机构，主要提供商标信息服务的商标信息服务机构，主要提供版权信息服务的信息服务机构等。

根据知识产权信息服务主体的组织形式与服务内容不同，可以将知识产权信息服务体系分为三个层面：公共层面、中介层面和企业内部层面。

公共层面主要由提供公益性知识产权信息服务的机构组成。在我国主要包括国家机关及政府财政支持的公共事业型信息服务机构、行业联盟（协会）型信息服务机构、学术型知识产权信息服务机构。由于知识产权信息的法定性，公共层面的信息服务机构往往掌握着大量的知识产权基础信息，其主要任务就是基础信息的及时整理、加工并适时公布，因此，公共层面的知识产权信息服务在整个知识产权信息服务体系中处于基础地位。

中介层面主要由各商业性知识产权信息服务机构组成，其主要的服务方式是通过对公共层面服务机构公布的知识产权基础信息进行深度加工或集成服务，满足对知识产权信息服务较高要求的中高端层次的需求，是连接公共服务机构与信息需求机构的中介和桥梁，是知识产权信息服务体系的中间环节。

企业内部层面主要由各企业及其内部知识产权信息服务部门组成，其主要职责为充分利用公共层面与中介层面知识产权信息服务机构提供的信息服务，推动企业内部知识产权信息的积极创造、合理开发、有效运用，最终实现企业的创新发展，是知识产权信息服务体系的终端环节。

知识产权信息同时具有公益和私益属性，公共层面的知识产权信息服务机构主要是基于知识产权信息的公益属性，为了实现公共利益，以公共需求为导向，属于公益性信息服务机构；而中介层面和企业内部层面则是基于知识产权信息的私益属性，为了满足商业利益需要，以市场（企业）需求为导向，属于商业化信息服务机构。因此还可以将知识产权信息服务体系分为公益性知识产权信息服务层面和商业化知识产权信息服务层面。《国家知识产权战略纲要》、《国家知识产权事业发展十二五规划》和《关于加快培育和发展知识产权服务业的指导意见》都是采取的这种划分方法，知识产权信息公共服务作为加强国家知识产权管理的重要措施，以促进知识产权信息的资源整合和信息共享为己任；商业化知识产权信息服务鼓励企业参与增值性知识产权信息开发利用，以满足不同层次的知识产权信息需求为主要追求。

三、知识产权信息服务的特点与分类

首先，知识产权信息的前沿性决定了知识产权信息服务是前沿知识密集型信息服务。知识产权信息是一种融合了人类智力劳动的高层次的达到知识水平的信息。事实上，知识产权信息基本可以代表时下社会科学技术和文化的最高发展水平，是人类社会最前沿的发展信息，知识产权信息服务具有加速前沿信息传播，促进社会不断创新的价值功能，是发展知识经济和实现知识创新的重要基础，对国家产业发展、无形资源利用以及企业发展战略都具有重要的指引作用。因而这种知识产权信息服务行为注定是一种高层次的知识密集型信息服务行为。

其次，知识产权信息的法定规范性决定了知识产权信息服务是专业性信息服务。知识产权信息服务是信息服务体系中的专业化信息服务的一种。从信息呈现形式看，知识产权信息权威性高、内容规范，信息发布之前已经有专业人员依照一定的标准对信息进行了筛选和规范化处理，信息著录项相对比较完整，对信息重新整合组织时能方便地进行标引、著录、分类、提高信息组织效率。从知识产权信息内容看，知识产权信息具有法律规定性和特殊时效性，即法律规定着知识产权信息的种类、范围、数量、时效等。知识产权信息服务正是围绕着法定的知识产权信息资源的开发与利用而开展的，目的是加快知识产权信息的流动与传播，促进知识产权的转化与交易，最终促进社会的发展，具有专业性特点。

再次，知识产权信息的广泛性决定了知识产权信息服务是综合性信息服务。知识产权的客体十分广泛，包括著作权、工业产权以及制止不正当竞争权等等，并且随着科技的进步和社会的发展，不断有新的客体被纳入知识产权的保护范围；知识产权的创作涉及政府、教育科研机构、企业及个人等不同领域的主体，其创作的知识产权信息成果种类繁多、领域广泛。知识产权信息创造主体的广泛和信息客体的丰富决定了知识产权信息组织及服务对象呈现出多样性、综合性的特征。

随着信息技术和网络水平的发展，知识产权信息服务逐渐向电子化、网络化、集成化方向发展，因此知识产权信息服务从业人员既要具有广泛的知识背景，熟悉最新的科技文化前沿，又要了解国家相关法律和政策，同时还要具有信息管理、网络检索等综合背景知识，这样才能为客户提供满意的信息服务。因此，知识产权信息服务是一种综合性的信息服务。

复次，知识产权信息的共享性与私权性决定了知识产权信息服务的公共性与商业性共存。信息经济学认为，知识和信息具有共享和公共属性，知识产权信息也不例外。知识产权信息的公共性还在于其法定规范性，知识产权制度以公开换取保护的制度设计使知识产权信息具有公开性和公共属性。信息经济学同时指出，因为信息市场的不完全和非对称，信息产品因此又具有商品性。知识虽然来源于社会并存在于社会之中，但知识的获取并不意味着无偿性和无序性。知识产权制度以赋予权利人有限垄断权的形式激励知识的创新和传播，而知识产权是一种私权。随着技术的进步，技术措施的广泛采用，人们可以对知识在数字网络环境中的传播加强控制。近年来，受知识产权保护的客体的逐渐扩张，技术措施和数据库逐渐得到知识产权制度的认可，为知识产权信息服务在数字网络环境中的发展提供了保障。知识产权信息的公共性决定了知识产权信息服务的公共属性，但法律的保障和技术的进步使知识产权信息的深度加工和商业开发成为可能。

最后，根据不同的分类标准，知识产权信息服务可分为不同的类型。根据知识产权信息服务的目的和价值取向的不同，可以将知识产权信息服务分为公益性知识产权信息服务和商业性知识产权信息服务。公益性知识产权信息服务主要是为了实现信息共享，具有公共服务的价值倾向。从各国实践来看，知识产权行政管理部门及政府财政支持的信息服务机构的信息公布、信息整合、信息数据库检索等服务都属于公益性知识产权信息服务。为了公共利益和方便使用的需要，一般公益性信息服务都是免费的，或者对深加工的信息收取边际成本。商业性知识产权信息服务主要以营利为目的。由于知识产权信息公共服务的存在，商业性知识产权信息服务一般进行信息深度加工、信息集成服务、信息服务系统开发等服务内容。

根据知识产权的专业类型，可将知识产权信息服务分为专利信息服务、商标信息服务、著作权信息服务、植物新品种信息服务等。根据信息内容还可以再细化为知识产权法律法规类信息、司法案例类信息、行政管理执法类信息、论著类、机构类、人物类甚至分析工具类等信息服务。

根据知识产权信息加工程度，可分为基础类信息、深度加工类信息等，根据知识产权信息的生产流通加工流程，可以将知识产权信息服务分为信息收集与公布、信息整合与加工、信息检索、信息分析、信息文献翻译、信息数据库建设、信息软件开发、信息系统集成等信息服务类型。

事实上，由于市场需求的复制性，单纯专业的信息服务或某一流程的信息服务发展前景窄，尤其在商业性服务中比较少见，服务主体很少局限于某一类信息服务，知识产权信息服务正向着综合性、集成化的方向发展。

第二节 知识产权信息服务体系的内涵与意义

一、知识产权信息服务体系的内涵

根据《现代汉语词典》的解释，“体系”是“若干有关事物或某些意识互相联系而构成的一个整体”。[1]艾斯勒（Eisler）在《哲学词典》中把体系定义为：“把既存之各色各样的知识或概念，依据一个统一的原则安放在一个经由枝分并且在逻辑上互相联系在一起的理论框架中。”[2]

知识产权信息服务体系就是由知识产权信息服务的各种要素依据一定原则而组成的一个统一的整体或系统。如前文所述，知识产权信息服务的要素包括知识产权信息服务的主体、内容和对象，其服务主体就是各种类型的知识产权信息服务机构和部门，其服务内容就是各类知识产权信息的公布、整合、分析、检索、翻译、数据库建设、信息系统开发，其对象就是广大知识产权信息的需求者，包括个人、组织和机构。知识产权信息服务的目的

---

〔1〕 中国社会科学院语言研究所编：《现代汉语词典》（第6版），商务印书馆2012年版，第1281页。

〔2〕 转引自李琛：《论知识产权法的体系化》，北京大学出版社2005年版，第2页。

是为了实现海量庞杂的知识产权信息的有序，方便知识产权信息的流通、转化，促进知识的传承和社会的不断创新。而知识产权信息服务最终目的的实现必须借助于制度的规范，通过知识产权信息服务的相关法律法规及政策，协调服务主体之间的关系，界定信息服务的内容，规范信息服务的过程，满足社会各阶层的需要。

在对知识产权信息服务的主体、内容、对象、目的及保障基本了解的基础上，可以对知识产权信息服务体系进行定义：知识产权信息服务体系是以满足各阶层对知识产权信息需求为目标，由各类知识产权信息服务机构组成的，以知识产权信息的公布、整合、分析、检索、翻译、数据库建设、信息系统开发等为主要内容，由相关政策法规制度保障顺利开展的整体系统。

该定义明确了知识产权信息服务体系的四位一体：主体部分、内容部分、对象和保障部分。知识产权信息服务体系的主体是各类知识产权信息服务机构；主要服务内容是知识产权信息的公布、整合、分析、检索、翻译、数据库建设、信息系统开发等信息服务活动；知识产权信息服务体系系统的有效运转需要相关政策法规制度的保障，而这一切必须以市场需求为导向。知识产权信息服务建设的任务就是建设一个需求旺盛、主体多元、资源丰富、保障有力的知识产权信息服务体系。

二、知识产权信息服务体系建设的意义

在当今知识经济环境下，知识产权信息服务无论对于国家创新发展和国家知识产权战略实施，还是提高我国民众的知识产权创造、运用、管理和保护，都具有重要的基础保障作用。

（一）宏观意义：知识产权信息服务与国家创新战略

在知识经济与信息经济时代背景下，知识产权信息对于提高

国家经济实力和科技创新能力都具有引领作用。知识产权信息服务体系建设对于积极实施国家知识产权战略，保障国家战略性知识产权资源储备，实现国家创新发展，具有十分重要的意义。

首先，知识产权信息服务体系的建设为国家知识产权战略的实施提供支撑。2008 年国务院印发的《国家知识产权战略纲要》指出“知识产权制度是开发和利用知识资源的基本制度”，为了实现到 2020 年把我国建设成为知识产权创造、运用、保护和管理水平较高国家这一战略目标，要采取包括加强行政管理和发展中介服务的九项战略措施，其中知识产权信息公共服务是加强知识产权行政管理的重要措施，而发展市场化知识产权信息服务是发展知识产权中介服务的重要手段。[1]显然，《国家知识产权战略纲要》把知识产权信息服务体系纳入到整个国家知识产权战略体系之中，字里行间突出了知识产权信息服务在国家知识产权战略中的基础支撑作用。信息服务体系建设属于贯彻和落实《国家知识产权战略纲要》，推进我国知识产权战略实施的重要举措。

四位一体的知识产权信息服务体系将从整体上，为我国知识产权信息资源的有效整合、有序开发、充分利用提供便利，为促进我国科技创新、提高自主创新能力提供良好的信息资源保障。知识产权信息通过信息整合加工、统计分析活动，可以为国家和企业提供科技前沿信息、行业发展信息，有利于国家和企业了解行业和科技发展现状，评估未来发展趋势，发现存在的问题，为国家和不同行业进行发展规划、政策调整和法律完善提供依据。以政府机构及其支持下的公益性知识产权信息服务机构，提供符合建设创新型国家要求的、服务于知识产权创造、管理、保护和

〔1〕《国务院关于印发国家知识产权战略纲要的通知》（国发〔2008〕18 号）。

运用全过程的知识产权信息的公共产品和服务，可以普及民众的知识产权意识，推动企业从劳动密集型向科技研发转型，形成不断创新的良好氛围和良性循环。在国际领域，知识产权竞争向来是国家利益之争，知识产权信息服务体系可以为国家提供了解国外知识产权发展状况的精确数据，提供中外知识产权的整体数据对比，确保国家在涉外知识产权谈判中知己知彼，为国家在国际事务中争得话语权提供理论依据和参考。

其次，知识产权信息服务体系建设对推动国家创新发展具有引领作用。知识产权信息是创新成果公开的载体。据世界知识产权组织统计，全世界每年发明创造成果的90%~95%体现在专利信息中，而且许多成果仅通过专利文献公开，并不见诸其他科技文献。知识产权在科技经济发展中的作用日益凸显，知识产权信息是国家经济发展的重要支撑性信息。知识经济时代，拥有自主知识产权的数量和质量已经成为决定一个国家科技、经济实力和综合竞争能力的重要指标，提升自主创新能力，建设创新型国家是我国现阶段发展的目标。知识产权的竞争不仅代表着企业之间经济利益的较量，更关系着一个国家的科技、经济的竞争能力。知识产权制度的基本原则是在保护私权的同时鼓励信息技术公开。在知识产权制度运作过程中，产生了丰富而独特的信息资源，信息服务体系建设可以促进知识产权信息的广泛传播和有效利用，可以提高国家创新起点和创新能力，加快创新型国家的建设进程。

（二）微观功能：知识产权信息服务与知识产权的创造、运用、管理、保护

首先，知识产权信息服务体系对知识产权创造具有导向作用。知识产权信息蕴含着丰富的技术、经济和法律信息。知识产权鼓励信息公开的制度设计使得知识产权信息的公开往往比创新

成果的商品化早若干年。因此，充分利用知识产权信息可以深入分析技术发展趋势，有效预测产业发展动向及未来市场需求，了解新兴产业的萌芽和布局，可以正确选择自主创新的重要方向、重点领域和技术路线，比较同领域或竞争对手已有技术，提高研发起点，缩短研发周期，提高自主创新水平。有研究表明，在科技创新中充分利用专利信息，可以缩短60%的研发时间和节约40%的研发资金。事实表明，通过知识产权信息跟踪市场动态或产业发展趋势，往往比进行市场调查更具有预见性，企业可据此制定更有远见的发展战略，避免盲目投资，以便调整产业发展方向，主动迎接市场变化。知识产权信息是国家和企业迈向自主创新不可缺少的阶梯，在产业结构调整和重大项目决策过程中起到明确方向的重要作用。

日本就曾经充分利用知识产权信息的导向作用，作出重大产业结构调整，实现跨越式发展。1975年，世界钟表市场经历了一次大转折，传统的机械钟表受到电子石英钟表的冲击。许多企业由于没有预见这一变化，未及时调整企业产业结构，蒙受了很大的经济损失。实际上，专利信息早在20世纪70年代初就预示出钟表市场的这场突变。1970年联邦德国公布了第一件电子表专利，接着1971年又出现了液晶显示产品的专利申请。如果企业能随时跟踪知识产权信息，从中捕捉与自己相关的技术动态，完全可以避免因错误估计产业发展趋势而造成的决策失误，以及由此造成的经济损失。日本企业正是瞄准了这一产业发展动态，在深入进行专利信息分析和市场预测的基础上，作出重大产业结构调整决策，一举成为世界电子表生产强国。[1]

其次，知识产权信息服务体系对知识产权运用具有促进作

---

〔1〕 孙艳玲：《因特网上查专利》，知识产权出版社2003年版，第31页。

用。具备深度知识产权信息开发能力的知识产权信息服务体系可以促进知识产权信息的有效运用，从积极方面说，可以加快知识产权信息的传播和转化；从消极方面说，可以帮助市场主体防范知识产权风险。

知识产权是一种财产权，知识产权信息的传播、应用和转化关系到知识产权权利人利益的实现。知识产权信息服务的快速发展得益于它能将各类知识产权信息全面、客观、准确、及时地传播给需求者，促进知识产权信息的有效运用。一方面知识产权信息服务机构通过知识产权信息的发布与公开，加快知识产权信息的流通和新技术的公开，另一方面通过知识产权信息的整理、检索，为需求者提供针对性的前沿信息，促进供需双方的信息互通和交易，促进知识产权的交易和转化。并可以进一步通过知识产权信息的分析，对知识产权成果产业化前景进行技术分析和判断，对市场容量进行分析和预测，对技术和产品的生命周期进行前瞻性判断，正确确定产量规模，追求经济价值和社会价值的最大化。

同时，在促进知识产权市场交易过程中，知识产权信息服务机构也可以充分利用知识产权信息检索分析与预警的专业知识，帮助市场主体规避知识产权风险。在企业融资上市、产品进出口、技术贸易、技术评估、市场推广等众多经济活动中，市场主体都有必要对相关知识产权信息进行周密严谨的调研和分析，评估和排查知识产权风险，规避市场风险。2006 年，在法国巴黎举办的世界制药原料展览会上，中国 3 家企业被指控专利侵权。〔1〕2010 年，苏州恒久、新大新材、松德包装等各大公司上市失利，这些企业失败的教训就在于决策前没有对知识产权风险进行准确

〔1〕《国家十大振兴规划管理信息服务体系建设项目建议书》（国家知识产权局 2009 年 7 月发布）。

的评估与排查。不注意知识产权信息的有效运用就很有可能陷入知识产权的风险或纠纷之中。

再次，知识产权信息服务体系对知识产权保护具有支持作用。知识产权信息服务还可以提高知识产权保护能力，提高应对侵权诉讼的能力。在企业技术创新活动的一系列过程中，市场主体在制定创新策略的同时，要实现自身的发展，还必须注意保护知识产权，制定知识产权保护策略。一方面，当知识产权权利人权利疑似受到侵害时，知识产权专业信息服务机构从业人员可以充分利用自己既熟悉法律知识又熟悉技术问题的专业优势，帮助权利人对侵权行为进行调查，为纠纷解决提供信息分析报告作为有利证据。另一方面，当市场主体面临知识产权侵权指控时，知识产权信息服务机构也可以运用专业知识和信息资源优势，帮助市场主体收集分析资料，从容应对指控。

最后，知识产权信息服务体系对知识产权管理具有提升作用。知识产权信息服务不仅是提高国家知识产权行政管理的重要举措，也是提升企业知识产权管理水平的重要手段。实践中，大型企业一般设有自己的知识产权服务部门，但是对于大多数企业而言，受资金或规模的制约，在企业内部进行知识产权信息的分析、预警与管理分析往往力不从心，大多借助于专业的知识产权信息服务机构。专业的知识产权信息服务机构一般具有对知识产权信息进行检索、汇集和深度分析的能力，能对知识产权成果进行科学评价（包括技术评价、法律状态评价、产业化前景评价和知识产权市场价值评价），能对知识产权成果进行整合与集成创新，能促进知识产权流转顺畅，能够有效促进知识产权成果产业化和经营。因此，企业通过知识产权信息服务机构可以对自己产业领域的知识产权信息进行收集、整理和分析，进行研发前技术查新，并了解竞争对手的研发活动，为企业的创新发展提供建议。还可以通过知识产权信息服务机构进行专题数据库制作、知识产权管理策略制定、知识产权专业培训，进而建立现代化的知识产权管理制度，制定企业知识产权战略，提高知识产权管理水平。

第二章

知识产权信息服务的理论进阶

第一节　信息的公共属性与信息的垄断

一、信息及其独立性、共享性

信息是和物质、能量并驾齐驱的世界三大基础元素之一，是事物存在的方式和运动状态的表现形式，三大元素之间的关系可以表述为，信息是物质运动留下的“痕迹”，而推动物质运动的动力就是能量。因此，信息便是对物质的运动及物质间运动的一种描述，从哲学本质上说，信息必须以物质为载体，以能量为动力。

世界是物质的，物质是客观存在的，物质运动是永恒的，作为物质运动“痕迹”的信息因此具有了客观性、普遍性、无限性和动态性，除此之外，信息还有自己不同于物质和能量的鲜明的独特性：

首先，信息具有相对独立性。信息必须依附于物质载体而存在，这是信息得以流通的前提，但是信息究竟依附于哪种载体或者说由哪种物质载体来表达和记录，却并不会改变信息的内容，信息对所要依附的物质载体具有可选择性。因此，相对于物质载体而言，信息具有相对独立性，信息的这一特征使得人们有可能对信息进行各种加工处理和变换。

其次，信息具有共享性。正是由于信息对物质载体依附性的相对性，使得同一内容的信息可以在同一时间或者不同时间提供给众多的使用者使用，并且在利用过程中不被消耗，这就是信息的共享性或非消耗性或可复制性。这也是信息区别于物质和能量的主要特性。其积极意义是信息在时间和空间上可以实现最大限度的共享，提高信息利用效率，节约生产成本；其消极意义是共享给现代信息管理中信息产权的安排和控制带来了很大的难度。[1]

二、知识及其公共属性

从认识论意义上说，信息的存在并不以主体的存在为前提，加入主体因素对信息进行定义，可以将信息视为主体（人）所感知或表述的事物存在的方式和运动状态，由于人的感知、理解能力与目的性不同，认识论层次的信息有着更为丰富的内涵。比如说，由于人们的认识能力或观察角度不同，他们所获得的信息即人们实得信息量有所差异；同时由于人们认识能力有限，使得某些人为制造的虚伪信息的存在成为可能。信息在认识论意义上具有一定的可伪性或者针对主体的相对性，这一特性增加了人们对

---

〔1〕 马费成、宋恩梅：《信息管理学基础》，武汉大学出版社 2012 年版，第 6 ~ 8 页。

于信息利用时选择区分的时间成本，却为专门的信息加工和信息提供行为提供了正当性。

从认识论视角而言，主体（人）运用自己的思维能力对信息进行思考加工，信息就上升到知识层面。知识学认为，知识是经由人类独具的思维能力深度加工过的、浓缩的系统化了的特定信息，是优化的信息，从这个角度说，任何知识都是人类智力创造的成果。[1]信息科学认为，知识是系统化信息的集合，而信息则是传递、处理和表现客观事物特性的知识流。[2]学者们还常把信息与知识的关系比作两个大小不同的同心圆，信息是外层圆，知识是内心圆。这形象地表明了知识与信息间的种属关系，知识属于信息范畴，是信息的一部分，但就人类社会而言，知识是信息的核心。[3]既然知识是一种特定信息，所以知识具有信息的一切属性，如前述的相对对立性、共享性、可伪性等等。

但另外，知识的共享性与公共属性还在于知识系统本身的积累性。社会中的人进行信息的传播、交流与接受是个人进行知识传承与创新必不可少的环节，也是社会知识系统有效运转，知识总库吐故纳新的基础性措施。所以，知识只能属于社会集体，任何人都有如同获得生存所必需的空气、水与食物一样的获得知识的正当权利。[4]

---

〔1〕 郑成思："信息与知识产权"，载《西南科技大学学报（哲社版）》2006 年第 1 期。

〔2〕 关家麟："知识经济与信息经济"，载《情报学报》1998 年第 3 期。

〔3〕 郑成思："信息与知识产权"，载《西南科技大学学报（哲社版）》2006 年第 1 期。

〔4〕 冯晓青、杨利华、付继存："国家知识产权文献及信息资料库建设研究——理论探讨与实证分析"，载《中国政法大学学报》2014 年第 2 期。

三、信息的商品化与信息的垄断

对信息的认识还是一个历史过程。在农业社会中，信息在日常生活中只是被作为信件或消息等被不经意地使用着，即使信息阻断，人们的生产和生活也不会受到实质性影响。工业社会开始，信息的价值日益彰显，无论在解决控制危机、促进知识增长还是消除人际行为的不确定性方面，都能够积极发挥作用，成为重要的资源形式。[1]在信息革命的冲击下，人类进入了信息社会，信息和知识成为生产力、竞争力和经济发展的关键，信息对社会的影响已经从一种技术、一个产业、一种经济形态发展为一种社会形态。[2]

信息和知识日益彰显的社会影响使得原本应该共享的信息具有了商品性质并被拉入市场，随之产生了以信息为商品的信息产业。信息经济学认为，正是由于市场信息的不完全和非对称使得市场信息具有了价值，也使得信息能够作为一种特殊的商品而存在。[3]美国著名经济学家肯尼思·阿罗在其著作《信息经济学》中提到："人们可以花费人力及财力来改变经济领域（以及社会生活的其他方面）所面临的不确定性，这种改变恰好就是信息的获得。不确定性具有经济成本，因而，不确定性的减少就是一项收益。所以，把信息作为一种经济物品来加以分析，既是可能的，也是非常重要的。"[4]

信息商品就是用来交换并满足人们某种需要的信息产品，按照载体的不同，可以分为有形的信息商品和无形的信息服务。前

---

〔1〕李晓辉：《信息权利研究》，知识产权出版社2006年版，第11页。

〔2〕李晓辉：《信息权利研究》，知识产权出版社2006年版，第12页。

〔3〕马费成：《信息经济学》，武汉大学出版社2012年版，第113页。

〔4〕转引自马费成：《信息经济学》，武汉大学出版社2012年版，第114页。

者又分为出版物、机读产品、研究报告和声像产品；后者又分为文献服务、检索服务、咨询服务等类型。[1]

信息商品具有信息类似的特性，比如非物质性、共享性和非消耗性等，信息商品的内容（信息）与载体形式无关，而且无论怎样在载体间转移，都不会消减信息商品的价值，信息商品无论经过多少次的市场交易都不会形成独占，而是更大范围内的共享。信息商品的这些特征决定了信息商品在经济领域的一些特征，比如非排他性、非竞争性、高首稿成本、低边际成本等。

从商品的成本角度，即商品在研发、生产、加工和销售过程中所发生的各种费用角度看，信息商品的研发、生产及固定成本比较高，而追加生产的边际成本比较低，这点在知识型信息商品比如软件、数据库等中表现尤其突出，尤其在信息网络环境下，边际成本近乎为零。

正是由于信息商品的非物质性、共享性以及高首稿成本（first - copy cost）和低边际成本的特点，使得信息商品的消费者都可以通过“搭便车”而回避付费的方式获得收益，而排斥这种“搭便车”行为往往会比较困难而且成本高昂。因此，信息商品具有一定的非排他性。然而随着规模经济的发展、技术的进步和法律的介入，通过经济、科技、法律手段，信息商品的排斥“搭便车”行为、进行收费甚至进行市场垄断都成为可能。

首先，信息商品的高固定成本、低边际成本的成本结构，使得信息商品的无限扩大规模的生产成为可能，并进一步降低了平均成本。低成本高产量的规模经济甚至可以满足整个市场的需要，使信息商品形成市场的自然垄断。

其次，随着科技的不断进步，比如技术措施的采用，使得信

〔1〕 马费成：《信息经济学》，武汉大学出版社2012年版，第114页。

息商品的排他性不仅变得可行，而且排他成本也逐渐降低，信息商品逐渐由纯粹的公共产品演变为准公共产品，即具有排他性和非竞争性的准公共产品，非竞争性的含义包括边际成本为零和边际拥挤成本为零。

最后，法律的介入尤其是知识产权制度的出现使得信息商品出现了人为垄断的特性。知识产权制度是一种通过赋予知识产品创造者或知识产品所有人以其知识产品市场经营专有权等权利，来促进知识的创造、传播与利用，推动社会文明进步的法律制度。〔1〕在知识产权法律的保护下，信息商品就成为具有非自然垄断性的商品。可以说，知识产权制度的确立是信息商品正式得到社会承认的标志，现代通信技术和计算机网络技术则扩大了信息商品化的深度和广度，信息商品的地位得到了完全的确立。〔2〕事实上，知识产权制度还是平衡信息公共属性与信息商品垄断性之间矛盾的关键。

第二节　知识产权信息的专有和共享

信息和知识天然具有公共属性，知识还具有社会传承的社会属性，这是促进信息的有效传播和知识的共享，推动社会信息和知识不断创新和传承的保障。然而，随着信息的商品化、科技的发展和法律的介入，信息和知识产品具备了排他性的垄断可能。从权利角度看，对信息产品尤其是知识产品这种特有信息的使用，存在着两种相互矛盾、相互制约的权利：信息创造者、信息

〔1〕 冯晓青：“论利益平衡原理及其在知识产权法中的适用”，载《江海学刊》2007 年第 1 期。

〔2〕 马费成：《信息经济学》，武汉大学出版社 2012 年版，第 113 页。

产品的传播者与经营者对信息和信息产品的专有权利，以及社会公众对信息及其产品的共享权利。知识产权制度通过授予权利人垄断权来激励知识生产，同时保障知识信息的传播和利用合法垄断，成为平衡两种权利的关键性制度设计。知识产权法是商品经济和科学技术发展到一定阶段后对知识产品资源进行最佳市场配置的制度。[1]

一、知识产权法及其平衡机制

知识产权是人们对于自己的智力活动创造的成果和经营管理活动中的标记、信誉所依法享有的专有权利。[2]知识产权是一种有别于财产所有权的无形财产权，在私人层面，知识产权是知识财产私有的权利形态，即知识产权具有私权性。知识产权作为一种专有性的民事权利，还具有排他性和绝对性，权利人垄断知识产权并受到严格保护，但与所有权不同的是，这种排他性具有一定的相对性，往往要受到地域限制、时间限制，使知识产权的效力在空间上往往局限于本法域范围，在时间上控制在法律规定的有效时间内，知识产权还往往受到权能方面的限制，比如著作权的合理使用、专利权中的临时过境、商标权中的先用权使用等等。权利人垄断知识产权并受到诸多限制，这是世界各国激励知识创新、促进文化发展所普遍采取的原则。

知识产权的客体是人们在科学、技术、文化等知识形态领域中所创造的精神产品，即知识产品，[3]这种知识产品本质上是一种信息，知识产权是信息产权的核心。[4]知识产权法是调整因知

---

〔1〕 冯晓青:《知识产权法利益平衡理论》，中国政法大学出版社 2006 年版。

〔2〕 吴汉东:《知识产权法》，北京大学出版社 2011 年版，第 2 页。

〔3〕 吴汉东:《知识产权法》，北京大学出版社 2011 年版，第 13 页。

〔4〕 郑成思:“信息与知识产权”，载《西南科技大学学报》2006 年第 1 期。

识产品而产生的各种社会关系的法律规范的总和。[1]而“考察全部知识产权立法，无论是基本的立法宗旨还是具体的原则和规则，都体现了围绕私人利益和公共利益的冲突与协调的解决思路和模式，旨在维护知识产权人的利益与社会公共利益的平衡”。[2]

平衡在经济学意义上即指均衡，是经济生活中的一种普遍现象。经济学假定每个人都是希望能够获得最大利益的理性人，不同经济利益主体因此就产生相互制约和影响的关系，最终市场这只看不见的手会通过市场价格调节，逐步实现供求平衡。从经济学的视角看，平衡构成了知识产权法的“效益”目标。[3]知识产权法的效益目标的实现是通过制度设计，促进知识产品生产和流转最大化的社会效用，这种设计有效解决了知识产权的专有性与社会对知识产品的合理需求的主要矛盾，在知识产权人的个人利益与社会公众使用和传播知识产品的社会利益间建立了一种平衡。知识产权法中的平衡具有相当丰富的内涵，但知识产权人利益和公共利益之间平衡是知识产权法利益平衡机制的重心。[4]“知识产权法的利益平衡机制，是国家平衡知识产权人的垄断利益与社会公众接近知识和信息的公众利益以及在此基础上更广泛的促进科技、文化和科学技术的发展的社会公共利益关系的制度安排。”[5]利益平衡原则是人权思想和公共利益原则的反映，

---

〔1〕 吴汉东：《知识产权法》，北京大学出版社 2011 年版，第 23 页。

〔2〕 冯晓青：《知识产权法利益平衡理论》，中国政法大学出版社 2006 年版，第 11 页。

〔3〕 冯晓青：《知识产权法利益平衡理论》，中国政法大学出版社 2006 年版，第 10 页。

〔4〕 冯晓青：《知识产权法利益平衡理论》，中国政法大学出版社 2006 年版，第 66 页。

〔5〕 冯晓青：《知识产权法利益平衡理论》，中国政法大学出版社 2006 年版，第 66 页。

是国际上公认的知识产权制度的基本原则。[1]正如学者总结，长远看，知识属于全人类，应实行共享制；在特定社会发展阶段，为促进知识进步，应当保护知识产权；知识互补性特征决定了对知识产权的保护，容易压抑知识的自由发展与知识进步；我们的研究任务在于探寻特定社会在特定发展阶段上对知识产权保护的“度”与知识开放的途径。[2]

二、知识产权信息的有限专有与最终共享

知识产权制度的直接表现是授予权利人对知识产品享有专有权。知识产权是一种专有性的民事权利，具有排他性和绝对性，权利人垄断这种专有权利并受到严格保护，而且对同一项知识产品，不允许有两个或两个以上同一属性的知识产权并存。但是知识产权的独占性是相对的，要受到时间限制和地域限制，还有一些权能方面的限制，比如著作权中的合理使用制度、法定许可制度，专利权中的临时过境制度、先用权制度，商标权中的先用权人使用等等。知识产权人对于知识产权享有的是有限专有权。

知识产权信息的专有在知识产权法中有以下几种表现形式：第一，抽象为法律的基本原则、立法目的。我国《著作权法》在第1条即开宗明义，明确立法目的是为了“保护文学、艺术和科学作品作者的著作权，以及与著作权有关的权益，鼓励有益于社会主义精神文明、物质文明建设的作品的创作和传播”，我国《专利法》的立法宗旨为“保护专利权人的合法权益，鼓励发明创造”，《商标法》的立法宗旨表述为“为了加强商标管理，保护

〔1〕 冯晓青：《知识产权法利益平衡理论》，中国政法大学出版社2006年版，第67页。

〔2〕 张璟平：《知识产权制度的经济绩效》，经济科学出版社2010年版，第23页。

商标专用权”。《与贸易有关的知识产权协议》也明确“知识产权为私有权”。第二，具象为具体的法律规范。从我国《著作权法》、《专利法》和《商标法》等知识产权法的规范结构分析，绝大部分条款表现为对著作权保护的授权性规范和对侵害著作权的禁止性规范。国际知识产权公约更是如此，如《与贸易有关的知识产权协议》共有73个条文，除一些公约所必需的技术性规定外，绝大部分条款规定的是对各种知识产权的保护，设计权利限制和例外的条款很少。

没有合法的垄断，就不会有足够的信息产生，知识产权专有权体现的是知识产权制度的激励机制，因为只有对知识产权人的知识创造进行充分的激励，才会产生更多更好的为社会需要的知识产品，知识产权信息才能不断地丰富。赋予知识产品以专有权的知识产权法能够提供的这种激励因为经验数据获取不易，在实践中不断被质疑，它的实际效果却是毋庸置疑的。

另一方面，在合法垄断的情形下，可供使用的公共领域的信息就会减少，影响知识产权信息的共享。解决知识产权信息的专有权与共享权之间的冲突的根本途径，需要通过知识产权法特有的平衡机制来实现。[1]从信息创造和流通的角度看，知识产权的专有虽然在有限范围内限制了信息的公共使用和信息向公共领域的流通，但可以被视为为了促使更多的信息被生产出来从而有更多的信息被进入信息流通中而对信息使用和流通的必要限制。

知识产权法的衡平机制主要体现在：第一，从立法宗旨看，知识产权法的最终目的是社会的发展和科技的进步。我国著作权法的最终目标为“促进社会主义文化和科学事业的发展与繁荣”，专利法的立法宗旨是“促进科学技术进步和经济社会发展”。第

---

〔1〕 冯晓青：“信息产权理论与知识产权制度之正当性”，载《法律科学（西北政法学院学报）》2005年第4期。

二，从具体制度看，知识产权法通过以公开换取权利的制度设计，敦促知识产品的创造者尽快公开智力成果，并给予社会公众对公开成果以免费使用的权利。第三，从使用空间看，知识产权法在保护权利人专有权的前提下，为社会公众提供了不同形式的使用空间。比如合理使用、法定许可、强制许可、侵权例外、临时过境、先用权等。知识产权法还具有地域性，其效力仅限于本法域。第四，从效力时间看，知识产权只在法定期限内受到保护，一旦超过法律规定的有效期限，相关知识产品就进入到公共领域，成为整个社会可以共同使用的公共信息。

知识产权法通过授予知识产权人以有限的专有权，以确保公众适当地接近他们创造的知识产品，从动态上确保知识产权公共信息的不断增加，这是知识产权法二元价值目标的体现，也谱写了知识产权信息的有限专有与最终共享的永恒旋律。

第三节　知识产权信息服务的价值追求

罗斯科·庞德在《通过法律的社会控制》中说“价值问题虽然是一个困难的问题，但它是法律科学所不能回避的。最草率的或最反复无常的关系调整或行为安排，在其背后总有对各种互相冲突和互相重叠的利益进行评价的某种准则”。[1]与法的价值类似，我们认为，知识产权信息服务的价值分析主要涉及知识产权信息服务的终极价值、基本价值及其实现途径，可以层次化表述为：一是知识产权信息服务本身具有哪些价值；二是知识产权信息服务促进哪些价值；三是知识产权信息服务的各种价值发生矛

〔1〕［美］罗斯科·庞德：《通过法律的社会控制——法律的任务》，沈宗灵译，商务印书馆1984年版，第2页。

盾时，应该如何进行评价协调。依据上文所述，知识产权信息具有法定性、前沿性、专有性、共享性等特点，以知识产权信息的加工为主要内容的知识产权信息服务本身因此具有公平、效率与创新价值；知识产权信息的有限专有与最终共享的内在价值要求，决定了知识产权信息服务体系的完善可以促进知识产权信息资源的优化配置，以最终达到整个社会最大限度的信息资源共享，这是知识产权信息服务的终极价值追求；知识产权信息资源的优化配置也是知识产权信息服务的价值目标发生冲突时进行协调评价的主要标准。知识产权信息服务的价值分析既是知识产权信息服务体系建设的目标要求，也是知识产权信息的公共服务与市场化服务协调发展的理论基础。

一、价值追求：信息资源的优化配置

伴随着信息时代的到来，信息逐渐成为一种重要的资源，并在现代经济发展中扮演越来越重要的角色。信息经济学认为，信息资源是指人类社会在信息活动（信息的搜集、整理、提供和利用等）中积累起来的以信息为核心的各类信息活动要素（信息技术、设备、设施、信息生产者等）的集合。[1]那么知识产权信息资源作为信息资源的一种类型，应该可以界定为，人类社会在知识产权活动（知识产权的创造、利用、管理和保护等）中积累起来的以知识产权信息为核心的各类信息活动要素（信息技术、设备、设施、信息生产者等）的集合。知识产权信息资源是一种无形财产，具有无形性、共享性、非消耗性、可再生性等特点。

信息资源配置是以人们的信息资源需求为依据，以信息资源

〔1〕 马费成：《信息经济学》，武汉大学出版社2012年版，第248页。

配置的效率和效果为指针，对信息资源进行时间、空间、数量以及类型上的合理调整。信息资源配置过程中，既要尽可能地避免信息资源的浪费，又要保证信息资源能全面、及时并有效地满足信息用户的需求，为他们提供方便快捷的信息服务。鉴于信息资源具有使用的非消耗性和非排他性，任何个人增加对信息资源的消费或“占有”并不会减少其他人的信息福利，因此信息资源配置的终极目标就是希望实现全社会范围内的信息资源共享，信息资源共享的过程就是一个信息资源配置的过程，信息资源配置的本质就是信息资源共享。〔1〕信息资源的共享要从经济学的角度进行解读，其实质主要表现在：一是私有信息通过信息资源共享进入公共领域，成为公共信息；二是信息资源的共享是一个信息产权租让的过程，这种租让可以是有偿的，也可能是免费的。〔2〕

优化资源配置的目的是提高信息福利，通常用效率来衡量资源配置的优劣。提高信息资源配置效率，优化信息资源配置活动的关键是以需求为导向、兼顾效率与公平，充分运用市场、政府和产权安排。以需求为导向是信息资源配置的出发点和归宿。效率优先，兼顾公平是信息资源有效配置所要实现的目标。市场和政府互补是信息资源配置的主要手段，其中市场起主要作用，政府的职能配置应该被限定在特定的范围内。产权安排（主要是知识产权安排）可以通过信息资源配置的秩序化提供信息资源配置的效率。

经济学意义上，信息资源配置最佳状态即达到了帕累托最优，这是一个以提出者命名的考察生产资源最优配置的理论。意大利经济学家帕累托在著作《政治经济学讲义》中提出，一个社

〔1〕 严密：“信息资源配置激励机制和制度研究”，武汉大学2010年博士学位论文。

〔2〕 马费成：《信息经济学》，武汉大学出版社2012年版，第314页。

会的生产资源配置是否已经达到最佳状态，获得的社会经济福利是否达到最大值，可以由以下标准来检验：假如无论作何改变都不可能同时使一部分人受益而其他人不受损，也就是说当经济运行已达到有效时，一部分人进一步改善处境必须以另一部分处境恶化为代价，这就说明资源配置已达到了最佳状态，即帕累托最优。虽然帕累托最优在现实中是不可企及的，但一直是各国制度选择时所追求的目标。[1]

知识产权信息服务体系建设与知识产权信息资源优化配置的价值追求有异曲同工之妙，事实上殊途同归，都是追求的知识产权信息资源开发、利用的最佳状态，即知识产权信息福利最大化。所以，以信息资源的优化配置的价值原则致力于建设知识产权信息服务体系，以需求为导向、兼顾效率与公平，充分运用市场、政府和产权安排，促进知识产权信息的有限专有和最终共享，既是知识产权信息服务的核心价值，也是知识产权信息服务体系建设的有效模式。

二、公平价值：知识产权信息公共服务的正当性及价值追求

在知识产权领域，公平原则是知识资源分配正义的体现，在制度设计上是对创造者、传播者、使用者之间及其三者间利益的协调，具有公平价值的知识产权制度设计表现为：首先，知识产权是一种民事权利，任何人获得智力成果都可以依法享有相应的知识产权，这对所有的知识产权创造者而言是公平的；其次，知识产权法界定了知识产权信息资源的专有领域与公共领域、设定了知识产权的独占与限制，在知识产权权利人与使用者之间，在知识产权信息资源分配方面体现了公平公正。知识产权法的权利

[1] 肖冬梅：《信息资源公共获取制度研究》，海洋出版社2008年版，第31页。

配置，实质上是一种对知识资源的利益分享，以至于美国学者将这一法律描述为协调创造者、传播者、使用者权利的平衡法。[1]

我国社会正处于转型发展的关键时期，创新环境对信息服务提供者和利用者提出了新的要求，资金、技术、人员能力的差异也会导致信息利益分配的失衡，可能引发多领域、多层面的信息不公平现象。显然，解决这种不公平现象的方式是实现服务的社会化转型。

公平是信息资源有效配置所要实现的目标，是指在信息资源配置过程中，要充分考虑全社会信息用户的利益，确保每个信息用户都能平等地获取信息资源。知识产权信息共享的终极价值要求决定了对于知识产权信息的获得应该是普遍的、共享的、公平的，公平获取知识产权公共信息体现了知识产权信息公共服务的正当性，也是知识产权信息公共服务的价值追求。在公平价值的要求下，知识产权信息的公共服务应该确保地域公平、行业公平、服务质量均衡。但是均衡不等于平均，一味地强调"公平"，搞平均，只会使信息服务效率低下。"以创新为导向的知识信息服务公平价值取向，其逻辑起点是承认不同主体的信息需求差异和同一信息的价值因不同主体的不同利用机制所产生的差别。基于这种相对价值取向，信息公平在于使有差异的'公平'趋于合理，这是当前知识信息服务公平应该追求的目标。"[2]因此在强调"公平"的前提下，也要强调效率优先，根据用户需求和社会发展要求，针对重点区域或行业，划分服务重点，再逐步开发薄弱环节，才能在一段相对较长的时间内，在较高水平上实现信息

---

〔1〕 吴汉东："知识产权法价值的中国语境解读"，载《中国法学》2013 年第 4 期。

〔2〕 胡昌平、刘昆雄："国家创新发展中的知识信息服务行业体制建设与双轨发展"，载《图书馆论坛》2013 年第 2 期。

服务的公平与均衡。

三、效率价值：知识产权信息商业服务及价值追求

效率，也称“效益”，即以最少的资源消耗获得最多的效果，这个来源于经济学的概念主要表达的是投入与产出、成本与收益的关系。“从提供信息产品到信息消费的流程看，信息服务效率可分为信息服务生产效率、分配效率、交易效率和消费效率。其中：知识信息服务生产效率是信息服务经济效率的基础和起点，提高效率的目的是尽可能少的资源投入，提供尽可能多的知识信息服务及产品，以达到信息服务经济效益的增长目的；信息服务的分配效率反映对信息服务及产品进行合理分配的水平；知识信息服务交易效率的提高在于，以尽可能小的流通或交易成本来实现信息服务及产品的流通和使用效益的最大化；知识信息服务消费效率反映所提供的信息服务在消费过程中所得到的增益，通过提高消费者的信息利用效益，可以促进知识信息服务的效用最大化。”〔1〕在具有浓厚的财产性或商品性的知识产权信息服务领域，效率有其独立的特殊价值。

首先，在知识经济时代，知识产权信息服务活动需要追求效率价值。知识经济时代，许多社会经济活动不能仅用公平正义来衡量，而是要同时考虑效率价值，正如在法学领域，效率是法功利价值的基本要求。知识产权信息服务活动关系到资源的优化利用和有效配置，在这种情况下，只能按照效率的价值目标进行法律安排。缺乏效率价值衡量尺度的知识产权信息服务将永远处于低级状态。

其次，效率价值的实现是知识产权信息服务的应有之意。信

---

〔1〕 胡昌平、刘昆雄：“国家创新发展中的知识信息服务行业体制建设与双轨发展”，载《图书馆论坛》2013年第2期。

息具有公共属性，但在信息服务市场中具有商品属性，信息服务属于商品服务的一部分，效率或效益是信息服务的内在追求。认识论意义上，信息的核心价值在于利用，蕴含了主体对于信息的需求倾向，决定了信息服务的供给内容和数量质量。知识产权信息服务也是以主体的需求为导向的信息产业服务，不同主体的信息需求对于信息的识别、收集、整理与加工以及提供方式具有不同的要求，常常表现出个性化、定制化特点。从经济学视角，知识产权信息服务提供者通过资源整合、检索设计和个性化定制化服务满足不同客户的不同需求，就缩短了客户的检索时间，提高了客户的检索效率，节省了客户的检索成本和时间资源，从信息资源视角，相当于提高了单位信息的价值量，包括客观内容量与信息对特定主体的效用。资源的节省和单位信息价值量的提升正是信息服务商业化的正当性基础，这与信息内容的性质无涉。知识产权信息服务这种浓厚的商业性质和经济色彩使得知识产权信息的商业化服务在整个知识产权信息服务体系中显得至关重要，其重要性甚至能够掩盖公平、正义以及秩序等其他价值的存在。在市场经济时代，对经济性和效率价值的追求是知识产权信息商业化服务执着追求的目标。

再次，效率的价值追求是知识产权信息服务客体产权化的必然要求。效率原本是经济学用语，对法律的经济分析，为我们认识、评价知识产权的制度功能提供了新的思维方式。知识产权信息服务的商品属性和对效率的价值追求还可以从知识产权的视角来加以认识。随着网络信息技术的发展，知识产权信息的整合逐渐趋向数据库集成方式，相对于一般信息，知识产权信息的法定授予性使得知识产权信息的整合和数据集成更加便捷。虽然对于数据库的认识仍然存在不同，但是在知识产权制度客体扩张的背景下，或者将数据库视为有独创性的汇编作品，或者考虑数据库建设的投资及时间成本，将数据库作为知识产权保护的客体这一点上世界范围内逐渐取得了共识。因而知识产权信息集成服务由于数据库的产权化而具有了鲜明的商品属性，其对效率价值的追求与知识产权制度对于效率的追求具有一致性。效率是知识产权法产生的思想基础，也是知识产权法追求的价值目标。著作权的效率功能，体现在创作——传播——使用的法律链环中，立法者从产生私人产权与促进知识传播的二元立法宗旨出发，通过著作权保护、利用、限制等三大制度安排，以实现信息资源优化配置的效率目标。〔1〕

最后，效率的实现，可以极大地促进知识产权信息服务业的发展。知识产权信息服务效率价值的实现对知识产权信息服务业具有重大的制约和影响作用。重要性在于其通过影响信息和资源的可获得性，通过塑造动力，以及通过建立信息交易的基本规则而实现知识产权信息服务业的发展。

〔1〕 吴汉东："知识产权法价值的中国语境解读"，载《中国法学》2013 年第 4 期。

第三章

知识产权信息服务体系国内现状透视

知识产权信息服务的保障，可以确保知识产权信息服务的有序进行；知识产权信息服务的主体与其内容密不可分，是知识产权信息服务体系的核心部分；知识产权信息服务的对象是知识产权信息服务的落脚点，全社会对知识产权信息服务需求的满意度是衡量服务质量的重要指标。本章将通过对知识产权信息服务的保障制度进行梳理，对知识产权信息服务的主体及服务内容进行考察，对我国知识产权信息服务的需求及评价进行分析，以期全面了解我国知识产权信息服务体系的发展现状及发展瓶颈。

第一节 我国知识产权信息服务的规划与保障

一、知识产权信息服务的政策保障

（一）国家信息化发展战略

信息流通的现代化、信息的客观化等，都使得人们心目中的信息内涵多样化，信息的定义也更为多样、复杂。“信息化过程就是一个不断将主观化知识客观化的过程。能够以编码的信息方式存储和传播成为信息社会知识合法化的前提条件。”[1]信息化是当今世界发展的大趋势，是推动经济社会变革的另一支重要力量，进入20世纪90年代之后，面对全球性的信息化浪潮，我国在信息政策的制定、实施等方面给予了高度的重视。

原国家科学技术委员会在1990年发布了中国科学技术蓝皮书（第四号）《信息技术发展政策》，1991年发布了中国科学技术蓝皮书（第六号）《国家科学技术情报发展政策》，这两个蓝皮书被视为我国信息政策的发端。此后，我国又陆续制定和发布了《关于加快发展科技信息服务业的规划纲要和政策要点》等一系列信息政策。“十一五”期间，我国发布了《2006～2020国家信息化发展规划纲要》，把大力推进信息化作为覆盖我国现代化建设全局的战略举措，指出要建立和完善信息资源开发利用体系，促进经济增长方式的转变和资源节约型社会的建设。

大力推进信息化也是国家“十二五”的重要任务，《国民经

---

〔1〕 李晓辉：《信息权利研究》，知识产权出版社2006年版，第11页。陆小华：《信息财产权——民法视角中的新财富保护模式》，法律出版社2009年版，第50页。

济和社会发展第十二个五年规划纲要》（2011）再次全面阐述国家信息化发展战略，明确要求加快经济社会信息化，大力推进国家电子政务建设，推动重要政务信息系统互联互通、信息共享和业务协同，完善基础信息资源体系，强化信息资源的整合，规范采集和发布。

（二）知识产权服务的信息化网络化

知识产权领域的信息化建设也是国家全面提高信息化水平的重要一环。由于知识产权的客体具有信息特质，而且知识产权本身也具有信息属性，知识产权领域的信息化建设具有鲜明的个性特色，更是国家应对信息经济所必须关注的焦点问题之一。[1]知识产权信息服务是信息化时代知识产权行政管理的重要手段，知识产权服务的信息化网络化发展最初表现为知识产权政务信息的信息化和网络化。

2006 年 12 月 31 日国家科技部发布《关于提高知识产权信息利用和服务能力推进知识产权信息服务平台建设的若干意见》。意见指出，要“加快知识产权信息服务平台建设”，包括“建设和完善各种类型的知识产权信息库”、“建立知识产权信息服务平台向社会开放与服务的运行机制”，以及“加强知识产权信息服务平台与其他科技信息服务平台的相互支撑”等措施。同年，国家知识产权局发布《国家知识产权局知识产权信息化建设“十一五”规划》，认为信息化建设是实施我国知识产权战略和知识产权强局的重要基础和保障，是国家知识产权事业发展的重要组成部分，提出要以申请人、社会公众和审查工作的需求为导向，用信息化的手段，为全局以及全社会的用户提供高水平的信息化支持和服务，为知识产权信息在全国和全世界范围内的有效传播提

〔1〕 冯晓青、杨利华、付继存：“国家知识产权文献及信息资料库建设研究——理论探讨与实证分析”，载《中国政法大学学报》2014 年第 2 期。

供坚实的技术基础，为电子政务和知识产权强局建设的实施提供可靠的保障。其他行政管理机构如商标局、版权局、工信部等也纷纷进行了信息化建设，提供职权范围内知识产权信息的网络服务。

为了全面落实“十二五”规划纲要的要求，各行各业、各部门、各地方纷纷颁布制定了本行业、本部门、本地区的信息化十二五规划，比如《“十二五”国家政务信息化工程建设规划》(2012)、《国家知识产权事业发展“十二五”规划》（2011)、《工商行政管理信息化发展“十二五”规划》(2012)、《国家新闻出版信息化“十二五”时期发展规划》（2013）等等，计划到“十二五”末形成统一完整的国家电子政务网络，初步建成共享开放的国家基础信息资源体系。建立多层次的知识产权信息库，健全国家知识产权基础信息资源和服务系统，建设知识产权运用转化平台，整合工商商标、新闻出版、科技专利、植物新品种、地理标志、非物质文化遗产等知识产权领域基础信息资源。推动行业信息化标准建设，建设国家经济户籍数据库、完善商标管理信息系统、建设新闻出版电子政务综合平台、新闻出版信息资源库、出版发行信息服务云平台，探索建立数据信息的跨部门协作机制，并强化资金投入、加大队伍建设、健全管理制度。知识产权行政管理机构将信息化和政务公开、信息服务相结合，将知识产权服务推向网络化、信息化的现代知识产权信息服务发展方向。

二、知识产权信息服务的战略规划

在知识经济时代，我国经济发展面临着产业结构调整、经济转型升级和经济发展方式改变，以提高创新能力，建设创新型国家的迫切需要，这一切都依赖知识产权制度的保驾护航。而知识产权对经济社会发展的保障作用在一定程度上体现在知识产权信息服务上，充分发挥知识产权信息的作用，对于推动科技创新和经济转型十分重要。因此世界各国尤其是发达国家，对于如何有效地进行知识产权信息管理，推进知识产权信息服务给予了高度重视，纷纷将知识产权信息服务纳入国家战略体系之中。知识产权信息服务体系建设也是贯彻和落实《国家知识产权战略纲要》，推进我国知识产权战略实施的重要举措。

（一）国家知识产权战略中的知识产权信息服务

2008 年 6 月国务院发布的《国家知识产权战略纲要》将知识产权提升到战略强国的重要地位，指出“知识产权制度是开发和利用知识资源的基本制度”，为了实现到 2020 年把我国建设成为知识产权创造、运用、保护和管理水平较高国家这一战略目标，纲要提出要采取 9 项战略措施，其中第 5 项为加强知识产权行政管理，第 6 项为发展知识产权中介服务，这两项战略措施都将知识产权信息服务纳入战略规划之中。

首先，完善知识产权信息公共服务是加强知识产权行政管理的重要措施。纲要提出要构建国家基础知识产权信息公共服务平台，由政府机构承担知识产权基础信息资源的开发、集成和共享服务，包括“建设高质量的专利、商标、著作权、集成电路布图设计、植物新品种、地理标志等知识产权基础信息库，加快开发适合我国检索方式与习惯的通用检索系统。健全植物新品种保护测试机构和保藏机构。建立国防知识产权信息平台。指导和鼓励各地区、各有关行业建设符合自身需要的知识产权信息库。促进知识产权系统集成、资源整合和信息共享”。

其次，发展市场化知识产权信息服务是发展知识产权中介服务的重要手段。纲要指出要培育和发展市场化知识产权信息服务，满足不同层次知识产权信息需求。鼓励社会资金投资知识产权信息化建设，鼓励企业参与增值性知识产权信息开发利用。

另外，在第 7 项战略措施“加强知识产权人才队伍建设”中，纲要还提出要加快建设国家和省级知识产权人才库和专业人才信息网络平台；第 9 项战略措施中提出要加强国际和区域知识产权信息资源及基础设施建设与利用的交流合作，建立和完善知识产权对外信息沟通交流机制等。

总之，知识产权战略纲要对知识产权信息服务进行了战略定位，并为其发展指明了方向。首先，纲要把知识产权信息服务体系纳入到整个国家知识产权战略体系之中，字里行间突出了知识产权信息服务在国家知识产权战略中的基础支撑作用。其次，纲要指出了我国知识产权信息服务的发展模式，即公共服务是基础，市场发展是方向，政府机构承担知识产权基础信息资源的开发、集成和共享服务，社会投资进行增值性信息开发利用，满足不同层次的知识产权信息需求。最后，纲要对知识产权公共信息服务明确了具体的建设任务，即根据知识产权专业方向和行政管理机关分工，建设专利、商标、著作权等专业基础信息库；根据地区和行业建设需要分别建设地区和行业知识产权信息库；根据人才队伍建设的需求，建设国家和升级知识产权人才信息库。

（二）“十二五”规划中的知识产权信息服务

2011 年，国家知识产权局、发改委、科技部等十部委联合发布了《国家知识产权事业“十二五”规划》，进一步明确了“十二五”期间知识产权事业发展的重点任务，提出了推动知识产权事业发展的十大工程，其中第五大工程即知识产权信息公共服务工程。该规划工程提出要“建立健全多种类型、多层次的知识产权信息库和知识产权公共服务平台，及时公开基础性知识产权信息。大力推进知识产权信息公共服务工程重大项目建设，创新知识产权公共服务平台运行机制和服务模式，鼓励开展知识产权信息公共服务，提高为科技创新提供知识产权专业服务的能力。加强知识产权信息和舆情监测，定期发布知识产权信息”，建设国家知识产权基础信息资源和服务系统与知识产权运用转化平台，明确了“十二五”期间我国知识产权信息公共服务的具体任务。

（三）知识产权信息服务战略的具体实施

为了培育知识产权信息服务的市场机制，适应各个层次的市场主体对知识产权信息服务的需求，政府机构加大扶持力度，制定了一系列的实施办法，主要包括《国家知识产权战略实施推进计划》（2009、2010、2011）、国家知识产权局《关于加强全国专利文献信息传播与利用工作的意见》（2011）、《全国专利事业发展战略（2011～2020年）》（2011）、《2012年国家知识产权战略实施推进计划》（2012）、国家知识产权局等《关于加快培育和发展知识产权服务业的指导意见》（2012）等。2012年为了贯彻落实《关于加强全国专利文献信息传播与利用工作的意见》（国知发办字〔2011〕151号），指导企业专利信息利用工作开展，国家知识产权局发布了《企业专利信息利用工作指南（试行）》，以加强对全国专利信息利用的业务指导，指导企业建立和完善专利信息利用工作体系，促进企业特别是科技型、外向型企业充分利用专利信息，提高企业科技创新能力，有效发挥专利信息的价值。这些措施和规范为知识产权信息服务的市场化、规范化创新发展提供了政策导向。

首先，实现知识产权服务与科技经济发展的深度融合，使知识产权信息服务成为高新技术服务业中具有活力的领域之一。鼓励知识产权服务机构对知识产权基础信息进行深度加工，支持利用移动互联网、下一代互联网、云计算、物联网等新技术，建设专业化知识产权信息服务平台，创新服务模式，开发高端知识产权分析工具，提高知识产权信息利用效率。

其次，培育知识产权信息服务市场。按照政府职能转变和事业单位改革的要求，推进知识产权领域事业单位体制改革。有序开放知识产权基础信息资源，使各类知识产权服务主体可低成本地获得基础信息资源，以多种方式参与知识产权服务，增强市场服务供给能力。加大政府采购力度，在公共服务领域引入市场机制，支持和引导民间资本进入知识产权信息服务领域，鼓励和支持境外高水平知识产权信息服务机构与国内知识产权信息服务机构加强交流与合作。促进服务主体多元化，制定和完善知识产权优势企业认定标准。开展信息服务与信息应用优势行业协会培育工程，分期、分批对企业各个知识产权信息服务工作设立专项培育计划。继续实施中小企业知识产权战略推进工程，重点做好试点的组织、评价工作，通过加大政策引导和服务培育力度，培育知识产权服务龙头企业，形成一批知识产权优势中小企业。

比如国家知识产权局组织开展了2012年度知识产权服务品牌机构培育工作。通过服务机构自主申报、各省（区、市）知识产权局审核推荐、专家评审，经局批准，确定连城资产评估有限公司等47家单位为首批“全国知识产权服务品牌机构培育单位”，对这些单位将高度重视培养工作，加强政策引导，加大支持力度，为知识产权服务业发展创造良好环境。

最后，知识产权信息服务标准化。[1]知识产权信息服务的标准化关系到知识产权信息服务的质量，我国对知识产权信息服务标准化的发展高度重视。2013年，国家标准委、发改委、工信部和认监委等九部门联合印发的《高技术服务业标准制修订工作指导意见》明确提出要构建知识产权服务标准体系，特别强调了知识产权信息服务标准化。

国家知识产权局等组织已经制定发布了一批有关知识产权信

---

〔1〕朱虹、岳高峰、高昂：“国内外知识产权信息服务标准化现状分析及研究”，载《标准科学》2014年第10期。

息的国家标准、行业标准和地方标准。其中，基础通用国家标准有 GB/T 21373—2008《知识产权文献与信息分类及代码》、GB/T 21374—2008《知识产权文献与信息基本词汇》、GB/T 29490—2013《企业知识产权管理规范》等。版权保护国家标准有 GB/T 30247—2013《信息技术数字版权管理术语》、GB/T 27937《MPR 出版物》系列标准等。专利行业标准有 ZC 0012—2012《关于用 XML 处理专利申请数据的规范》、ZC 0013—2012《中国专利文献版式》、ZC 0014—2012《专利文献数据规范》、C 0005—2012《专利公共统计数据项》、ZC 0007—2012《中国专利文献号》、ZC 0008—2012《中国专利文献种类标识代码》、ZC 0009—2012《中国专利文献著录项目》等。版权保护方面的行业标准有《SRC 与数字版权登记系统数据交换接口规范》、《数字作品版权登记业务基础代码集》、《数字作品版权登记信息元数据规范》、《数字内容对象存储复用与交换规范》系列标准等。

陕西省和宁波市等省市也积极开展了知识产权地方标准的制定和实施。2009 年 5 月，陕西省知识产权局开始启动国家级服务业标准化试点，是我国知识产权领域第一个服务业标准化试点，形成了较为完善的陕西省知识产权服务标准体系，包括有服务通用基础标准体系、服务保障标准体系和服务提供标准体系，涵盖国家标准、行业标准和陕西省知识产权服务标准等，共计 176 项。其中陕西省知识产权服务标准 82 项，标准制定率、培训率、实施率均达到 100%。宁波市也开展了专利信息服务标准体系的研究项目，体系包含了专利信息储备标准、整合标准、管理标准、利用标准及共享标准 5 个方面。

江苏省、广东省等我国部分省（市）也逐渐重视企业知识产权标准化工作。早在 2006 年江苏省就提出了推动企业建立标准化的知识产权管理体系的目标，并于 2008 年推出企业知识产权管理地方标准，同时开展江苏省企业知识产权管理标准化示范建设工作，引导企业贯彻实施。通过标准的推广和实施，2009 年和 2010 年，江苏省企业专利申请量均居全国第一。我国于 2013 年正式发布了 GB/T 29490—2013《企业知识产权管理规范》国家标准，规定了企业策划、实施、检查、改进知识产权管理体系的要求。

三、知识产权信息服务的法律基础

知识产权信息具有独特的法律规定属性，即知识产权信息是依据法律而存在的，法律规定着知识产权信息的种类、范围、数量及时效等。[1]知识产权法律规范从法律层面对知识产权信息的性质、范围、内容及其公开共享或合理使用等进行了基本的界定。同时，除著作权等少数类别，知识产权多数是需要行政程序确认的权利，因此规范行政管理机构信息公开或保密的《政府信息公开条例》和《保守国家秘密法》，引导各级国家机关开展信息化服务的相关信息法规等，则对知识产权信息的公开程度、信息化服务方式等具有推动或规范作用。

首先，知识产权信息服务要遵守知识产权规则，在不侵权的前提下，促进知识产权信息的传播与应用。知识产权相关法规对知识产权信息的种类范围进行了界定。根据《专利法》第 26、27 条规定，申请发明专利或者实用新型专利的，应当提交请求书、说明书及其摘要和权利要求书等文件；申请外观设计专利的，应当提交请求书、相关图片或者照片以及对该外观设计的简要说明等文件。《专利法实施细则》（第 38、89、90、103、104、114 条）规定国务院专利行政部门定期出版专利公报，公布相关专利

〔1〕 马海群："网络时代的知识产权信息理论"，载《图书情报知识》2003 年第 1 期。

文件。《商标法》和《商标法实施条例》对注册商标申请文件及商标注册和转让的公告进行了规定。《植物新品种保护条例》及实施细则规定了植物新品种申请文件及其具体要求，品种保护办公室要定期发布植物新品种保护公报。根据《著作权法》的规定，著作权实现非注册制度，享有著作权的作品一经发表即进入公众视野，但也鼓励著作权登记。《作品自愿登记试行办法》规定作品登记应实行计算机数据库管理，并对公众开放；《著作权质权登记办法》规定登记机构应当通过国家版权局网站公布著作权质权登记基本信息；《计算机软件著作权登记办法》规定登记机关要对软件登记进行公告，任何人都可以查询公告及相关文件等等。其他知识产权领域的相关法律法规及国际条约也有一些知识产权信息公开的规定。这些法律规范一般都对知识产权文件的格式、内容有着严格的规定，知识产权权利公报公开的信息一般又具有新颖性、原创性、高识别性等特征，因而这些知识产权信息具有很强的规范性和很高的权威性与前沿性，具有很高的利用价值。

同时，在保障人们获取信息服务便利性和自主性的同时，应确保私人权利受到尊重和得到保护。知识产权制度对公共知识产权信息与私权知识产权信息进行了界定。上述依据知识产权相关法律规范应当公开的信息一般都是可以自由使用的公共信息资源，同样依据法律规定，超出保护期限的知识产权信息可以自由使用，另外，根据《著作权法》、《计算机软件保护条例》、《信息网络传播权保护条例》规定，在特定情况下对某些作品（信息）可以进行合理使用、法定许可使用，除此之外的知识产权信息的开发与利用就必须事先获得权利人的授权。

其次，在知识产权信息服务既确保人们获得充分的公共信息，又保护国家秘密、企业商业秘密及个人秘密，确保信息安全。我国已制定并颁布实施的国家信息法律涉及知识产权、信息保密、信息流通、信息安全等多个领域，在信息法律的数量上已有一定的规模。行政法律规范明确了政府机关管理信息和执法信息公开的范围、方式、程序，《政府信息公开条例》（第2、9条）规定行政机关（包括与人民群众利益密切相关的公共企事业单位）应当及时、准确地公开政府信息，并详细规定了政府信息公开的范围、方式和程序，但不得公开涉及国家秘密、商业秘密、个人隐私的政府信息。《保守国家秘密法》则对国家秘密及其保护进行了界定。以国家知识产权局、商标局、版权局等为代表的行政管理机关不仅具有行政管理权，还享有行政执法权，所以《政府信息公开条例》对于知识产权行政管理信息和行政执法信息的及时准确的公布具有推动作用，各行政管理机关都纷纷出台了信息公开管理办法，并在网站上开辟了信息公开专栏公布信息。

再次，信息法制建设为知识产权信息服务活动提供了重要的法律保障和法律规范。信息法律法规直接或间接地影响着知识产权信息服务业务的规范和开展。《电信法》、《互联网信息服务管理条例》等法律法规和行政条例对知识产权信息服务业务的规范和开展提供了相对更加直接的规范和指导。

最后，知识产权信息服务活动同时也是一种经济现象，应当受经济法律和经济法则。我国《合同法》、《反不正当竞争法》、《经济法》、《电信法》等法律法规对知识产权信息服务业在业务开展、合同订立及市场竞争等方面的规范，以保障在知识产权贸易过程中，权利信息、技术信息、经济信息的真实有效，知识产权信息服务商在同业竞争中应公平、有序，讲求市场的合理性。

另外，为了完善知识产权服务法律政策环境，结合科技、经济发展，加强产业、区域、科技、贸易等政策与知识产权政策的衔接。配合服务业改革的总体安排和试点工作，推动制定有利于知识产权服务业发展的财政、金融和税收政策。研究推动知识产权服务机构享受相关税收优惠政策。加强组织领导、加大投入力度，加强行业监管和自律，建立合理开放的知识产权信息服务市场准入制度，健全知识产权信息服务标准规范体系，建立知识产权信息服务机构分级评价体系，提高信息服务的质量和效率。

第二节　我国知识产权信息公共服务现状

以政府为代表的公共部门运用公共权力，调动公共资源，面向社会，满足公众特定的直接的需求，这种提供服务的形态就是公共服务。[1]在国家战略规划指导和信息政策制度保障下，近年来我国知识产权信息公共服务发展迅速，从信息服务主体的视角而言，我国初步构建了一个国家政府机关为主导的包含公共事业型、行业型、学术型、区域型的知识产权信息公共服务体系。

一、公共事业型知识产权信息服务

公共事业型知识产权信息服务主要是指国家政府机关及其扶持机构的知识产权信息服务。知识产权基础信息资源具有全社会所有的公共产品属性，与公共利益密切相关，它作为一种重要的政务信息资源，根据法律规定应该向社会公开，确保共享。知识产权公共信息服务是知识产权服务的基础环节，在我国，提供知识产权公共信息服务的机构主要包括知识产权行政管理机关和相关立法司法机关，以及这些国家机关授权或扶持下的知识产权信息服务机构。

〔1〕 黄恒学主编：《政府基本公共服务标准化研究》，人民出版社 2011 年版，第 20 页。

（一）知识产权行政管理机关的信息服务

知识产权行政管理机关具有知识产权审查、确权及行政执法等职能，是大多数种类知识产权基础信息的源头，所以承担了知识产权公共信息服务的主要任务。

根据行政职能的分工，国家知识产权局、国家工商行政管理总局、版权局、商务部、林业局、农业部、工业和信息化部、海关总署、国家质量监督检验检疫总局等分别为我国专利信息、商标及相关权利信息、著作权信息、知识产权对外贸易信息、植物新品种信息、电子知识产权信息、知识产权海关信息、原产地名称等各类知识产权信息的全国主管服务部门。它们在国家信息化和电子政务工程推动下，通过建设政务信息服务平台，实现政务信息公开和共享，向广大公众提供职权范围内的知识产权信息，主要包括政务公开类信息（包括国内外要闻、公告告示、行政许可、制度建设）、在线服务信息（在线申请、在线咨询答疑、调查问卷、在线检索、在线查询）、政策法规类信息（战略、政策、计划、规划、法律、法规、条例等）、公报年报类信息（专利公报、年报、集成电路公告、商标公报、植物新品种公报等）、统计信息、网络链接类信息（地方子站、其他机构链接、服务机构链接、国外相关网站链接等）。多数机构及其服务平台对相关基础信息进行了初步整合集成，建立了便于使用的数据库或检索系统。

国家知识产权局在服务网络平台建设了十多个检索和查询系统，包括专利检索与服务系统（试用版）、中国专利检索、集成电路布图设计检索、国外及港澳台专利检索、专题数据库检索、法律状态查询、收费信息查询、代理机构查询、专利证书发文信息查询、通知书发文信息查询、退信信息查询、事务性公告查询、年费计算系统等。国家工商行政管理总局下属商标局建设了中国商标网，建有商标在线查询系统，提供三种类型的商标注册信息查询：商标相同或近似信息查询、商标综合信息查询和商标审查状态信息查询。商务部网站——中国保护知识产权网设有法律法规数据库，是目前国内唯一一个专门提供知识产权法律法规信息检索的数据库。林业局和农业部网站分别建设了林业授权植物新品种库和农业植物品种名称检索系统。海关总署网站建有“知识产权海关保护”一站式导航服务系统，可以在线申请海关备案、担保、查询海关备案的知识产权等。

我国知识产权行政管理机构的信息服务有以下特色：从服务主体来看，其提供主体比较分散，即专利、商标、著作权等信息服务分别由不同的行政机构提供；从信息内容来看，信息服务以政务信息、确权公告等信息公布为主，新闻资讯、政务公开等栏目信息资源丰富，在线服务和互动交流栏目服务相对欠缺，反映了主办机关主要关注点仍然在政务公开而非客户导向的信息服务上；从资源整合来看，专利和商标信息资源得到初步整合，都建设有查询系统或检索数据库，尤其专利信息资源更加丰富，但著作权领域的信息整合服务相对薄弱些；从增值服务来看，网站对知识产权信息的增值服务还没有充分的重视，国家知识产权局网站把网内的专利检索数据库等信息资源授权给中国知识产权网、中国专利信息网等专业服务网站进行增值服务开发；从知识产权意识培养和教育培训来看，国家知识产权局网站设立了中国知识产权远程教育子网，这个教育子网设有公益远程教育平台，对专利、商标等提供视频教程，还有百科知识、论坛等栏目，但总的来说内容还不够丰富，而且比较集中于专利领域。另外两个网站虽然也设立了著作权保护等教育普及类栏目，但内容相对较少，而且鉴于各个行政管理机关管理职责分工不同，全国范围内知识产权意识的培养和综合培训教育并没有在网站栏目中得到充分的体现和重视；从资源建设来看，网站都有不同程度的资源重复建设现象，比如新闻资讯、法律法规等栏目，造成了信息资源的浪费。

我国行政管理机关信息服务状况和行政管理型网络建设的初衷、知识产权行政管理机关的机构设置、政府信息政策法规息息相关。我国行政管理机关网络服务的开展是为了响应国家电子政务的号召，所以网站建设的初衷是政务公开，浏览以上网站可以看出，行业新闻、政务信息、申请流程、确权公告、确权信息查询是各网站信息内容最丰满的部分。在机构设置上，我国不同类别的知识产权划归不同的行政管理机关主管，知识产权管理机构的分散使得知识产权信息的服务难以统一整合，决定了知识产权网络信息服务主体和信息服务内容的分散性。在信息政策方面，我国采取计划、集中、按行政隶属进行管理的模式，缺乏灵活性，而且根据相关法律规定，我国知识产权行政管理机关对行政职责范围内产生的信息享有著作权，“虽然政府拥有著作权并不限制信息公开（即信息的‘使用’），但是会限制政府信息的商业化开发（即信息的‘再使用’），这显然不能适应未来完全开放、市场化的政府信息资源开发模式”。[1]我国知识产权行政管理机关对丰富的信息资源享有著作权却并没有有效开发，这势必影响知识产权信息的商业化开发和有效利用。

总体而言，我国知识产权行政管理机关知识产权信息公共服务方面做出了一定的成绩，为各界用户了解我国知识产权发展现状、利用知识产权现有资源进行再创新提供了丰富、有效的资源平台。但同时，我国知识产权行政管理类信息服务还有待进一步完善，推动知识产权知识的普及、促进信息资源的整合利用和增

〔1〕 丁波涛：“欧美政府信息商业化模式比较研究”，载《图书馆情报工作》2009 年第 6 期。

值开发应该成为行政管理型信息服务平台重点加强的服务。〔1〕

（二）立法与司法机关的知识产权信息服务

立法和司法机关是我国知识产权立法和司法信息的生产发布服务机构，为了以公开促公正，适应政务公开的需求，各立法司法机关都在依法逐步公开相关信息。全国人大网除了建设有法律法规数据库和文献资料数据库以外，还设立了“立法工作”专栏，提供立法草案、立法信息等信息服务，在“资料”一栏，提供每月新实施法律法规、常委会公报、文献资料（法律文件、决议、决定、公约条约及双边协定、报告、公告）、法律释义与问答等信息资料。司法部网站——中国普法网以提高全民法律素质和社会法治化管理水平，促进依法治国，建设社会主义法治国家进程，宣传我国社会主义民主法制建设的成就，展示普法依法治理成果，普及法律知识，弘扬社会主义法治精神为宗旨。主要开设有要闻、普法中心、普法课堂、法治时评、法学研究、案件实录、普法专题、域外司法等栏目，并建有“中国法律法规检索”数据库。国务院法制办官方网站建有“法律法规全文检索系统”。

值得一提的是近年来人民法院系统的审判信息公开工作。人民法院在保护知识产权中起着主导性的作用，通过案件的审理，可以制止各类知识产权侵权行为，同时应对具体情况，科学界定知识产权保护范围和合理确定保护强度，防止知识产权滥用，有效维护创新机制，构建公平合理的发展环境，而知识产权司法审判信息具有重要的价值和导向作用。最高人民法院采取了一系列措施，进一步明确立案、庭审、执行、听证、文书、审务六个方面必须公开的内容、程序和方法。一是通过巡回审判、庭审网络直播、邀请人大代表、政协委员以及社会公众旁听庭审等方式，

---

〔1〕 李喜蕊：“中美英行政管理型知识产权网络信息服务对比研究”，载《湘潭大学学报（社会科学版）》2013年第1期。

公开知识产权案件审理的过程。内蒙古、河南、江苏、安徽、湖南、四川、福建、江西、宁夏、新疆等地法院均建立了人大代表、政协委员旁听庭审和庭审网络直播的长效机制。二是通过知识产权裁判文书上网，公开知识产权案件审理的结果。最高人民法院开办了"中国知识产权裁判文书网"和最高人民法院官网上的"知识产权司法保护"子网站。这两个网站成为人民法院司法保护知识产权成果的权威信息发布平台。各高级法院均安排有专门的裁判文书上网信息员，负责裁判文书上网及网络维护工作，并实施上网情况定期通报制度，提高裁判文书的上网率。三是通过发布知识产权司法保护状况白皮书、年鉴等材料，全面展示、公开人民法院的知识产权审判工作。2009年起，最高人民法院每年发布《中国法院知识产权司法保护状况》（有中英文两个版权）。2012年起与最高人民检察院、公安部合作出版《中国知识产权司法保护年鉴》，主要收录每年中国知识产权司法保护领域的重要规范性文件、工作综述、统计数据、调研成果、典型案例等资料。北京、重庆、山东、河北、河南、甘肃、新疆、江苏、湖南、四川、广东、广西、海南等地高级人民法院，近两年起也开始发布当地年度知识产权司法保护状况白皮书或蓝皮书。[1]

（三）国家机关扶持下知识产权信息服务机构的信息服务

为了满足日益增长的知识产权信息服务的需求，知识产权政府机构还扶持成立了一些企事业单位，专门从事知识产权信息资源的开发工作。这些知识产权信息服务机构业务的开展都离不开政府或行业的大力支持，也基本属于公共服务的范畴，部分有条件的单位对信息资源的增值服务采取收费服务和商业化运作的模式。

国家知识产权局专门设立了专利检索咨询中心、中国专利信

〔1〕"中国法院知识产权司法保护状况（2012）"，载 http://www.court.gov.cn/zscq/bhcg/201304/t20130426_183661.html，最后访问日期：2013年7月9日。

息中心、知识产权出版社等专门的信息服务机构，并在全国范围内建立了47个专利信息服务网点。对于47个专利信息服务网点也配置了全部领域专利数据库，提供专利信息检索和分析系统，同时支持地方特色的专题数据库建设，协助建立了武汉光谷、包头稀土、杨凌农业、兰州石化、重庆摩托车（汽车）、江苏电子、广东家具、山东黄金等产业特色数据库。

国家知识产权局专利检索咨询中心是国家知识产权局直属事业单位，为国家知识产权局专利局各审查部门提供STN、Dialog等商业系统的国际联机检索服务，同时以多款专业性高级分析软件和多种信息资源为基础，为客户提供全方位、专业化的检索、咨询、翻译和战略分析等高端服务。检索中心还负责对我国非专利最低文献量的科技文献进行深度加工，建立中国非专利文献数据库等工作。检索中心建有提供专利信息的综合性网络平台——中国专利信息网，网站建有专利检索系统，还可以进行中国专利文摘检索、中国专利英文文摘检索，具有独特的中文专利全文打包下载功能，采用会员制管理方式向社会公众提供网上检索、网上咨询、论坛交流、公众自我宣传、邮件管理等服务，是提供专利信息综合性服务的网络平台。

中国专利信息中心是国家知识产权局直属事业单位、国家级专利信息服务机构，国家知识产权局赋予中国专利信息中心专利数据库的管理权、使用权和综合服务的经营权，主营业务包括信息化系统运行维护、信息化系统研究开发、专利信息加工和专利信息服务等，网络平台建有中国专利数据库CPRS、专利实施数据库等整合资源库。

知识产权出版社是国家知识产权局主管和主办的对外专利信息服务统一出口单位，是集出版、印刷、数据加工和信息服务于一体的综合性出版机构。中国知识产权网是该社主办的专利信息服务专业网站。网站提供多方面的知识产权信息服务，包括专利信息应用解决方案、专利分析预警咨询报告、专利文献翻译服务、中国公开专利统计报告、专利数据加工服务、专利技术定期跟踪服务、专利检索服务、专利咨询分析、专利数据定制服务。网站经营的知识产权信息服务产品主要有专利在线分析系统、专利在线预警系统、中外专利数据库服务平台、行业专利专题数据库、中国药物专利数据库、专利信息分析系统、专利管理系统、专利光盘、专利公报、推荐套餐产品、专利文献阅读卡等。为配合国务院十大重点产业调整和振兴规划的实施，发挥专利信息对经济社会发展和企业创新活动的支撑作用，在国家知识产权局、国资委行业协会办公室等协调支持下，知识产权出版社承办了国家重点产业专利信息服务平台，为十大重点产业提供公益性的专利信息服务。平台在内容上涵盖了有关技术创新重点领域的国内外数十个国家专利文献信息；在功能上，针对科技研发人员和管理人员，提供集一般检索、分类导航检索、数据统计分析、机器翻译等多种功能于一体的集成化专题数据库系统。为自主创新、技术改造、并购重组、产业或行业标准制定和实施“走出去”战略发挥作用。

其他相关政府机构也相继成立了专门从事信息服务的专业领域服务机构，并建设了网络平台，开始了信息服务的专业化、网络化和深度开发。其中，工业和信息化部软件与集成电路促进中心（CSIP）是工业和信息化部设立的直属事业单位，建有国家知识产权公共服务平台（软件与集成电路）和国家产业公共服务平台。前者主要有资讯中心、政策法规、IP－China、司法鉴定、专利预警数据库、专利池等栏目，其中专利预警数据库即专利预警发布平台，有关于重点公司专利动态、专利信息发布平台、著作权信息发布平台、预警分析报告、知识产权诉讼动态等子栏目；

后者建有产权及知识成果库，包括数字音视频编解码专利库、高端通用芯片专利库、LED 专利数据库、教育培训教材库等子库。中国版权保护中心是国家版权局直属事业单位，是我国唯一的国家级著作权公共服务机构，基本职责为进行计算机软件和其他各类作品著作权登记、涉外音像制品合同登记、涉外录音录像作品著作权认证、侵权作品的鉴定、著作权法律咨询服务等工作，其网络平台主要有版权资讯、版权登记、版权服务、版权代理与贸易、在线咨询等栏目，并建有全国作品登记信息数据库管理平台。通达商标服务中心是国家工商行政管理总局直属事业单位。主要职责包括，为商标局的商标注册电子化流程提供系统运行服务和部分技术服务、向商标局和社会各界提供商标信息服务、运用商标申请服务大厅向商标申请人提供服务等，建有中国商标服务网，建有注册商标信息库，还可以在线进行商标局、商评委各类通知书发出状态检索、商标公告期检索和领证通知检索（限直接受理）。

二、行业型知识产权信息服务

行业型知识产权信息服务主要是指行业协会或产业联盟提供的知识产权信息服务。中国的知识产权行业协会或行业联盟大多是公益性或非营利性的社会（行业）中介组织，是联系国家政府与市场主体之间、服务机构与市场主体之间、同业竞争的市场主体之间的重要纽带，作为法律主体，体现了自愿参加的协会会员的意志，在会员共同维权、行业标准制定、行业自律、信息交流与共享等方面可以大有作为。《国家知识产权战略纲要》指出要充分发挥行业协会（联盟）的作用，支持行业协会开展知识产权工作，促进知识产权信息交流，组织共同维权。

我国知识产权行业协会（联盟）组织可以分为三类，第一类为综合性的行业协会或研究会，包括全国性的行业协会，如国际知识产权协会（AIPPI）中国分会；国家知识产权局主管的中国知识产权研究会、中华全国专利代理人协会、中国专利保护协会、中国发明协会；国家工商总局直属的中华商标协会等，以及这些协会在各地方的分支机构，这类协会综合性强，工作职责也广泛，包括行业研究、行业维权、行业标准、对外交流、行业内部信息交流等。第二类为行业维权组织，主要有著作权集体管理组织等。著作权集体管理组织由国家出版广电总局批准成立，包括中国音乐著作权协会、中国音像著作权集体管理协会、中国文字著作权协会、中国摄影著作权协会、中国电影著作权协会等，这类行业协会主要以行业维权为主要工作内容。第三类为政府支持下特色行业自发成立的行业联盟组织，如由中国著名彩电集体共同组建的行业联盟——深圳市中彩联科技有限公司（CTU）等，这类行业协会限定特别行业，会员来源面比较窄，也比较专业，行业自律、行业共同维权、行业内部交流为其主要工作内容。

以上所列行业协会都建立了自己的服务平台，绝大多数实现了在线入会申请、在线链接、在线问题咨询、行业法律法规在线查询等，公布了协会章程、会员名单等，及时公开会议信息、问题研究等，部分协会平台，尤其是著作权集体管理组织的平台，大多建设了入库作品查询。以下选取几个代表性的行业协会加以分析。

中国发明协会主办的中国发明专利技术信息网设置了新闻博览、发明学堂、免费电子库、发明论坛、信息发布中心、发明人才库、知识产权法规、技术难题、专利检索、科技 365 天等栏目。其中发明学堂栏目提供发明技巧、技能培训、案例集锦、律师答疑等方面的信息的浏览，可免费浏览全文；免费电子库栏目提供投资创业、新品开发、广告宣传、企业管理、市场经营、信息情报、商品销售等一些发明趣典或技巧，可免费浏览全文；专利检索栏目实现了与国家知识产权局网站数据库的高级检索的同步链接。中华商标协会主办中华商标网，主要栏目有商标动态、法律法规、国际公约、历史文献、商标战略、驰名商标等。

中国音像著作权集体管理协会作为我国唯一的音像集体管理组织，在其服务平台设有作品库（每日更新、结果显示：图片、作品名称、表演者、语种、制作者、权利人）、权利人名录（显示制作者、权利人，点开后显示权利人的所有作品列表，包括作品名称、表演者、语种、制作者、权利人）、新歌公示。以上公告、公示、名录还可以进行综合检索，分为精确搜索和模糊搜索，输入关键字，可通过音集协编号、作品名称、制作者、表演者、语种等进行条件限定，也可全部选项综合字段检索。中国文字著作权协会作为我国唯一的文字作品著作权集体管理机构，在网络平台建有权利人专栏（在线入会、作者信息备案、稿酬查询与认领、维权申请、会员信息修改、认领作品、常见问题）、使用者专栏（法定许可、授权许可、更多服务、常见问题）和普法专栏（法律法规、著作权集体管理、典型案例、合同范本）。中国电影著作权协会作为我国电影作品权利人唯一的著作权集体管理组织，在其网络平台设置了入库作品检索（可进行字段检索，选择项有导演、影片名称、出品单位、出品年份；还可以通过影片名称首字母顺序的列表进行作品浏览，点击作品名称可显示该影片的出品人、出品时间、出品公司、公映许可证号、首映时间、演员、剧情介绍等，但具体信息不太全面）、许可使用（许可流程、申请许可）和法律服务（法律法规、典型案例等）等栏目。

DHIP 数字家庭行业知识产权公共服务平台是在工业和信息化部电子知识产权中心支持下，依托视像行业协会、音响行业协会、中彩联、AVS 联盟、CBHD 等业内协会及联盟等建立的一个数字家庭行业知识产权公共服务平台，主要栏目有平台动态、业界资讯、政策法规、IPR 检索系统、专利运营、IPR 成果转化、专业服务、热点领域、IPR 专业培训等。其中 IPR 检索系统包括重点技术专利数据库、标准专利数据库、诉讼案例数据库等，是面向数字家庭行业组建的开放的、公共的、系统的、专业的知识产权公共服务平台。

行业协会具有民间性、自愿性、同行业性、非营利性、合法性、自律性等方面的特征，这些特性使其在知识产权保护和服务方面具有自己独特的优势。国外行业协会发展的实践证明，在 WTO 体系下，行业协会可以承担许多社会必需又不宜或难以由政府和企业直接承担的事务。2009 年 6 月 3 日，国家知识产权局局长田力普在《国家知识产权战略纲要》颁布实施一周年座谈会上指出："实施知识产权战略涉及宏观、中观、微观三个层面和工作推进机制的问题。宏观层面涉及完善制度（包括法规、体制、政策）和中央层面的专项举措；中观层面涉及区域和行业知识产权战略的制定和实施；微观层面涉及企事业单位知识产权战略制定和实施，以及全民知识产权活动（包括群众性知识产权创造运用和知识普及）。"〔1〕在中观层面实施知识产权战略，主要的力量为行业协会、中介机构和评估机构等社会中间层主体。在这些中间层主体中，最为关键的又是行业协会。〔2〕但从知识产权行业信息服务来说，这些协会的作用才刚刚起步，远远没有发挥其应起的作用。

三、学术型知识产权信息服务

学术型知识产权信息服务主要指高等院校、科研院所以及培

---

〔1〕 田力普："知识产权战略实施呈现全面推进的良好开端"，载 http://www.sipo.gov.cn/ztzl/zxhd/qzgyyzn/yznzth/200906/t20090605_463873.html，最后访问日期：2013 年 8 月 11 日。

〔2〕 张泽吾："国家实施知识产权战略的层面及重点"，载《理论界》2009 年第 5 期。

训机构等学术机构提供的知识产权信息服务。学术型知识产权信息服务机构提供的公益性知识产权信息主要包括两方面，一是科研成果及其转化信息，二是教学研究等学术交流、人才培养信息。

（一）科研成果及其转化信息

学术机构是科研成果产出的前沿阵地，2000 年前后，一些拥有较多科技成果的学术机构加强了对科技成果转化的管理，整合多方力量，组建了技术转移中心。技术转移中心集人才整合、技术联合开发与工程化、资金筹集、信息对接等为一体，一些学校还同时成立了专门从事技术转移的公司，开始探索技术转移的市场化运作。2001 年，原国家经贸委、教育部在全国重点高等学校已建立技术转移机构的基础上，首批认定基础比较好、科技力量比较强、科研成果比较多的清华大学、上海交通大学、西安交通大学、华东理工大学、华中科技大学、四川大学等 6 所大学的技术转移机构为国家技术转移中心。这些技术转移中心不仅仅负责科技成果的推广和转化，而且依托学术机构的特色和优势，逐渐承担起行业科技信息的整合推广和技术市场需求的信息搜集等工作，事实上起到了学术机构与技术市场间的中介作用，促进了科技资源的推广应用，实现了科学研究为社会服务。

比如，华东理工大学于 1998 年在全国高校中率先成立了高新技术成果转化中心，中心下设市场部、专家咨询部、国际服务部、综合服务部、设计研究部等。其中市场部主要对推广潜力较大的技术成果进行包装、整合、完善，并进行市场化的宣传、推介、招投标、商业谈判等系列运作；专家咨询部主要包括技术咨询、技术评估和经济评价三大功能；国际服务部主要是介绍并引进国外的先进技术，以及向国外转移国内的先进技术和产品等。

中国科学院是我国拥有自主知识产权研究成果最多的学术研

究机构之一。中国科学院知识产权中心建设了知识产权网，其重点是为本院的知识产权成果的保护和创新服务。该网站关注知识产权动态，建设院知识产权数据库、专利在线分析系统等，是中国科学院知识产权成果的展示、保护、转化与运营的重要平台，也为我国学术机构利用信息网络展示科研成果，保护并促进知识产权的转化提供了范例。

（二）教学研究及人才培养信息

目前在我国专门从事知识产权教学研究和人才培养的机构主要有两类，一类是以国家知识产权局中国知识产权培训中心为代表的行政机关附属专业培训机构，一类是高等院校、科研院所设立的知识产权学院。

国家知识产权局作为组织协调全国保护知识产权工作的机构，具有推进知识产权的教育与培训工作的重要职责。2010 年国家知识产权局印发了《知识产权人才“十二五”规划（2011 ~ 2015 年)》，提出了未来五年我国知识产权人才的发展目标、指导思想、主要任务和具体措施，并实施了重大知识产权人才工程计划，建立了“全国知识产权人才信息网络平台”，成立了国家知识产权专家咨询委员会并建立了国家知识产权专家库、全国知识产权领军人才库、百名高层次人才培养人选库，提高了知识产权人才信息资源的有效管理和使用。

为了适应全社会知识产权培训需求，推动知识产权创造、运用、保护、管理、服务等方面人才的持续成长，为从事知识产权工作的在职人员提供系统、规范、有效的知识产权专业培训，国家知识产权局专门设立了中国知识产权培训中心，是我国唯一一个由国务院批准的知识产权专业人才培训机构。近年来，该中心培训项目遍布全国 31 个省、市、自治区，培训内容涉及国内外知识产权形势、知识产权法律法规及国际条约、知识产权战略、知识产权诉讼、知识产权管理、专利申请实务等。中国知识产权培训中心承担建设的中国知识产权远程教育平台，是国家知识产权局三大平台建设之一，其远程分站总计已达 38 个。远程教育平台的教学内容涵盖了大部分知识产权领域，形成了较为完善的课程体系。远程教育采用注册学习制，只要注册完成就可以自由选课在线学习。中国知识产权培训中心及其远程平台的信息资源已成为我国知识产权专业人才学习提高的优质免费的公共资源。[1]

各地知识产权局也不断推进本地知识产权人才的教育培训工作，并建设本地知识产权专家库和人才库。以重庆市为例，重庆知识产权局 2012 年举办“企业董事长（总经理）高级研修班”等培训 42 次，培训知识产权管理人才、专业人才 5000 余名，建成了知识产权代理服务专家库、培训师资库、高层次人才库等市级知识产权人才库 3 个，收录专家信息 158 条。[2]

高校的知识产权学院则是全面培养知识产权人才，提供知识产权教学科研信息的重要阵地。深化知识产权系统与教学研究机构的交流，支持有条件的高校设立知识产权二级学科和知识产权硕士博士学位授予点，将知识产权教育纳入高校学生素质教育体系，这也是国家知识产权人才培养计划的一项重要内容。2011 年，国家教育部将知识产权法纳入目录外二级学科，并进行规范化管理。中国各高校和研究机构纷纷设立了独立的知识产权学院或研究院，并开办网站，以充分利用现代技术、加强教学科研资源整合和共享。比如华东政法大学知识产权学院网络平台建有信

〔1〕 参见中国知识产权远程教育平台，网址：http://elearning.ciptc.org.cn/public/index，最后访问日期：2015 年 7 月 9 日。

〔2〕 法律教育网：“2012 年重庆市知识产权保护状况”，载 http://www.chinalawedu.com/new/201305/caoxinyu2013052816381639691389.shtml，最后访问日期：2013 年 7 月 9 日。

息港数据库和数字化教学平台。中国社会科学网知识产权专题的“法律法规”栏目则是重视资源原始积累和实现网络共享的典范。

总体而言，学术型知识产权信息服务为教学科研服务的功能价值取向基本确立，一些学术机构为实现专业学术资源的整理、整合，促进优质学术成果的社会转化，改善教学等进行了成功的探索和尝试。但服务水平参差不齐、信息不够丰富、资源整合力度不够、资源利用方式简单等问题也普遍存在，成果转化信息服务严重不足的问题较为突出。

因此，各高校和研究机构应当充分依托高校和研究机构的学术资源优势，实现资源共享，促进科技成果信息的有效推广和市场对接。这将更好地提高学术机构的教学研究水平，提高科学研究的针对性，促进学术交流，提高教学研究为社会服务的水平。其一，应重视学术资源的收集和共享。中国社会科学网知识产权专题的“法律法规”栏目是重视资源原始积累和实现网络共享的典范。其二，应加强对学术前沿信息的资源共享。及时了解学术前沿是一个专业教学研究人员必备的素质和进行科学创新的前提，但现实资源有限，所以各个教学研究机构如果能把此类活动的信息实现网络共享，那么所有的专业学者和学生都可以通过网络信息了解学术前沿。其三，应重视整合信息资源。在这方面国内有的单位提供了经验。例如，华东政法大学知识产权学院网站的信息港数据库是学术型知识产权网站中少有的资源整合数据库之一。其四，应重视利用网络技术促进资源的推广应用，实现科学研究为社会服务。其五，应充分利用网络技术完善知识产权教学活动。例如，华东政法大学知识产权学院网站建设了数字化教学平台。通过该网站主页的数字化学院链接，可以进入毕业论文管理系统、专利模拟系统、商标模拟申请系统、著作权模拟申请系统。另外“教学平台”栏目有教学 PPT 和课程建设资源，以上系统和平台只有该校学生或教师才能登录进入。如果能够有效利用，应该能提高学生的实务能力，促进网络教学和资源利用。

第三节　我国知识产权信息商业服务现状

我国正处在从“中国制造”向“中国创造”转变的战略转型期，知识产权信息对于经济创新发展的基础作用日益显现。近年来，商业机构逐渐认识到知识产权信息服务的市场潜力，开始面向市场提供知识产权信息的增值性商业服务。

一、专业信息服务机构的知识产权信息服务

根据服务方式不同，我国知识产权信息商业服务主体主要可分为信息服务中介的知识产权信息服务，商业数据库中的知识产权服务模块及商业搜索引擎型知识产权信息服务等。

专业信息服务机构是提供知识产权信息商业服务的主体，也是政府重点扶持培育的对象。初步统计，我国商业化知识产权信息服务机构主要有专业（专利、商标、著作权等）综合性信息服务机构、专注于信息咨询的信息服务机构、专注于知识产权信息技术开发的服务机构、专注于行业信息服务的机构等。

北京东方灵盾科技有限公司和江苏佰腾科技有限公司是提供专利信息服务的专业代表性商业机构。北京东方灵盾科技有限公司是一个专注于国内外专利和科技信息深度加工，建立各种专业情报数据库和多数据库联机检索平台，并对社会各界提供全方位、专业化、个性化的国际专利检索及咨询服务的专利资讯高科技公司。其提供的主要服务包括数据库产品（世界专利文献数据库、重点行业专利数据库、世界传统药物专利数据库）、信息平

台（中外专利信息检索及战略分析平台、区域创新管理决策系统、外贸专利数据库查询公共服务平台）、信息服务（专利数据库定制、专利分析与咨询、专利检索、企业专利信息服务套餐、专利技术跟踪推送、专利数据加工、专利文献翻译）等。江苏佰腾科技有限公司可提供的产品服务主要有咨询服务（企业知识产权贯标服务、区域专利战略分析报告、产业专利预警分析报告、专利专题检索报告、专利分析报告）、专利数据库［企业个性化专利数据库、行业（产业）专利数据库、高校（科研院所）通用专利数据库］、创新平台建设（区域创新公共服务平台建设、产业创新服务平台建设、区域知识产权公共服务平台建设、科技成果转化平台建设）、专利监控系统（区域专利监控系统、企业专利监控管理系统）、佰腾专利下载软件等。

深圳市中彩联科技有限公司（CTU）由 10 家中国著名彩电集团共同投资组建而成，该公司建立了先进的彩电专利信息公共服务平台，该平台包容了全球主要数字电视标准的专利；组建了国内彩电自主创新的专利池，将相关专利有效利用，并对口多次培养彩电行业急需的知识产权人才；已建成彩电专利预警平台，内置北美数字电视专利模块、中国 DTMB 专利模块、欧洲数字电视专利模块，为国内彩电企业联合创新发挥着积极作用。

山东白兔商标代理有限公司专注于商标代理和信息服务。通过其服务平台中国商标专网，可以进行商标查询（免费商标查询、国际商标查询、香港商标查询、各国商标查询）、商标监测等，该公司还开发了 CHA－TM2008 白兔商标查询系统和商标档案管理系统。

北京东方雍和国际版权交易中心是我国建立的国家级版权服务与交易中心，其网络平台国际版权网是国家级版权交易平台，建有国家级版权登记服务平台、国家级版权交易服务平台、版权产业合作交流平台、版权专家核心智力平台、版权法律保护服务平台、版权投融资服务平台六大功能平台，同时建立了交易服务（挂牌竞价交易、客户定制交易活动、互联网电子商务、数字版权商业分发、版权投融资中介）、专业服务（版权登记/合同备案、版权查询及认证、版权价值评估、版权使用监测、版权法律维权）、商务服务（版权产业集聚区、版权商务活动中心、版权展示服务、版权产业信息服务、版权经纪人培训）三大服务体系。

北京中防昊通防伪科技中心主办的国家地理标志网建有国家地理标志产品保护信息系统，包括监督管理（产量监控系统、可追溯查询服务、视频监视系统、信息统计分析系统）、配套服务（品牌宣传、品牌保护系统、数字化诚信服务系统、数字化会员管理系统、物流跟踪服务系统、授权经销商管理系统）、企业服务（入网流程、服务标准、服务投诉）三个大系统。

广州奥凯信息咨询有限公司是专注于知识产权信息咨询的商业服务机构，以“提供信息与情报全面解决方案，推动科技创新与知识产权战略”为公司的经营使命，致力于知识产权领域的信息情报工作。推出系列知识产权信息化解决方案，包括专利文献智能抓取、专利专题库的建设、中小企业知识产权托管平台、大型企业知识产权全流程 IT 解决方案、知识产权教学仿真系统等等。2004 年起该公司还先后与世界顶尖信息集团 Thomson Reuters（汤森路透）科技集团及 Proquest（Dialog）信息集团携手，代理经营全球一流的专利、科技信息解决方案。

北京彼速信息技术有限公司和保定市大为计算机软件开发有限公司则致力于知识产权应用软件的开发，为知识产权信息服务提供强大的技术工具。彼速公司经过多年发展，建立了一流的技术研发、技术服务团队和网络，成功地研发出“协同空间”、“专利之星”、“商标之星”、“专利搜索引擎”、“外观设计搜索引擎”以及“专利数据中心”等系列软件产品，为代理机构知识产权业务运转提供高效的协同工作平台，为企业知识产权信息化打造全方位的解决方案。同时为专利工作者、研发人员和科技工作者提供专利检索、专利挖掘和专利分析的强大工具。大为软件公司致力于中国、日本知识产权软件的研究开发，其研发的大为 PatGet 专利下载分析系统、PatentEX 专利信息创新平台、PatentNet 专利检索系统、大为 FreePatent 公知技术搜索系统、IPLine 知识产权管理系统等为企业、大学、科研院所、知识产权代理机构等用户提供了国际一流品质的知识产权信息技术服务。

可见，在我国，专业性的知识产权信息服务商业机构逐渐增多，业务范围涉及信息咨询、数据库建设、服务（交易）平台建设、信息服务系统开发等方面，并根据技术或专业优势，实现了专业化的分工。这对于传统的知识产权服务（代理服务、法律服务、交易服务等）的信息化、网络化是一个极大的促进，相对于公共信息服务体系，专业知识产权信息服务机构从一开始就将服务方向定位在知识产权信息的深层次挖掘开发，重点是增值服务，这更加符合企业知识产权开发利用的需求，将为我国企业技术创新和知识产权保护起到基础支撑作用。当然，总体而言，我国知识产权信息的商业性专业性服务还仅仅处在起步阶段，不仅服务机构数量太少，行业标准缺失，而且服务水平有限。

二、商业数据库中的知识产权信息数据库

中国影响力比较大的商业数据库如同方（CNKI）、万方数据知识服务平台、北大法意、北大法宝等也开始凭借数据库开发技术和商业经验，涉足知识产权信息的开发。除了集合期刊数据库、法律法规库等数据库中的知识产权相关信息外，部分商业数

据库还开发了知识产权专业数据子库，比如 CNKI 的中国专利数据库、万方的专利检索平台。

CNKI 数据库包括中国期刊全文数据库、中国博士学位论文全文数据库、中国优秀硕士学位论文全文数据库、中国重要会议论文全文数据库、中国重要报纸全文数据库、中国专利数据库等子数据库。CNKI 中国专利数据库〔1〕收录了 1985 年 9 月以来的所有中国专利，包含发明专利、实用新型专利、外观设计专利三个子库。专利的内容来源于国家知识产权局知识产权出版社，可以通过申请号、申请日、公开号、公开日、专利名称、摘要、分类号、申请人、发明人、地址、专利代理机构、代理人、优先权等检索项进行检索。

CNKI 中国专利数据库检索结果为每条专利增加了知网节的链接，集成了与该专利相关的专利产品的状态分析、本领域科技成果与标准、发明人发表文献、申请机构（个人）发表文献、本专利的编制背景、本专利的应用动态、所涉核心技术研究动态、知识链接，可以完整地展现该专利产生的背景、最新发展动态、相关领域的发展趋势，可以浏览发明人与发明机构更多的论述以及在各种出版物上发表的信息。下载专利文献全文需先注册、充值、付费下载全文。

万方数据知识服务平台〔2〕是万方数据推出的全新知识服务系统，为科学研究和科技生产提供全面丰富的学术文献、科研资料、技术数据。系统涵盖了学位论文、学术期刊、学术会议、外文文献等多种学术全文文献库，以及专利、标准、成果等科技信息数据库，权威的法律法规数据库，全面完整的企业产品机构服

---

〔1〕 CNKI 专利数据库网址：http://dbpub.cnki.net/Grid2008/Dbpub/brief.aspx?ID=SCPD。

〔2〕 万方数据知识服务平台网址：http://www.wanfangdata.com.cn/。

务系统。万方数据知识服务平台专利检索系统收录 1985 年以来的中国专利文献全文，数据来源于国家知识产权局。万方数据为专利检索提供了高级检索、经典检索、专业检索三种检索方式。万方数据平台可以下载专利说明书 PDF 格式的全文。但是，专利摘要和说明书全文的浏览与下载均需付费（签约单位除外），每件专利需付费 3 元人民币，否则只能浏览到不完整的摘要以及申请（专利）号、申请日期、公开（公告）日、公开（公告）号、主分类号、分类号、申请（专利权）人、发明（设计）人 8 个字段的信息。付费后可以浏览到完整的摘要、14 个字段的全部内容和下载 PDF 格式的专利说明书全文。

商业数据库中知识产权信息数据库模块的主要特色是充分利用已有资源与技术优势，实现知识产权基础信息与文献信息、科研信息等的共享集成。当然，前提是对相关数据库都付费购买，才能实现互联共通。

三、网络搜索服务商的知识产权信息服务

搜索引擎对用户的检索响应速度极快，一般每次检索只要几秒钟，但信息查询的命中率、准确率、查全率较差，检索结果中可能会有很多冗余信息。2008 年中国专利信息中心与百度合作推出了百度专利搜索服务，目的是提供权威、全面、丰富的专利信息，使用户能简单、方便地查询专利相关资料。SooPAT 专利搜索引擎是在专利检索领域比较流行的一个网站，这个网站利用各个国家的免费专利数据库，进行整合检索。中国专利的检索是本地数据库；世界专利检索则把各个国家的数据库检索结果内嵌整合到自己的检索网页，以方便用户检索。SooPAT 致力于创造最强大、最专业的专利搜索引擎，致力于专利信息数据的深度挖掘。SooPat 将所有互联网上免费的国内外专利数据库进行链接、整合，

但 SooPat 本身并不提供数据，而是通过链接整合以及人性化的调整，使之更加符合人们的一般检索习惯。SooPAT 提供了简单检索、表格检索和 IPC 国际分类号检索三种方式。在简单检索中，用户只要在搜索框里输入关键词、名称、专利号、申请人、发明人、分类号等任意条件即可进行搜索，这也体现该网站"让专利搜索平民化"的目标。SooPAT 免费的专利统计分析是该网站明显不同于同类专利搜索网站的一项功能，深度挖掘专利数据，使用专利统计分析功能，可以方便地进行各类专利统计分析并生成图表，很好地弥补了网站付费提供专利著录项目下载的缺点。以往这些统计分析都需要价值不菲的专利分析软件来实现。[1]目前通过搜索引擎搜索或分析专利信息都可免费获取，服务商主要是通过网页广告实现营利。

四、创新企业的知识产权信息管理与运用

创新企业是知识产权信息服务的主要对象，是知识产权信息产品的主要消费者，也是知识产权信息的重要生产者，是专利、商标甚至版权等知识产权的主要拥有者。同时，从内部管理视角而言，企业承担着内部知识产权信息的管理、开发和保护的职责，企业知识产权信息管理与运用是知识产权信息商业服务体系中的重要环节。

知识产权信息是经济、技术、法律等各个领域最前沿的、基础性、战略性的信息资源。及时掌握知识产权信息可以帮助企业了解本行业的最新技术信息、最新市场竞争信息和法律法规信息，有助于根据跟踪技术最新发展方向，进行知识产权预警，防范知识产权侵权，并充分利用保护自己所拥有的知识产权，知识

〔1〕 曹平："中外专利文献信息检索平台比较研究"，载《情报探索》2011 年第 7 期。

产权对于企业创新发展的重要意义不言而喻。

许多知名企业的快速发展都得益于对于知识产权信息的精心管理和充分运用。据世界知识产权组织（WIPO）统计，研发人员若能善用专利信息，将可以减少约60%的技术研发时间与40%的研发经费。[1]欧美、日本的企业一般都设有专门的知识产权管理机构，对内外部知识产权信息进行研究、整合、管理，不仅为企业研发部门提供技术支持，也为企业决策部门提供知识产权预警。

我国一些大型企业也已经认识到知识产权信息的基础支撑作用，比如海尔公司在1988年即建立了专利档案数据库，后来又陆续开发了中国家电专利文献数据库、中国家电专利数据库、中国家电专利信息库等专题性质的企业内部数据库，为公司技术创新提供了巨大的文献与信息保障。[2]但总体而言，情况不容乐观。我国企业对于知识产权信息的开发、利用、保护与管理并没有得到充分的重视。据统计，我国企业的专利信息利用率只有35.4%，而日本为92%。由于对专利信息利用不充分，我国企业因专利侵权赔偿每年造成的损失高达数十亿美元。由于专利信息利用水平不高，我国科研机构开展的科研重复率高达40%。[3]国家知识产权局曾对1245家企业知识产权工作状况做过调查，关于企业专利文献数据库建设的问答中，有效回答1145家，其中建立了专利文献数据库的企业191家，占有效样本的17%，没有建立专利文献数据库的企业963家，占有效样本的

---

〔1〕 许福运、张承华："专利信息资源开发创新模式的策略选择"，载杨铁军主编：《知识产权服务与科技经济发展》，知识产权出版社2010年版，第258页。

〔2〕 冯晓青："我国知识产权信息网络平台建设研究"，载《湖南大学学报（社会科学版）》2013年第3期。

〔3〕 许福运、张承华："专利信息资源开发创新模式的策略选择"，载杨铁军主编：《知识产权服务与科技经济发展》，知识产权出版社2010年版，第258页。

83%。[1]

尤其是我国目前98%以上的企业为中小企业，他们普遍存在资金少、规模小、没有能力建设内部专题数据库或信息服务平台等问题，而且知识产权意识薄弱，知识产权方面的人才缺乏，对知识产权的重视程度不足，不能有效利用知识产权信息公共数据库。而我国知识产权商业服务机构多处于起步阶段，基础薄，数量少，往往专注于针对大型企业提供专业化服务。知识产权意识的薄弱和知识产权信息利用能力不足严重制约着中小企业的创新发展。

第四节　我国知识产权信息服务网络平台建设

随着知识产权信息的电子化和网络化，知识产权信息服务平台及相关服务系统的开发运用往往体现着一个国家知识产权信息服务的水平。目前我国承担着知识产权信息公共服务功能的网络平台和检索系统有了一定程度的发展，但信息服务集成平台和服务软件的开发还处于起步阶段。下面从知识产权信息的专业领域分类剖析我国相关信息资源平台或系统建设情况，以期了解我国知识产权信息网络服务的现状。

一、专利信息资源网络平台建设

（一）国家知识产权局中国专利检索系统

国家知识产权局（SIPO）信息资源服务平台[2]是国家知识

〔1〕冯晓青："我国知识产权信息网络平台建设研究"，载《湖南大学学报（社会科学版）》2013年第3期。

〔2〕国家知识产权局网站网址：http://www.sipo.gov.cn。

产权局支持建立的政府性官方网站。该网站提供与专利相关的多种信息服务，如专利申请、专利审查相关信息，近期专利公报、年报，专利证书发文信息、法律状态、收费信息等。此外，还可以直接链接到国外主要国家和地区的专利数据库、国外知识产权组织或管理机构的官方网站及国内地方知识产权局网站等。

国家知识产权局网站开设中文简体、中文繁体和英文三种语言站点，中文简体网站主要有政务、服务、互动、资讯、办事、检索和查询、专题专栏、局领导子站、相关子站、地方子站等栏目。通过该网站，公众可以了解国家知识产权局的最新动态、国内外知识产权方面的要闻、国内知识产权方面的有关政策。通过电子申请系统进行专利申请，查询近期的专利公报（包括专利公报、集成电路公告等），进行专利检索、法律状态检索、集成电路布图设计检索等，并建有中国中药专利数据库检索系统（CTC-MPD）、国家重点产业专利信息服务平台、知识产权人才数据库，还有知识产权远程教育子网。

1. 数据范围

国家知识产权局中国专利检索系统提供 1985 年 9 月 10 日以来公布的全部中国专利信息，包括发明、实用新型和外观设计三种专利的著录项目及摘要，并可浏览到各种说明书全文及外观设计图形，说明书为 TIF 格式文件。数据库面向公众提供免费专利检索服务。其中发明专利（1985 年以来）数据包括文本式著录数据、摘要、和法律状态，图像说明书；实用新型（1985 年以来）数据包括文本式著录数据、摘要和法律状态，图像说明书；外观设计（1985 ~ 1996 年）数据包括文本式著录数据、摘要和法律状态；外观设计（1997 年以来）数据包括文本式著录数据、摘要和法律状态，图像说明书。

2. 检索方式

国家知识产权局中国专利检索系统提供了两种检索方式：字段检索和 IPC 分类导航检索。

字段检索方式提供了申请（专利）号、名称、摘要、分类号、主分类号、公开（告）号、公开（告）日、申请（专利权）人、发明（设计）人、地址、申请日、颁证日、专利代理机构、代理人、国际公布、优先权共 16 个检索字段，用户可以根据已知条件，在上述 16 个检索字段中选择合适的入口进行检索。既可使用单字段检索，也可以同时使用多字段限定检索，每个检索字段还可以进行模糊检索。其中，字符“?”（半角问号），代表 1 个字符；模糊字符“%”（半角百分号），代表 0 ~ n 个字符。检索可以在全部专利中进行，也可以分别在发明专利、实用新型专利、外观设计专利中进行。

在字段检索主页上点击“IPC 分类检索”即进入 IPC 分类导航检索页面。IPC 分类导航检索就是利用 IPC 分类表中的部、大类、小类，逐级查询到感兴趣的类目，点击此类目（类目可以是部、大类或小类）名称，即可得到该类目下的专利检索结果（注意：外观设计除外）。IPC 分类导航检索同时提供关键词检索，即在选中某类目下，在发明名称和摘要范围内再进行关键词检索，它能提高检索的准确性。

3. 检索结果的显示

通过输入相应的检索条件（例如在字段检索页面的摘要检索栏中输入关键词“摩托车”），可以看到检索结果显示列表。它提供了专利数据库中与检索条件相关的所有专利的申请号和专利名称列表。显示页面只能一次显示 10 条记录，通过在“跳转到”输入框中输入页码或点击“下一页”，查看全部检索结果。

在检索结果列表中，点击一件专利名称将进入题录文摘显示页面。从该页面，可以看到该专利的著录数据（右上）和文摘（右下）。通过著录项目显示页面左栏的“说明书全文”，还可以得到申请公开和授权的图像全文说明书。说明书全文为TIF格式，浏览说明书全文需要使用该数据库提供的专用浏览器或者在附件中安装“映象”软件或者使用其他可以浏览TIF格式文件的软件。

（二）国家知识产权局专利检索与服务系统（试用版）

1. 专利数据范围

专利检索与服务系统〔1〕共收集了103个国家、地区和组织的专利数据，数据更新周期分为中国专利数据、国外专利数据、引文、同族以及法律状态等几个方面，其中，中国专利数据每周三更新，滞后公开日7天，国外专利数据每周三更新，引文数据每月更新，同族数据每周二更新，法律状态数据每周二更新。数据范围包括中国（1985~2015 07 29）、美国（1790~2015 06 25）、日本（1913~2015 06 04）、韩国（1973~2015 05 29）、英国（1782~2015 07 01）、法国（1855~2015 06 26）、德国（1877~2015 07 02）、瑞士（1888~2015 06 15）、俄罗斯（1992~2015 06 10）、欧洲专利局（1978~2015 07 01）、世界知识产权组织（1978~2015 06 25）、其他（1827~2015 07 01）。〔2〕

2. 检索方式

专利检索与服务系统（试用版）提供了常规检索、表格检索两种检索方式。

常规检索是一种简易快速检索，从系统主页点击“专利检

〔1〕国家知识产权局专利检索与服务系统网址：http://www.pss-system.gov.cn。

〔2〕数据来源于国家知识产权局专利检索与服务系统，参见http://www.pss-system.gov.cn，最后访问日期：2015年8月1日。

索”即进入常规检索页面。常规检索实行字段检索的方式，主要有检索要素、申请号、公开（公告）号、申请（专利权）人、发明人、发明名称6个检索字段，用户可以根据已知条件，在上述6个检索字段中选择合适的入口进行检索。只可以使用单字段检索，不能同时使用多字段检索。

从“专利检索”页面点击“表格检索”，进入表格检索方式，可以进行比较精确的检索。表格检索中可以进行中外专利联合检索、中国专利检索或者外国及港澳台专利检索。表格检索方式提供申请号、申请日、公开（公告）号、公开（公告）日、发明名称、IPC分类号、申请（专利权）人、发明人、优先权号、优先权日、摘要、权利要求、说明书、关键词共14个检索字段，可以进行单字段检索，也可以多字段限定检索，还可以对检索式通过“and”/“or”/“not”/( )/其他算符等检索算符进行检索式编辑。本系统也可以通过IPC进行分类查询。

在检索过程中移动鼠标就会显示检索规则，更加科学和专业。

3. 多功能查询器

通过专利检索页面，可以进入多功能查询器页面，在此公众可以进行IPC分类号查询、同族查询、引文查询、法律状态查询、申请（专利权）人别名查询、国别代码查询、双语词典、分类号关联查询、关联词查询。多功能查询器提供了很多便利，使检索更加易于操作。

4. 检索结果显示

快捷检索、表格检索结果以列表形式显示命中结果，每一条记录显示5项信息：序号、申请号、公开（公告）号、名称、分类号。命中列表超过15条记录，使用翻页工具。命中统计显示总量及各种专利数量：全部、发明公开、实用新型、外观设计。

点击选项可选择显示。页面中的检索结果显示表格是可以左右拖动的，当检索结果比较长的时候，可以将鼠标放到表格标题栏分隔线处，当鼠标样式变化时可拉长或缩短表格。

（三）我国专利法律状态检索系统

1. 数据范围

我国专利法律状态检索系统[1]提供 1985 年至今公告的中国专利法律状态信息。该法律状态信息是国家知识产权局根据《专利法》及其实施细则的规定在出版的发明专利公报、实用新型专利公报和外观设计专利公报上公开和公告的法律状态信息，主要有：实质审查请求的生效、专利权的无效宣告，专利权的终止，权利的恢复，专利申请权、专利权的转移，专利实施许可合同的备案，专利权的质押、保全及其解除，著录事项变更、通知事项等。

2. 检索方式

法律状态查询页面提供三个检索入口：申请（专利）号、法律状态公告日、法律状态。用户可以根据已有的信息或需要进行查询。当没有法律状态信息时，是指发明专利申请已公开但还没有提出实质审查请求或者实质审查请求尚未生效；对于实用新型和外观设计申请则表示该专利申请已授权。因中国专利文献每周三出版及更新，使用“法律状态公告日”进行特定日期的检索时，输入的日期必须是每周的周三。说明书全文可以保存或打印，但一次只能保存或打印当前显示页。

3. 检索结果

如果查询某一特定专利的法律状态，检索结果的查看顺序为自下而上，从检索结果可以看出，申请号为 912314222 的申请在

---

〔1〕 我国专利法律状态检索系统网址：http://search.sipo.gov.cn/zljs/searchflzt.jsp。

1992 年 8 月 19 日公开，1993 年 5 月 5 日授权，1996 年 1 月 3 日由于未缴年费造成专利权终止。如查看某周三例如 2007 年 12 月 5 日公布及更新专利的法律状态，可看到当日共有 18 595 条记录公布及更新。

需要注意的是，由于专利申请（专利）的法律状态发生变化时，专利公报的公布及检索系统登录信息必然存在滞后性的原因，本检索系统的法律状态信息仅供参考，即时准确的法律状态信息应以国家知识产权局出具的专利登记簿记载的内容为准。

（四）国家重点产业专利信息服务平台

为配合国务院十大重点产业调整和振兴规划的实施，发挥专利信息对经济社会发展和企业创新活动的支撑作用，国家知识产权局牵头，在国资委行业协会办公室协调下和各行业协会的积极参与下，建设了国家重点产业专利信息服务平台[1]，为十大重点产业提供公益性的专利信息服务。十大产业包括汽车产业、钢铁产业、电子信息产业、物流产业、纺织产业、装备制造产业、有色金属产业、轻工业产业、石油化工产业、船舶产业。

信息平台在内容上，涵盖规划中有关技术创新重点领域的国内外数十个国家专利文献信息；在功能上，针对科技研发人员和管理人员，提供集一般检索、分类导航检索、数据统计分析、机器翻译等多种功能于一体的集成化专题数据库系统。利用该信息平台，行业和企业可以了解竞争对手的技术水平、跟踪最新技术发展动向、提高研发起点、加快产品升级和防范知识产权风险，为自主创新、技术改造、并购重组、产业或行业标准制定和实施“走出去”战略发挥重要作用。

---

〔1〕 国家重点产业专利信息服务平台网址：http://www.chinaip.com.cn/。

1. 数据范围

国家重点产业专利信息服务平台主要提供对中国（大陆、香港地区、台湾地区）专利和国外（美国、日本、英国、德国、法国、欧洲专利局、WIPO、瑞士、俄罗斯、非洲等20个国家和地区）的专利检索，所收录的专利数据范围主要有，中国发明专利（1985 09 10～2015 08 05），中国发明授权（1985 09 10～2015 08 05），中国实用新型（1985 09 10～2015 08 05），中国外观设计（1985 09 10～2015 08 05），中国发明专利（失效）（1985 09 10～2015 08 05），中国实用新型（失效）（1985 09 10～2015 08 05），中国外观设计（失效）（1985 09 10～2015 08 05），中国台湾专利（1991 01 01～2015 06 21），香港特区（1976 03 05～2015 06 12），美国（1790 07 31～2015 08 06），日本（1913 02 06～2015 06 17），EPO（1978 12 20～2015 07 08），WIPO（1978 10 19～2015 07 02），英国（1782 07 04～2015 07 08），德国（1861 09 28～2015 07 09），法国（1819 11 12～2015 07 03），瑞士（1888 01 09～2015 06 15），俄罗斯（1919 02 28～2015 06 20）等。[1]

2. 检索方式

平台主要提供以下几种检索方式：快速检索、中外混合专利检索（包括表格检索、逻辑检索等）、行业分类导航、IPC分类导航、中国专利法律状态检索。一些检索方式还提供二次检索、过滤检索、同义词检索等辅助检索手段。

在网络平台首页可以直接进行快速检索，检索项包括选择产业分站点（十大产业站点）、检索项目（名称、申请日、申请号、专利号、摘要等），还可以在关键词项输入检索词。

通过平台所列十大产业按钮或快速检索项可以进入高级检索

---

〔1〕 数据来源于国家重点产业专利信息服务平台，参见http://www.chinaip.com.cn/，最后访问日期：2015年8月5日。

页面，在高级检索页面，可以进行中外混合专利检索、行业分类导航检索、IPC 分类导航检索、中国法律状态检索。

中外混合专利检索可以进行中外专利的各类检索，检索步骤为：设置检索的数据范围（包括中国发明专利、中国外观设计、美国、日本、WIPO、韩国等 25 个选项，可以全选）；选择附加检索方式（例如勾选同义词检索）以及是否保存检索表达式；设置检索结果的排序方式；在表格检索框中或逻辑检索框中输入要检索的内容（逻辑检索优先于表格检索），然后就可以检索了。

行业分类导航检索是将常见行业进行划分，方便用户在自己所关心的领域进行专利检索。检索步骤为：点击某类别前面的拓展按钮进入子类，当鼠标移动到类名上时可显示“中”和“外”字的两个小图标，“中”对应检索该行业分类的中国专利，“外”对应检索该行业分类的外国及中国香港、中国台湾专利。若直接点击该类名，则同时检索中外专利，接下来的操作步骤同“中外混合专利检索”步骤。

IPC 分类导航检索步骤为，点击 IPC 分类导航检索，进入 IPC 子类，把鼠标放置在某 IPC 分类号上，可显示页面图像“中”和“外”两个小图标，“中”对应检索该 IPC 分类的中国专利，“外”对应检索该 IPC 分类的外国及中国香港地区、中国台湾地区专利；若直接点击该 IPC 名，则会在著录项“主分类号”表格中自动填入该 IPC 名，下面的步骤与“中外混合专利检索”相同。

中国专利法律状态检索的检索项包括申请（专利）号、法律状态公告日、法律状态，数据来源与国家知识产权局法律状态检索系统相同，检索结果仅供参考。

3. 检索结果

以上检索的检索结果以列表方式呈现，包括申请号、公开

（公告）号、主分类号、名称，点击可以浏览某条专利的具体信息；若进行的是中外混合专利检索可按国家或地区分布查看检索；若检索结果中有英文专利，点击页面右上角“自动翻译”按钮可以将当前检索结果列表页中的英文进行翻译并显示翻译结果；点击页面“分析”按钮可以进行专利分析；点击“二次检索”按钮，可以进一步限定字段，缩小检索范围；点击“过滤检索”按钮，下次检索可排除本次检索的结果。进入某条专利后，点击“打印文摘”按钮可打印著录项，并且支持自定义输出字段；可以选择“下载文摘”进行下载；点击“专利说明书全文”链接，可查看中国专利说明书全文，全文为 TIF 格式的图形，必须下载指定的图形控件才可以浏览、打印和下载专利说明书全文（当用户第一次打开时，浏览器一般会提示用户下载图形控件），专利说明书也可以批量下载。

4. 翻译与分析功能说明

针对中国香港、中国台湾及国外等用英文表述的专利，平台特别开发了机器翻译模块，能对检索到的英文专利进行即时翻译，帮助用户理解专利内容，方便用户检索。因此平台上集成的机器翻译是由无人工介入的英译中软件完成，翻译结果仅供参考，无法与专业人员的翻译相提并论。同时，本平台还开发了专利信息分析功能，可进行趋势分析、国省分析、申请人分析、发明人分析、技术分类分析、中国专项分析、区域分析等并生成自动分析报告，通过分析对专利数据进行深度加工及挖掘，并分析整理出其所蕴含的统计信息或潜在知识，以直观易懂的图或表等形式展现出来。这样，专利数据升值为专利情报，便于用户全面深入地挖掘专利资料的战略信息，制定和实施企业发展的专利战略，促进产业技术的进步和升级。

(五) CNIPR 专利信息服务平台

CNIPR 专利信息服务平台[1]是由知识产权出版社在原中外专利数据库服务平台的基础上，吸收国内外先进专利检索系统的优点，采用国内先进的全文检索引擎开发完成的。

1. 数据范围

本平台主要提供对中国专利和国外（美国、日本、英国、德国、法国、加拿大、EPO、WIPO、瑞士等 98 个国家和组织）专利的检索，具体数据范围与“国家重点产业专利信息服务平台”数据库相同。

2. 检索方式及检索结果

CNIPR 专利信息服务平台对专利检索提供中外专利混合检索、行业分类导航检索、中国专利法律状态检索、失效专利检索，设有“专利分析模块”、“专利预警模块”和“我的专利管理”模块，后三项服务属于收费服务，需注册充值登录后才可以使用。

(1) 中外专利混合检索。点击“中外专利混合检索”选项，可以进行中外专利的混合检索，首先选择数据范围，可以在多个数据范围内一起查询（但至少勾选一个），其中中国专利进行了分类。然后可以设置附加检索方式，包括同义词检索（系统自动寻找检索词同义词，扩大检索范围）和跨语言检索（实现中英之间的跨语言检索）。接下来进行表格检索式或逻辑检索式的设定，表格检索式的检索项包括申请（专利）号、申请日、公开（公告）日、名称、摘要、申请人、权利要求书等，旁边有举例。逻辑检索是一种高级检索方式，用户可以输入一个复杂的表达式，指定在哪些字段中检索哪些关键字，并支持模糊检索和逻辑运算

---

〔1〕 CNIPR 专利信息服务平台网址：http://search.cnipr.com/index.jsp。

（当使用逻辑检索框时，上面的表格检索框失效，此时所有检索结果以逻辑检索框里的输入为准）。点击检索，进入检索结果概览界面。

对于检索结果，在概览界面，可以进行重新检索（全新检索）、二次检索（对一次结果进行筛选）、过滤检索，登录用户对于检索表达式和检索专利结果可以收藏至“我的专利管理”，对于保存过的检索表达式，通过定期预警模块，可以日后持续跟踪该表达式所对应的新专利，查看预警信息，可以对当前检索结果进行专利分析，并显示分析结果。对于检索结果还可以进行打印或下载。

点击检索结果中某项专利的申请号，则进入专利细览界面，可以查看该项专利的著录项、摘要、摘要附图、主权项、法律状态、引证文献、同族专利等信息，对于检索结果可以进行打印或下载。

（2）行业分类导航检索。行业分类导航检索是人工总结标注的数据库导航，方便用户在自己所关心的领域进行专利检索。点击“行业分类导航”图标，进入行业分类导航主界面，包括绿色技术、电信和其他信息传输服务业、软件业、食品制造业、海洋渔业等23个行业，点击每个行业的拓展按钮可以进入子类，可以输入查询条件对导航进行过滤查询，点击查询结果节点，可以查看此行业分类导航的相关介绍信息，当鼠标移动到类名上时可显示“中”“外”两个小图标，“中”对应检索该行业分类的中国专利，“外”对应检索该行业分类的外国及中国香港、中国台湾地区专利。检索结果操作项主要有：著录项下载、TIFF图下载、代码化下载、分析、重新检索、二次检索、过滤检索等，如为外文检索结果还具有自动翻译功能。

（3）中国专利法律状态检索。CNIPR专利信息服务平台的专利申请（专利）的法律状态信息主要来源于国家知识产权局出版的发明、实用新型和外观设计专利公报。由于专利申请（专利）的法律状态发生变化时，专利公报的公布及检索系统登录信息存在滞后性的原因，该检索系统的法律状态信息仅供参考。需要准确的法律状态信息时，需向国家知识产权局专利局请求出具专利登记簿副本，查询其法律状态。

服务平台的“中国专利法律状态检索”细化为中国专利法律状态检索、专利权利转移检索、专利质押保全检索、专利实施许可检索。

法律状态信息项目主要有公开、实质审查请求生效、审定、授权、专利权的主动放弃、专利权的自动放弃、专利权的视为放弃、专利权的终止、专利权的无效、专利权的撤销、专利权的恢复、权利的恢复、保护期延长、专利申请的驳回、专利申请的撤回、专利权的继承或转让、变更、更正等。专利的权利转移法律状态主要包括：专利申请权的转移、专利权的继承或转让—专利申请权的转移、专利权的转移、专利权的继承或转让专利权的转让，等等。专利权的质押保全法律状态主要包括：专利权的质押、保全及解除，专利申请权的质押、保全及解除，专利权质押（保全）的解除，专利权的质押、保全及解除申请权质押（保全）的解除，等等。专利实施许可法律状态主要包括：专利实施许可合同的备案，实施许可合同的备案—专利实施许可合同的备案，专利实施许可合同备案的生效、变更及注销—专利实施许可合同备案的生效，等等。

依据专利以上法律状态信息项目，检索系统设置了细致的检索项，中国专利法律状态检索的检索项包括专利申请号、法律状态公告日、法律状态；专利权利转移检索包括申请权的转移和专利权的转移，二者可选其一，检索项包括申请（专利）号、名称、分类号、摘要、主权项、生效日、变更前权利人、变更后权利人、当前权利人、变更前地址、变更后地址、当前地址等。专利质押保全检索包括质押和保全两种类型，也可二选一，检索项包括申请（专利）号、名称、分类号、摘要、主权项、合同状态、生效日、变更日、解除日、合同登记号、出质人、质权人、当前质权人等。专利实施许可检索的检索项包括申请（专利）号、名称、分类号、摘要、主权项、许可种类、合同备案阶段、备案日、变更日、解除日、合同备案号、让与人、受让人、当前受让人等。检索结果显示该项专利的详细法律状态。

（4）失效专利检索。失效专利检索为专利检索的一分支，即在原有的专利检索基础上加上专利状态为失效的条件，失效专利检索检索结果所示界面和概览界面十分相似，后续检索步骤与专利检索概览界面相同。

（六）中国专利信息中心专利之星检索系统

专利之星（Patentstar）专利检索系统[1]是中国专利信息中心拥有的，在国家知识产权局专利局审查员专用的 CPRS 专利检索系统的基础上，由北京新发智信科技有限责任公司自主研发完成的一款集专利文献检索、统计分析、机器翻译、定制预警等功能为一体的多功能综合性专利检索系统。

1. 数据范围

中文专利数据涵盖著录项目信息、权利要求书、说明书及附图等的中国专利全文数据，包含 1985 年至今的所有中国专利数据。中国专利数据每周更新，专利全文通过 PDF 格式及 XML 格式浏览。

世界（英文）专利数据涵盖著录项目信息及专利全文数据，

〔1〕 专利之星专利检索系统网址：http://search.patentstar.cn/cprs2010/。

包含 98 个重要国家和地区的 8000 多万条专利数据。世界专利数据每月更新，专利全文通过 PDF 格式浏览。

中国专利全文代码化（XML）数据涵盖权利要求、说明书、摘要、著录项目信息等数据。全文代码化数据较 PDF 数据更新周期晚约 6 个月，可以导出 WORD 文档到本地进行浏览编辑。

2. 检索方式

专利之星（patentstar）专利检索系统提供两种访问方式：一种是通过注册用户访问，一种是通过游客访问。注册用户和游客都可以检索和查看专利，但一些高级功能对游客有所限制。

中国专利检索和世界专利都可以进行智能检索、表格检索（条件检索、逻辑检索）和专家检索。

智能检索是一种简单、快捷检索专利的途径。支持字、词、号及日期的任意组合检索。

专利表格检索中，红色区域为“检索项输入区域”，包含 18 个检索入口，用户可以针对不同入口使用对应检索项，从而提高检索命中率。粉色区域为“检索式对话框”，所有送往检索引擎的检索条件都以该检索式对话框中的检索式为准。橙色区域为“操作栏”，用户可以将检索入口中的检索项生成检索式、清空检索式或者通过运算符手动修改检索式，最后通过检索按钮获取检索结果。

专利专家检索提供 18 个检索字段，用户可用不同组合形式进行快速检索，并预览检索结果命中数。该专家检索可保留每一次的检索式，并可调用保存过的检索式，非正常关机时检索式亦可保留。通过中文专家检索提供的功能，用户可根据实际检索目的采用多种检索策略进行检索，并快速获得检索结果。专家检索的特点在于对每个字段的检索项单独进行检索，再通过对之前检索结果进行逻辑运算以获得最终的检索结果，检索过程中可针对命中数的不同来及时调整检索项的关键词和其他检索项的检索范围，达到对检索目标步步逼近并且优化检索式的目的。

3. 检索结果

对检索结果可以进行概览，对概览结果进行结果分类、结果分析，著录项导出、全文导出，也可以对某一项专利进行详览。检索系统还设有用户中心，可以建设“我的数据库”，以方便对所关注的专利信息进行分析、预警。[1]

二、商标信息资源网络平台建设

（一）中国商标查询系统

1. 中国商标网

中国商标网[2]由国家工商行政管理总局商标局主办，有商标要闻、商标战略、商标申请、商标执法、组织机构、重要发布、法律法规、驰名商标、地理标志、官方标志与特殊标志、国际交流、内地与香港商标专题、商标权运用、商标代理、商标查询、商标公告、网上申请、统计信息、图片报道、专题报道等栏目。

“中国商标网”是国家工商行政管理总局商标局主办的唯一在线查询商标注册信息的网站，自2005年12月26日起免费向公众提供商标注册信息的网上查询，任何人均可登录该网在线查询商标注册信息。该网提供的商标信息既包括注册商标信息，也包括申请注册商标信息。“中国商标网”免费提供商标注册信息查询，根据国际惯例，查询所涉及的商标注册信息仅供参考，无任何法律效力。如有不准确的商标注册信息，以国家工商行政管理

〔1〕 更详尽的使用说明可参照Patentstar系统使用说明，参见http://search.patentstar.cn/CPRS2010/PageSearch/WebViewPdf.aspx。

〔2〕 中国商标网网址：http://www.ctmo.gov.cn。

总局商标局编辑出版的《商标公告》为准。

中国商标网比较有价值的信息资源包括商标公告、驰名商标认定公告、统计信息（商标申请注册统计表、商标战略年度发展报告中英文）。为加强与公众的交流，方便社会各界查阅《商标公告》，进一步提高商标确权的透明度和准确性，自2003年12月26日起，国家工商行政管理总局商标局在继续出版纸质《商标公告》的同时，开始在“中国商标网”上发布《商标公告》。“中国商标网”发布最新出版的12期《商标公告》，包括3个月异议期内的全部初步审定的商标以及商标注册、续展、变更、转让、撤销、注销、异议、评审、商标使用许可合同备案、送达等公告信息。公众可以随时上网查阅，及时了解和监督商标注册情况。

2. 商标查询系统

中国商标网提供三种类型的商标注册信息查询：商标相同或近似信息查询、商标综合信息查询和商标审查状态信息查询。

商标相同或近似信息查询：通过中国商标网主页，进入“商标查询”页面，进入“商标近似查询”栏目，会出现商标近似查询的页面。商标相同或近似信息查询，是指按图形、文字等商标组成要素分别提供近似检索功能，用户可以自行检索在相同或类似商品上是否已有相同或近似的商标。商标近似查询采取国际分类号（45类）、类似群号（选填）、查询方式（6种方式供选择：汉字、拼音、英语、数字、字头、图形）、查询类型、查询内容进行组合限定查询的方式，然后进行“自动查询”（系统默认按全部查询类型进行检索，但英文中不包括读音近似）或选择查询（按用户选择的查询类型进行检索）。例如，在国际分类号中查询第20类，就输入20，查询方式选择“汉字”，查询内容输入“皓月家具”，查询类型选择“完全相同”，进行“选择查询”，显示

80 条结果，对每一条结果都可以进行“查看”，信息包括该商标的图形、申请号等详细信息。商标近似查询数据库设有帮助栏，在国际分类号部分数据库提供了“商品分类帮助”一栏，公众在查询前可以点击进入商品分类明细，共 45 类，每一类目下都有相关的释义；另外，在查询内容部分，设有“图形编码帮助”，公众可以进行商标图形编码查询。

商标综合信息查询：指已知商标注册号（或申请号）、申请人（或注册人）或商标文字时查询有关商标信息。商标综合查询可以通过国际分类号、注册号（申请号）、商标名称、申请人名称（中文或英文）等检索项进行查询，以上查询还可以单独进行字段查询（国际分类号除外），比如在商标名称输入“皓月”（字段设置前包含），可以查询到包含“皓月”字样的商标 32 个，点击商标，可以看到该商标的商标名称、注册号（申请号）、申请人等具体信息。字段设置部分，可以为前包含、精确、包含。

商标状态查询：商标审查状态信息查询，是指申请人通过商标申请号或注册号查询有关商标在业务流程中的状态。商标状态查询只可以通过注册号（申请号）查询。

错误信息反馈：通过该系统，用户可以向商标局反馈有关错误信息。用户通过该系统可以填写“有误商标数据更改单”，在填写申请号、注册号、类别、商标、业务类型、申请人名称等信息的基础上，关键填写修改前的信息和修改后的信息。注意，申请人或代理人提交的申请资料错误导致商标信息不准确的，不能通过网络进行信息反馈，必须向商标局提交书面更正申请。

为了帮助公众进行有效查询，中国商标网商标查询页面设有“操作指南”栏，提供六项下载内容：商标网上查询系统简易操作手册 mht 版和 doc 版、商标网上查询系统详细使用手册 mht 版和 doc 版、关于开通商标注册信息网上查询的公告 mht 版和 doc 版。

（二）“彼速商标之星”知识产权管理系统

“彼速商标之星”知识产权管理系统[1]是彼速公司基于多年在知识产权软件领域辛勤耕耘的经验，专为中国企业打造的用于管理企业的商标、域名、著作权等信息的知识产权管理系统。它规范管理品牌战略布局，全面管理商标档案，管控国内外商标申请及马德里商标申请的流程，监控续展时限，记录宣传、使用证据等，管理商标监测、商标异议、争议、许可等多种实践，集中性管理相关的全部往来文件、费用和时限等。

该知识产权管理系统主要功能模块有商标管理、著作权管理、域名管理、统计分析等。商标管理又包括档案管理、申请管理、续展管理、商标事件管理、商标宣传使用管理、商标监测管理等。著作权管理包括软件著作权管理与作品著作权管理。域名管理包括域名档案管理、域名申请与续展管理。统计分析功能可以对商标、域名、著作权等进行多角度统计分析，快速生成统计图表。

“彼速商标之星”专注于商标、著作权和域名的信息整合与服务，全面监控，精细管理，功能强大，在我国专利信息资源管理系统一家独大的知识产权信息服务行业独树一帜，被越来越多的企业所采用，成为企业提高知识产权工作效率，推动企业品牌创新的必备工具。

三、著作权信息资源网络平台建设

（一）中国版权保护中心版权服务平台

1. 中国版权保护中心服务平台[2]简况

中国版权保护中心是中华人民共和国新闻出版总署（国家版

---

〔1〕“彼速商标之星”知识产权管理系统网址：http://www.bizsolution.com.cn。

〔2〕中国版权保护中心服务平台网址：http://www.ccopyright.com.cn/cpcc/。

权局）直属事业单位，经中央机构编制委员会办公室批准成立于1998年9月，是国家设立的版权公共服务机构。根据新闻出版总署的批复及机构设置改革发展的需要，中华版权代理中心（独立事业法人）、中华版权代理总公司（独立企业法人）划归中心管理。计算机软件和其他各类作品著作权登记、涉外音像制品合同登记、涉外录音录像作品著作权认证、侵权作品的鉴定、著作权法律咨询服务等工作，成为中心基本职责。

中国版权保护中心网站有简体中文、英文、日本语、德语四种语言站点，由中国版权保护中心主办。网站主要有版权资讯、版权登记、版权服务、版权代理与贸易、在线咨询等栏目。

2. 特色资源与服务

（1）版权资讯：栏目提供版权要闻、中心动态、图片新闻、业界资讯、热点关注和滚动新闻等与著作权相关的新闻资讯类信息，更新及时。

（2）版权登记：栏目提供计算机软件著作权登记和作品著作权登记两项服务，包括登记指南和在线登记服务。

（3）版权服务：栏目提供视频检测与取证、版权鉴定、正版认证、版权价值评估、版权纠纷调解、法律法规、成功案例等服务。

（4）版权代理与贸易：提供图书版权贸易、报酬收转、软件登记代理、作品登记代理、法律服务、版权超市、版权人推介、版权使用者信息等服务，点击栏目进入中华版权代理总公司页面，包括公司简介、机构设置、主要业务三个栏目。

中华版权代理总公司作为中国最大的综合版权服务商，以图书版权贸易、报酬收转、软件登记代理、作品登记代理、法律服务、版权人推介等方面的专业服务享誉业界。转制后的公司除了继续开展和提升原有业务，开展更广泛的国际合作外，将更专注于开发和提供与数字内容产业及新媒体业务相关的版权服务，包括面向互联网的版权费用结算平台、手机媒体的版权业务基础平台、版权数字登记平台的建设和运营等。公司目前主要业务有：推荐介绍作品，联系出版；提供选题策划和宣传；代理洽谈和签订著作权许可使用或转让合同；接受委托，为著作权人和报刊社、出版社收取或转付使用报酬；调处版权纠纷；承担版权（贸易）调研课题；组织国内外版权贸易洽谈会、研讨会、论坛和出国交流考察；组织版权贸易培训；组织策划大型版权活动；代理各类作品登记和软件著作权登记；提供著作权法律咨询；开展著作权法宣传。

（二）国际版权网版权交易平台

1. 国际版权网版权交易平台[1]简况

2007 年 7 月，国家新闻出版总署党组同意中国版权保护中心与东城区政府在版权业务领域建立长期、全面战略合作伙伴关系，共同建设国际版权交易中心。2008 年 1 月，东城区政府与中国版权保护中心正式签署《建设国际版权交易中心战略合作协议》，2008 年 4 月中国版权保护中心入驻雍和大厦。2009 年 2 月，国际版权交易中心在中关村科技园区雍和园落成，北京产权交易所正式加入“共建国际版权交易中心”战略合作，同时中关村科技园区雍和园被国家版权局授予“国家版权贸易基地”称号。

国家版权网版权交易平台由北京东方雍和国际版权交易中心主办，为国家级版权交易平台，有中文、英文两种语言站点，主要栏目为新闻资讯、行业研究、政策法规、专题报道、直播访谈、活动专区、专栏博客、服务平台、版权知道等栏目。

---

〔1〕 国际版权网版权交易平台网址：http://portal.cbice.com/。

2. 特色资源与服务

（1）法律法规：提供版权法律法规（法律法规、部门规章、国际条约）和产业政策法规（国家政策法规、地方政策法规、国外政策法规）的全文浏览。

（2）版权知道：提供国际版权贸易、政策法规、版权交易、买版权、会员服务、版权投融资服务、法律维权、其他等几个方面的知识问答。

（3）服务平台：提供国家级版权登记服务平台、国家级版权交易服务平台、版权产业合作交流平台、版权专家核心智力平台、版权法律保护服务平台、版权投融资服务平台六大功能平台，同时建立了交易服务（挂牌竞价交易、客户定制交易活动、互联网电子商务、数字版权商业分发、版权投融资中介）、专业服务（版权登记/合同备案、版权查询及认证、版权价值评估、版权使用监测、版权法律维权）、商务服务（版权产业集聚区、版权商务活动中心、版权展示服务、版权产业信息服务、版权经纪人培训）三大服务体系。

四、植物新品种信息资源网络平台建设

（一）林业知识产权公共信息平台

林业知识产权公共信息平台〔1〕暨中国林业知识产权网由国家林业局主办，主要栏目有数据库检索、数据下载统计、涉林专利技术、林业植物新品种、林产品地理标志、专利分析系统等。

平台的林业资源数据库由许多子库组成，包括资源导航（林业知识产权资源库）、林业专利（中国林业专利数据库、中国林业专利全文库、国外林业专利全文库、林业高校科研院所专利

〔1〕林业知识产权公共信息平台网址：http://www.cfip.cn/。

库）、植物新品种（林业植物新品种权资源库、林业授权植物新品种库、授权植物新品种英文库）、地理标志（中国林产品地理标志库）、林业商标（中国林业相关驰名商标库）、著作权（中国林业软件著作权库、中国林业图书目录库）、法规案例（知识产权法规库、林业知识产权案例库）、文献资源（林业知识产权动态库、林业知识产权文献库）。

从平台首页点击“数据库检索”进入“多库检索”界面，在多库检索界面可以进行智能检索，全部选中数据库或者某一个或多个数据库，检索项为全文检索词，可以选择逻辑关系，然后就可以检索了。在多库检索页面，也可以根据数据库的分类，进行分类导航检索，比如点击“林业知识产权资源库”直接进入该库，然后可以查看该库数据，对此数据也可以进行日期、资源名称、专业分类、国家地区等分类导航浏览，也可以再次进行智能检索、全文检索和组合检索，组合检索的检索项包括资源名称、日期、英文名称、国家地区、专业分类、门户分类、关键词、检索词等。

检索结果以罗列方式呈现，点击检索结果名称可以显示专利信息，包括申请号、名称、年份、申请日、公开日、法律状态与摘要等信息。如果选择多库检索，在结果界面左侧会呈现检索结果在各数据库的位置与数量。

（二）农业部植物品种权查询系统

在农业部植物新品种保护办公室官方网络平台〔1〕主页，点击公告查询，可以进入农业部植物品种权公告查询系统。该查询系统的检索项包括公告类型、植物种类、申请地区、品种名称、申请号、申请日、公告日、申请或品种权人。检索结果以列表形

---

〔1〕 农业部植物新品种保护办公室网址：http://www.cnpvp.cn/。

式呈现，点击申请号或申请公告可以浏览到公告的具体信息，包括植物种类、品种暂定名称、申请日、申请号、公告日、公告号、培育人、申请人、申请人地址、申请日前销售情况。

五、司法信息资源网络平台建设

（一）中国知识产权保护网法规数据库

中国保护知识产权网由商务部主办，于2006年4月26日开通，历经数次改版，设有中英文双版。中文版立足于商务部承担的职责，全面反映商务部在知识产权方面的各项工作动态和政策法规，为社会各界遵守世界各国知识产权制度与维护自身合法权益提供指导与帮助，为中国企业“走出去”提供服务。

中国保护知识产权网作为专业的知识产权类政府网站是发布相关政府信息和提供资讯服务的重要平台。网站现已开通新闻动态、海外维权、境外展会、直通商务部、IPR国际、咨询服务、保知培训、法律法规库等多个栏目，力图多方位多角度地为广大社会公众、企事业组织提供最新时事动态、海外知识产权制度介绍、国内办事救济流程等。

1. 数据范围

中国保护知识产权网法规数据库〔1〕集中提供中国现行的与知识产权有关的各类规范性法律文件、港澳台地区和其他国家的知识产权法律法规以及相关国际条约，包括中、英文及其他语种法规原文。

2. 检索方式

从网站首页进入“法律法规库”即可进入数据库网页。用户通过单一界面即可方便快捷查询。数据库提供字段检索，字段包

〔1〕 中国保护知识产权网法规数据库网址：http://laws.ipr.gov.cn/ipr12312/flfg/searchArticle.jsp。

括关键字（可选择在标题或全文中检索）、语言（全部或中文、英文、其他）、类别（全部或专利、商标、版权/著作权、商业秘密、地理标志/地理标识、植物新品种、集成电路布图设计、网络域名、反垄断、反不正当竞争、非物质文化遗产、其他）、地区（全部或中国大陆地区、港澳台地区、国际、北美洲、南美洲、欧洲、亚洲、非洲、大洋洲）、省市或国家、效力类别、颁布时间（全部或1950年以前、1950年~1980年、1981年~1990年、1991年~2000年、2001年以后）。

（二）中国知识产权裁判文书网

中国知识产权裁判文书网[1]由最高人民法院主办，是人民法院司法保护知识产权成果的权威信息平台，为了提高裁判文书的上网率，各高级人民法院都安排有专门的裁判文书上网信息员，负责裁判文书上网及网络维护工作，并实施上网情况定期通报制度。2013年最高人民法院还专门发布了《最高人民法院裁判文书上网公布暂行办法》，根据该办法，除法律规定的特殊情形外，最高人民法院发生法律效力的判决书、裁定书、决定书一般均应在互联网上公布，这是最高人民法院第一个专门规范自身裁判文书上网公布工作的制度性文件，对裁判文书上网公布的基本原则，上网公布裁判文书的范围、公布前的审核程序与技术处理，当事人的权利告知及保障，文书上网公布后的跟踪处理，公众意见收集回应，组织机构以及监督保障措施等等，均作了比较明确、具体的规定，具有较强的操作性。

另外，裁判文书网还在网络平台上公布最高人民法院的《中国法院知识产权司法保护状况》白皮书，白皮书可以在线浏览全文，或下载PDF格式文件。另外，网站还有法院新闻、大法官、

[1] 中国知识产权裁判文书网网址：http://ipr.court.gov.cn/。

法院在线、法学研究、法律文库、法治论坛、司法鉴定等栏目。

对于知识产权裁判文书，网络平台提供了分类导航浏览方式和数据库检索方式，公众可以通过知识产权类型（著作权和邻接权、商标权、专利权、植物新品种、不正当竞争、技术合同、垄断、其他）或全国31个省市地区来浏览查询，也可以通过检索来精确查找自己所需的内容，文书检索的检索项包括关键字、案由、案号、审理法院和裁判时间。检索结果以列表方式呈现，点击案件名称，可以浏览到裁决书的具体信息，也可以下载裁决书原文。

六、人才信息资源网络平台建设

（一）国家知识产权人才信息网络平台

国家知识产权人才信息网络平台〔1〕是国家知识产权局主办的国家知识产权人才信息资源平台。平台栏目包括人才工作动态、国家人才政策、知识产权人才工作政策，建有国家知识产权专家咨询委员会、国家知识产权专家库、全国知识产权领军人才库、百千万知识产权人才工程、百名高层次人才人选库（建设中）等人才库。

1. 数据范围

国家知识产权咨询委员会：为加强对知识产权重大理论和政策问题的研究，提高知识产权工作的科学决策水平，充分发挥知识产权专家智囊作用，国家知识产权局于2010年7月成立了国家知识产权专家咨询委员会，来自全国经济、科技、教育、文化、知识产权领域的20位专家成为国家知识产权专家咨询委员会首批委员。专家咨询委员会是国家知识产权事业发展的咨询机构，

〔1〕 国家知识产权人才信息网络平台网址：http://www.sipo.gov.cn/ztzl/ywzt/gjzscqrcxxwlpt/。

主要任务是根据《国家知识产权战略纲要》，针对我国知识产权事业发展中的战略性、全局性和关键性问题开展调查研究并提供意见建议，对知识产权工作中开展的重大研究项目成果进行评审，并承担国家知识产权专家库的选拔评审工作。国家知识产权专家咨询委员会将通过定期或不定期召开专家咨询委员会会议、专题咨询及论证会议、调查研究、书面咨询、个别咨询等方式指导知识产权事业发展中重大问题的政策研究，为重大战略和关键问题的决策提供咨询和建议等。

国家知识产权专家库：为贯彻《国家中长期人才发展规划纲要（2010～2020年）》和《国家知识产权战略纲要》精神，根据《国家知识产权人才库与人才信息网络平台工作实施方案（试行）》，国家知识产权局于2011年3月开展了国家知识产权专家库专家评选工作，并于2011年底在全国范围内评选出首批共203名知识产权专家组成专家库，涵盖全国知识产权行政管理与执法部门、高等院校及科研机构、企事业单位、知识产权服务机构等。专家库的建立，可以充分发挥专家在知识产权事业发展中的重要作用，支持专家为经济社会发展中急需解决的关键性问题提供知识产权咨询论证和智力服务，同时推动满足知识产权事业发展需要的教育培训师资队伍建设。“十二五”期间将在全国范围内评选出约300名专家组建国家知识产权专家库。

全国知识产权领军人才库：知识产权领军人才是指高层次知识产权人才中专业能力突出，学术造诣深厚，在知识产权领域取得显著成绩，能带领形成优秀知识产权团队，并发挥引领辐射和示范带动作用，为知识产权事业发展做出重要贡献的高端知识产权人才。2011年7月，国家知识产权局印发《知识产权高层次人才引领计划实施方案（2011～2015年）》，根据该实施方案，于2012年启动了首批全国知识产权领军人才的推荐选拔工作。通过推荐评选，2012年底在全国范围内选拔出81名首批全国知识产权领军人才，其中：知识产权行政管理和执法、企业知识产权经营管理、知识产权服务业各20名，高等学校及科研机构21名。“十二五”期间，计划评选产生200名左右全国知识产权领军人才。

“百千万知识产权人才工程”百名高层次人才人选库：为加强知识产权人才培养，从2007年开始，国家知识产权局组织实施了“百千万知识产权人才工程”，启动了以高层次人才队伍建设为重点的各类知识产权人才培养工作，取得了显著成效。2011年，国家知识产权局印发了《2011~2015年“百千万知识产权人才工程”实施方案》，继续大力实施百千万知识产权人才工程。到目前，在全国已经分三批共选拔了283名高层次知识产权人才培养人选，培养了一大批知识产权行政管理和执法、企事业单位以及知识产权服务业等领域的高素质专门人才，扩大了知识产权人才队伍规模，提高了人才素质，优化了人才结构，有力地推动了全国知识产权人才队伍建设。有利于知识产权优秀人才不断涌现、脱颖而出的政策体系初步建立，同时分层次、多渠道的知识产权人才培养工作体系逐步完善。目前该库正在建设中。

2. 检索方式与检索结果

从网络平台点击“人员信息请点击此处查询”可进入专家检索页面。可在专家检索委员会、国家知识产权专家库、全国知识产权领军人才库、百名高层次人才库四个库中限定检索范围，也可全选。检索项包括姓名、工作单位、省份、研究领域、分类（知识产权、法律），也可以分页浏览专家信息。

检索结果以专家列表方式呈现，可以查看到专家姓名、性别、工作单位、研究领域、省份、职务和所在库；点击专家照片，可以进入专家详细信息页面，除了以上信息外，还可以看到专家的主要学术著作及论文、国内外学术团体任职情况等详细信息。

（二）中国知识产权远程教育平台

1. 资源课程

中国知识产权远程教育平台由国家知识产权局中国知识产权培训中心主办，其远程分站总计已达38个。投入使用至今的10年间，平台累计培训量超过23万人次，实现了培训人数年均138%的高速增长，制作远程教学课程超过150门，内容涵盖了大部分知识产权领域，形成了较为完善的课程体系。中国知识产权培训中心及其远程平台的信息资源已成为我国知识产权专业人才学习提高的优质免费的公共资源。[1]教育平台总站课程可分为专题培训（如代理人资格考试网络基础课程等）、涉外知识产权、专利文献、专利审查、专利管理制度、地区行业、专利法律法规、专利诉讼、相关法律法规、商业秘密传统知识青少年反不正当竞争、版权、商标等类别的课程。

2. 利用方式

远程教育采用注册学习制，只要注册完成就可以自由选课在线学习。课程学习包括课件学习、平时测评、结业考试，达到课件学习要求时长和学习知识点覆盖率要求，完成考试，则完成了本课程的学习，有些课程完成后有证书。

（三）教研型知识产权信息平台[2]

近年来，为响应经济社会发展对知识产权专业人才培养的需要，各高校和研究机构纷纷设立了独立的知识产权学院或研究院，并建设网络平台，以充分利用现代技术、加强教学科研资源整合和

---

〔1〕 资料来源于中国知识产权远程教育平台，参见 http://elearning.ciptc.org.cn/public/index，最后访问日期：2015年7月9日。

〔2〕 冯晓青、李喜蕊："中国知识产权文献及信息网络服务现状研究"，载《黑龙江社会科学》2012年第5期。

共享。成立较早、具有地区代表性、基本独立的学术机构的网站主要有中国知识产权研究网〔1〕、中国知识产权评论网〔2〕、华东政法大学知识产权学院〔3〕、知识产权实验室〔4〕、中国社会科学网知识产权专题〔5〕、冯晓青知识产权网〔6〕、北京大学科技法研究中心〔7〕、上海大学知识产权学院〔8〕、知识产权战略研究院〔9〕、同济大学知识产权学院〔10〕、西北大学知识产权学院〔11〕、华南理工大学知识产权学院〔12〕、西南政法大学知识产权学院〔13〕、湘潭大学知识产权学院〔14〕、重庆知识产权学院〔15〕、中国科学院知识产权网〔16〕。从各网络平台的信息资源可以看出，学术型知识产权信息网络服务水平并不均衡，从知识

---

〔1〕 中国知识产权研究网网址：http://www. iprcn. com，中南财经政法大学知识产权研究中心主办。

〔2〕 中国知识产权评论网网址：http://www. rucipr. com，中国人民大学知识产权教学与研究中心主办。

〔3〕 华东政法大学知识产权学院网址：http://www. zscq. ecupl. edu. cn，华东政法大学知识产权学院主办。

〔4〕 知识产权实验室网址：http://www. newiplaw. com，中国政法大学知识产权研究中心主办。

〔5〕 中国社会科学网知识产权专题网址：http://www. cssn. cn/cate/1300. htm，中国社会科学院主办。

〔6〕 冯晓青知识产权网网址：http://www. fengxiaoqingip. com，中国政法大学无形资产管理研究中心主任主办。

〔7〕 北京大学科技法研究中心网址：http://stlaw. pku. edu. cn/index. asp。

〔8〕 上海大学知识产权学院网址：http://www. ips. shu. edu. cn。

〔9〕 华中科技大学知识产权战略研究院网址：http://www. iprs. org. cn。

〔10〕 同济大学知识产权学院网址：http://www. tongji. edu. cn/ ~ ipi。

〔11〕 西北大学知识产权学院网址：http://fxy. nwu. edu. cn/。

〔12〕 华南理工大学知识产权学院网址：http://www. scut. edu. cn/iplaw/。

〔13〕 西南政法大学知识产权学院网址：http://202. 202. 80. 1/msfxy/xin/xueyuan/index. asp。

〔14〕 湘潭大学知识产权学院网址：http://ipf. xtu. edu. cn/。

〔15〕 重庆知识产权学院网址：http://ipschool. cqut. edu. cn/。

〔16〕 中国科学院知识产权网网址：http://www. casip. ac. cn/。

产权信息的丰富性来说，中国知识产权研究网、中国知识产权评论网、华东政法大学知识产权学院、知识产权实验室、中国社会科学网知识产权专题、冯晓青知识产权网等网站信息比较丰富，更新也比较及时，并提供全文免费浏览，起到了为教学科研服务、展示教学科研成果、促进高校优质资源共享的作用。

教研型知识产权信息网络服务平台具有为教学研究服务的功能取向。各网站基本都设立了教学信息、科研成果、学术动态、专业讲座、研究资源等栏目，信息资源最集中的为教学科研类信息，冯晓青知识产权网中有知识产权论坛、特色论坛、论文精粹、著作导读、博硕士论文索引等栏目，而且根据知识产权专业内容对信息进行分类陈列，利于学生们对该学科结构体系整体把握并根据自己的兴趣选择专门内容进行深入学习。中国知识产权研究网有论文选粹栏目，另外学术讲坛和读书会信息都能做到现场实录文字版全部上网，有效促进学术资源的网络共享，便于学生们及时了解专业的前沿信息，弥补不能亲自参与论坛的缺憾。华东政法大学知识产权学院网站建立了知识产权信息港和数字化教学平台，为知识产权信息的综合利用和充分利用网络技术弥补课堂教学的不足进行了成功尝试；中国社会科学网知识产权专题在法律资讯栏目的数据范围最早追溯到 1947 年，体现了该网站重视原始资料积累并勇于共享的为科学研究服务的价值取向。

学术型知识产权网络信息资源数目较少，排列方式都以时间为序，利用方式主要是浏览，以著作权、专利、商标等学科体系进行简单分类，都可以免费浏览全文。虽然华东政法大学知识产权学院网站建立了信息港数据库，但检索方式比较简单，中国科学院知识产权网的院知识产权数据库等只提供内部服务，总体而言，学术型知识产权网站对信息资源的整合还没有给予充分重视。

第五节 我国知识产权信息服务分析

一、我国知识产权信息服务取得的成绩

我国的知识产权信息服务体系是随着我国知识产权事业的发展而逐步发展起来的，目前已经初步形成以国家知识产权制度为保障、公共服务为基础、商业化服务为补充的知识产权信息服务体系。

（一）逐步完善的知识产权信息服务发展环境

国家知识产权战略从战略高度肯定了发展知识产权信息服务的重要意义，并为我国知识产权信息服务的发展指明了方向。国家层面的信息化政策，又对知识产权信息公共服务提供了政策性依据，成为知识产权信息公共服务发展完善的重要保障。从制度建设的角度看，目前，我国已经建立了基本的信息服务法律保障体系，从传统的科技情报、信息技术和知识产权领域扩展到信息管理、信息安全、信息公开、信息保护、信息交易和信息安全等领域，颁布了《公司法》、《合同法》、《著作权法》、《专利法》、《商标法》、《反不正当竞争法》、《保守国家保密法》、《电信法》、《政府信息公开条例》、《互联网信息服务管理条例》、《信息网络传播权保护条例》、《计算机软件保护条例》、《知识产权海关保护条例》、《植物新品种保护条例》、《技术进出口管理条例》等法律法规，出台了相关行政执法条例和司法解释，加入了相关国际公约。这些法律规范也为我国知识产权信息服务的健康发展提供了最基本的保障。相关的知识产权法律、行政法规、管理部门规章等逐级实施的相关制度规章规定了知识产权信息服务的范围、内容、规则、标准等，初步实现了知识产权信息服务的规范化、标准化发展。

（二）公共服务与商业化服务互补的知识产权信息服务体系

从建设实践看，我国初步建成了以政府机构为主导、以事业单位为补充、行业（联盟）协会积极参与的知识产权信息公共服务体系，在推进知识产权行政、立法、司法等各类知识产权基础信息资源的开发、整合、利用与共享，知识产权意识的培育和专业人才的培养等各方面取得一定的成绩，为满足社会公众和创新主体的需要做出了贡献，为商业化知识产权信息的增值开发奠定了基础。知识产权信息公共服务系统的初步建立便利了著作权、专利、商标的检索工作，有利于作品、技术、商标等信息的传播与交易，也有利于明确知识产权法律保护的准则，创新知识产权信息管理与运用模式，对实施国家知识产权战略具有重要的支撑作用。以知识产权专业服务机构、数据库服务商、网络服务商和各类企业为代表的商业化知识产权信息服务正稳步发展，为满足各阶层的不同需要，尤其是在专利信息检索、专利信息分析、知识产权预警、数据库专题制作等知识产权信息服务的高端环节做出了有益的探索。

从发展模式看，通过分析可知，以信息资源共享为己任的知识产权信息公共服务以资源公平分配为价值追求，以市场需求为导向的商业化服务则以资源有效利用为目标，二者协调发展相互补充，才能实现知识产权信息资源的优化配置。2008 年颁布的《国家知识产权战略纲要》为我国知识产权信息服务提供了发展模式，即公共服务是基础，市场发展是方向。正如《国家知识产权战略纲要》所言，政府机构承担知识产权基础信息资源的开发、集成和共享服务，社会投资进行增值性信息开发利用，满足不同层次的知识产权信息需求，它一方面明确了公共服务与商业服务相互补充层次分明的关系，另一方面又蕴含了我国知识产权信息服务体系建设应坚持的基本原则，即公共服务为基础、商业服务为导向。综上，我国已初步形成了公益性服务提供优质基础资源、商业化服务提供高端服务的知识产权信息服务模式，奠定了我国知识产权信息服务体系健康发展的基础。

（三）覆盖各领域的知识产权信息服务网络

我国知识产权信息公共服务机构积极应对信息化和网络化的趋势，利用互联网信息技术，初步建立了为一般公众、教学研究人员、科技创新人员、专业研究人士、专业运营商和知识产权实业界等服务的知识产权信息网络；商业服务机构也充分意识到数据集成和系统开发的重要性，充分利用网络信息技术研发出了信息检索、专利分析、数据库建设等各种应用软件，建成了一系列的集成平台或专题数据库，为知识产权信息的高端应用提供了便利。

如上文所述，从专业上来说，我国信息服务网络已经覆盖了专利、商标、版权、植物新品种、海关、人才等各个领域；从内容上说，我国信息网络服务包括了知识产权法制信息、权利信息、管理信息、保护信息以及研究信息等；从技术上说，我国已经认识到了数据集成和系统开发相结合的重要性，在重视数据集成的同时研发出信息检索、专利分析、数据库建设等各种应用软件。知识产权信息服务网络的基本覆盖是知识产权信息服务业利用网络信息技术的结果，有利于知识产权信息的传播，有利于知识产权的保护，有利于知识产权的市场转化，有利于知识产权信息的管理与利用，确保知识产权战略的贯彻实施。

（四）初步形成的多层次专业人才培养体系

由于知识产权信息服务的综合性、专业性和前沿性，专业人才的培养对于知识产权信息服务的快速发展至关重要。国家知识产权局与教育部等机构合作，形成了高校培养综合性专业人才、国家知识产权局培育实用性人才的人才培养模式，以国家知识产权局为首的政府机构还通过中央与地方互动，开展人员培训、宣传推广等活动，在普及知识产权知识、培育知识产权意识、培养实用性人才等方面取得了初步成效。

二、我国知识产权信息服务存在的问题

（一）无法满足日益增长的知识产权信息需求

近些年来，随着知识产权地位的日益提高，人们对知识产权信息的利用和需求也日益增多，知识产权信息服务目前仍然难以满足日益增长的知识产权信息需求；知识产权信息服务体系尚未完全发挥出支撑作用，信息服务能力与国家创新发展之间仍存在较大差距。调查显示，知识产权信息需求广泛，即使是非知识产权领域的实务工作者和高校学生也非常需要。数据显示，85%的实务工作者和72%的高校学生遇到过知识产权问题，其中26.3%的非知识产权专业的实务工作者经常面临知识产权问题，而充分掌握知识产权信息是解决知识产权问题的基础。[1]企业对知识产权信息的需求也十分迫切，调查数据表明，目前，我国虽然只有不到1%的企业申请了专利，但74.4%的企业对专利信息的需求“十分迫切”，80%以上的企业在研发立项前需要专利信息服务。尽管创新主体对专利信息的需求与日俱增，但对专利信息服务的满意程度却不容乐观，超过50%的用户对公益性免费知识产权信息平台的服务质量不甚满意。[2]目前我国知识产权信息服务呈现的主要问题在于，“知识产权信息资源建设条块分割，重复建设，没有形成有效的集成和共享机制”、“知识产权信息分

〔1〕 郑璇玉、王进：“国家知识产权文献及信息资料库建设实证调研分析”，载《武陵学刊》2012年第5期。

〔2〕 孙艳玲：“加强知识产权信息服务，助推经济发展方式转变”，载鲍红主编：《知识产权与转变经济发展方式论坛论文集》，知识产权出版社2010年版，第102页。

析利用的服务队伍严重不足”、“现有的知识产权数据库建设和服务网络远不能满足创新活动的需要，公众缺乏获取知识产权信息的权威、高效、便捷的手段”。[1]究其原因，有很多，比如政府信息公开不充分，缺乏深度专业加工和增值信息开发，社会对知识产权信息的重要价值认识不够，运用知识产权信息的能力不强等等。

（二）亟须加强知识产权信息服务的制度环境

我国知识产权信息服务行业相关制度还不健全，市场环境、法制环境、政策环境还有待进一步净化，知识产权意识还有待进一步强化。虽然知识产权法律法规是修订最频繁的法律法规之一，但现行的制度框架并没有从法律层面给予知识产权信息服务行业以法律保障。与国外相关立法相比，我国在以法律手段保障知识产权信息服务创新发展方面还存在明显的滞后性，也无法跟上信息化和知识产权制度飞速发展的步伐。1995 年俄罗斯联邦通过了信息基本法——《信息、信息化和信息保护法》，欧盟 1996 年公布了《数据库法律保护指令》，2001 年颁布了《欧盟信息社会版权指令》，2003 年英国修订《版权法》，2010 年美国修订《数字千年版权法》。另外，意大利、德国、马来西亚、新加坡、加拿大、韩国等国家近年来也颁布或修订了相关法律法规。这些法律法规和指令规范了信息资源开发利用与服务过程中发生的各种法律关系，使数字信息服务提供者的权益得到充分保障，激发了数字信息服务提供者投资数据库建设与服务的信心，促进了数字信息资源的交流与传播。相比之下，我国的信息服务法律规范的立法层次性较低，系统性、独立性和操作性都显得不够，立法质量不高，法律规范相互冲突的现象也普遍存在。我国的相关立

---

〔1〕《关于提高知识产权信息利用和服务能力，推进知识产权信息服务平台建设的若干意见》（国科发政字〔2006〕562 号）。

法不仅需要完善和发展，而且需要质的飞跃和成熟理论的指导。关于知识产权信息服务机构的权利和义务、运作程序等许多具体操作规范没能上升为全国统一性立法，其普遍适用性、操作性和规范性大打折扣；对于知识产权行业的准入、知识产权信息服务专业人员的资格要求等等，甚至由于知识产权信息服务主体的复杂性，针对这些人才和市场的管理。目前知识产权信息服务的主体包括律师、专利代理人、专利分析师、数据库技术人员、信息分析人员等多种人才，针对这些人才和市场的管理分属不同部门，有不同的从业资质标准，缺乏衔接，不利于形成统一公平的市场环境和综合性一体化服务，这加大了企事业单位的服务成本，降低了服务效率。知识产权信息服务的管理机制匮乏、行业自律规则尚未形成，行业协会没有发挥应有的作用，规范管理有待加强。这种情况对于政府宏观管理是一个很大的滞后，也就是说，当知识产权政府主管部门要行使相关管理权限和处罚职能时会发现自己处于无法可依的尴尬境地。

（三）有待完善的知识产权信息公共服务

作为加强知识产权行政管理的重要举措，作为推动知识产权事业发展的重大工程，我国公益性知识产权信息服务体系还存在诸多的问题，集中在信息公开不充分、信息平台不集成、信息服务不均衡、信息技术不先进、服务机构间不协调等等方面，必须依据国情、创造条件、优化完善，为尽快实施国家知识产权战略、建设创新型国家服务。

我国知识产权政府信息公开不充分，仍存在信息集成度和开放度不足的问题，政府信息市场化问题缺少规范。知识产权信息资源是一种特殊的政府信息资源，知识产权政府机关的信息公开是知识产权信息服务的前提。法律文本形成过程的记录文献与信息真实反映了法律条文的形成背景与意义，对其公开是增强法律透明度的必要手段，也是法律解释的重要参考。《国家知识产权战略纲要》为代表的政策制度的公开及解读也是国家知识产权信息公开的重要内容，我国《政府信息公开条例》、《专利法》、《著作权法》以及《国家知识产权局政府信息公开指南》等法规条例或办法为知识产权信息的公开提供了法律依据和指南，但总的来说公开信息与国家秘密的界限、信息获取方式与渠道、信息公开例外与申诉、信息公开职责与期限、政府集成信息的市场化问题等规定并不详尽具体，缺乏可操作性。

我国知识产权行政和司法权限集中在十几个政府机关之手，也没有一个知识产权信息服务的综合管理机构，造成了知识产权基础信息的极端分散，而且政策文件的公开存在无序性，没有体系化的公开，造成检索中诸多文件信息被遮蔽，没有很好地发挥政策公开作用。在基础数据提供的完整性、便捷性、经济性上，距广大社会公众的需求仍有一定距离，专利信息公开范围也有进一步拓宽的空间，如专利审批流程的中间文档、检索报告、引证文献、专利权转让信息、专利诉讼信息等。

另外，信息公开还要求及时。在现代信息社会，信息资源是抢占制高点的法宝，但是迟来的信息可能不具有任何价值。在专利技术信息、商标信息方面更是如此，只有及时获取信息才能及时调整策略，有的放矢地应对各种市场竞争与挑战。在现有资料库中，普遍存在信息更新不及时的问题。

我国公益性知识产权信息服务体系还存在着行业差距和地区差异等不均衡的问题。在专利、商标基础信息库建设等方面都已经取得了明显的成绩，但在版权、集成电路布图设计、植物新品种、地理标志等知识产权基础信息库建设方面还很薄弱；重点行业数据库及地方特色专题库陆续开发，但地区和行业数据库分布面还不均衡；针对大中型企业的数据库定做等服务开始开展，但对知识产权意识比较薄弱而且人员少、财力弱的中小企业的信息服务未能引起足够重视；知识产权信息服务主要集中在工商业比较发达的中东部地区，而集中了我国知识产权传统资源的西部地区的信息服务相对薄弱。

从服务主体上说，行业协会组织的信息沟通整合功能还未得到充分发挥，具有技术优势和行业经验的传统图书情报机构在知识产权信息服务方面几乎无所作为，这使得知识产权信息公共服务机构间不能有效协调，统一部署，知识产权信息公共服务机构与企业用户之间不能有效沟通。

（三）发展缓慢的知识产权信息商业化服务

随着我国知识产权事业的不断发展，社会化信息需求迅速增长，商业化知识产权信息服务机构的数量和规模也有了相应的发展。实践中，我国商业化知识产权信息服务的市场供给能力也逐渐加强，从市场参与主体来说，有政府服务机构改制的企业单位和商业服务机构、有数据库开发商、有搜索引擎服务商等，它们的服务各有特点，针对不同用户的信息需求；从服务内容来说，涉及信息咨询、信息检索、信息分析、文献翻译、数据库建设、网络平台建设、软件开发和系统集成等；从专业领域来说，专利信息深度加工和市场参与程度最高，其他专业领域还比较薄弱；从服务方式来说，商业服务机构是在线服务与线下服务相结合，线下服务为主体，数据库开发商和搜索引擎型服务则集中于在线服务；从收费方式来说，商业服务机构和数据库开发商的主要信息服务都是收费的，搜索引擎型信息服务是免费的，其经营模式是靠广告等收入弥补。

但总的来说，我国知识产权信息市场化服务才只是刚刚起步，知识产权信息服务机构的数量、质量、业务范围等方面均未形成整体规模和集约效应，知识产权中介服务机构总体上尚不健全。市场服务主体的种类有限，高水平服务机构数量较少，服务系统工具开发不足，服务质量有待提高。更为重要的是，与国外知识产权信息服务机构相比，我国目前绝大多数知识产权信息服务机构仍处于财力、人员、知名度、权威性的积累阶段，大多规模偏小，服务种类单一，业务范围狭窄，业态发展不平衡，综合服务能力不强，还没有形成在市场上有较大规模和较高信誉的知识产权信息服务机构，高端知识产权信息服务仍被国外大型信息服务机构所垄断。我们应该在加大政府支持力度、规范市场服务、加快培育知识产权信息服务市场、加快培养人才队伍等方面下功夫。

（四）缺乏集成化的知识产权信息服务平台

我国尚没有综合性的知识产权信息服务平台，信息资源集成不足，大多数知识产权信息网站的功能还都停留在信息的发布阶段，对于信息的增值分析（ 或服务）还缺乏能力，网站的功能设计和内容还需要拓展，网站的服务功能都相对匮乏，信息资源重复建设比较严重，缺乏知识产权信息的深度分析和加工，知识产权专业成果的转化平台建设存在明显不足，这些将使知识产权信息网站的服务功能大打折扣。从技术上说，我国知识产权信息服务平台服务方式比较单调，大多以信息公开为目的，缺少用户导向的人文关怀，信息检索功能不够强大，而且由于政出多门，存在着重复建设和资源浪费的现象，比如多个政府服务平台都有法律法规数据库。网站的服务功能仍相对匮乏，大多数还都停留在信息的发布阶段，对于信息的增值分析（或服务）还缺乏相应能力，网站的功能设计和内容还需要拓展，而且政府类网站对于信息的充分挖掘还不够，信息更新不够迅捷，信息的后续报道缺乏，在政务信息的社会应用和专利信息的深度分析等方面还有很大的提升空间。另外，我国知识产权运用转化平台还比较缺乏，知识产权分析工具少有，需要加强知识产权信息服务软件的研发。

以国家知识产权局专利检索平台为例，存在的问题至少有：①不提供专利技术文献的全文下载，无法满足专利分析的高层次需求；②无法分类集中下载检索到的专利摘要记录，无法汇集同族专利技术，也无法分析专利趋势；③无法获得纯文本文献；④信息组织安排存在问题；⑤信息的深层次加工欠缺。〔1〕调查显示，用户对于知识产权信息利用中存在的主要问题是，缺乏一个将知识产权文献信息进行规范化、系统化整理，较为完备并及时更新的数据库，供信息需求者快速、准确地找到其所需的信息。〔2〕

可以认为，我国知识产权信息网络服务只是处在探索期，还需要大力完善，在现有的基础上，总结经验、弥补不足、创新发展，充分发挥现代信息网络技术的作用，促进知识产权内容与网络的高质量结合，为推进知识产权全民文化氛围的形成，使我国从知识产权大国尽快转变成知识产权强国做出应有的贡献。

---

〔1〕 冯晓青、杨利华、付继存："国家知识产权文献及信息资料库建设研究——理论探讨与实证分析"，载《中国政法大学学报》2014 年第 2 期。

〔2〕 郑璇玉、王进："国家知识产权文献及信息资料库建设实证调研分析"，载《武陵学刊》2012 年第 5 期。

第四章

知识产权信息服务体系国际经验与启示

世界上已有200多个国家建立了知识产权制度。国内环境看，完善的知识产权制度可以为科技创新提供智力资源，为创新提供公平有序的激励机制和制度环境，也是实现创新成果产业化的关键因素；国际视野下，知识产权在国际竞争中已经变成了一种“战略武器”，为此，发达国家大多将知识产权纳入国家战略体系之中。

知识产权具有地域性，其效力一般都只限于本国司法管辖范围或者根据法律授权的国家内，但是19世纪以来随着科学技术和国际贸易的发展，各国相互依赖性逐渐加强，智力成果及其运用越来越多地跨越国界，知识产品的国际性需求和知识产权的地域性限制之间出现了巨大的矛盾。而且，现代许多国家管理知识产权事务的方法和程序日益相同，各国通过签订双边或多边的保护知识产权的国际公约，成立了一些全球性或地域性的国际组织，在世界范围内建立了一整套知识产权国际保护制度。知识产权的国际保护主要通过双边互惠、签订双边协议或者签订多边国际条约的途径来实现。〔1〕

由于知识产权及其信息在知识产权战略实施和知识产权创造运用管理保护中的重要价值，无论是知识产权国际组织还是主权国家，无不重视知识产权信息服务。当今知识产权保护的重要的国际组织——世界知识产权组织（WIPO）致力于国际知识产权制度的发展和应用，在知识产权信息的全球共享和公共服务方面取得了一定的成绩；在发达国家知识产权战略的战略任务和实施纲领中，知识产权信息服务都被视为完成任务保障实施的战略措施，从战略层面对知识产权信息服务提出了明确的要求，在知识产权信息的公共服务和商业化服务方面积累了可资借鉴的宝贵经验。

第一节　WIPO 知识产权信息公共服务

世界知识产权组织（WIPO）是当今世界知识产权保护的重要的国际组织，它是联合国组织体系中一个专门机构，是一个致力于促进使用和保护人类智力作品的国际组织，总部设在瑞士日内瓦。截至 2011 年 7 月，它共管理着诸如《保护工业产权巴黎公约》（简称《巴黎公约》）、《保护文学艺术作品伯尔尼公约》（简称《伯尔尼公约》）、《专利合作条约》等 27 个国际公约。“世界知识产权组织的使命是，通过国际合作，促进创新、传播、使用和保护全人类为经济、文化和社会进步而做出的智力成果。其宗旨一方面是为了在世界范围内通过充分保护创新者的精神与物

〔1〕 吴汉东主编：《知识产权法》，法律出版社 2011 年版，第 14 页。

质利益激励创新，另一方面为提供在世界范围内有权获得该创新的社会经济和文化利益之间的平衡做出贡献。”〔1〕它致力于从四个方面促进国际知识产权制度的发展和应用：一是服务，为在国际上取得专利、商标、外观设计和原产地名称保护及解决知识产权争议提供便利；二是法律，帮助建立与社会不断发展的需求保持一致的国际知识产权法律框架；三是基础设施，搭建合作网络和技术平台，共享知识，简化知识产权业务，包括开发用于信息交流的免费数据库和工具；四是发展，开展利用知识产权支持经济发展的能力建设。〔2〕

一、知识产权信息服务的标准化与规范化

（一）知识产权信息资源的标准化

早在19世纪，人们就认识到，国家工业产权局为了便于管理、审查、检索和登记，必须建立专利、商标和工业产品外观设计的分类体系。随着知识产权的国际化，为了加强国际范围内工业产权的交流、合作和协调，这种分类体系在国际范围内的统一日渐成为必要，就个人使用的角度，现在任何人，无论是在国内或国际上申请专利或注册商标或工业品外观设计，都必须事先检索相关信息资料，以确定自己所申请的智力成果符合新颖性、创造性、实用性、显著性等授权条件。

世界知识产权组织致力于国际知识产权分类标准的确立〔3〕，通过4项条约，创建了工业产权分类体系，包括《商标注册用商

〔1〕 世界知识产权组织编著：《知识产权指南——政策、法律及应用》，北京大学国际知识产权研究中心翻译，知识产权出版社2012年版，第4页。

〔2〕 参见世界知识产权组织官方网站，网址：http://www.wipo.int/about-wipo/zh/index.html，最后访问日期：2013年7月15日。

〔3〕 世界知识产权组织编著：《知识产权指南——政策、法律及应用》，北京大学国际知识产权研究中心翻译，知识产权出版社2012年版，第240～246页。

品和服务国际分类尼斯协定》、《建立商标图形要素国际分类维也纳协定》、《建立工业品外观设计国际分类洛迦诺协定》、《国际专利分类斯特拉斯堡协定》。

《商标注册用商品和服务国际分类尼斯协定》（以下简称《尼斯协定》）于1957年签订，1961年4月8日生效，1967年和1977年进行了两次修订，其中1977年的修订是在日内瓦进行，因而又被称为"日内瓦文本"。尼斯商标国际分类体系包括带有适用的注释的类别表（包括34个商品类别和8个服务类别）和按字母顺序排列的商品和服务分类表。截至2011年7月，《尼斯协定》有包括中国在内的83个成员。根据协定，成员国在其商标注册官方文件和出版物中必须包含商标注册商品或服务所属的类别号；尼斯协定成员国可以选择将尼斯分类作为主要甚至唯一的分类体系，或者仅作为辅助性分类体系使用，而且对商标的保护范围及其对服务商标是否认可，成员国有自主权。WIPO国际局设有商标商品分类服务中心，该中心的职责是向任何需要的人或机构提供分类咨询服务，比如对新产品或分类表中没有特别命名的产品如何进行分类的问题等。[1]

《建立商标图形要素国际分类维也纳协定》（以下简称《维也纳协定》）于1973年6月12日签订，1985年8月9日生效，截至2011年7月，共有29个成员。商标图形要素维也纳分类体系目的是方便识别由相同或近似图形要素组成的商标，该分类由一份商标图形要素共同分类表组成，商标图形要素分为大类、小类和细目，有时附有注释。成员国必须在有关商标注册和续展的官方文件和出版物中刊登这些商标所属的图形要素的大类、小类、细目的标号，在标号之前必须冠以"图形要素分类"（Classifica-

〔1〕 世界知识产权组织编著:《知识产权指南——政策、法律及应用》，北京大学国际知识产权研究中心翻译，知识产权出版社2012年版，第242~243页。

tion of Figurative Elements）或其缩写“CFE”。但在选择将该分类体系作为主要甚至唯一或者辅助性体系使用方面，成员国有自主权，国际分类体系对于商标保护范围也不具有约束力。

《建立工业品外观设计国际分类洛迦诺协定》（简称《洛迦诺协定》）签订于 1968 年 10 月 8 日，1971 年 4 月 27 日生效，截至 2011 年 7 月，共有包括中国在内的 52 个成员。洛迦诺分类目的是方便对工业品外观设计进行检索、审查和使用，主要包括三部分，即大类和小类表（31 个大类和 211 个小类）、外观设计产品项列表（按字母顺序）、注释。根据协定，成员国的国家知识产权局应该在外观设计保存或注册的官方文件上以及在正式公布这些文件时在有关刊物上标明使用外观设计的产品所属洛迦诺分类的大类和小类。成员国可以自由地采用洛迦诺分类法作为工业品外观设计的唯一分类法或者辅助性的分类法，而且对于成员国关于外观设计的保护范围和性质不加干涉和约束。

《国际专利分类斯特拉斯堡协定》于 1971 年签署，1975 年生效，创建了国际专利分类体系（IPC）。IPC 分类是根据发明创造的技术主题对发明专利申请单本、发明证书单行本、实用新型单行本和实用证书单行本等进行分类，IPC 分类表细分成 8 个部，20 个分布，118 个类，624 个小类和超过 67000 个组（其中约 10% 是“主组”，其余的是“分组”）。每一个部、类、小类、组和分组有名称和代码，每个分部都有一个名称。根据《国际专利分类斯特拉斯堡协定》，IPC 的管理机构为 IPC 联盟大会和专家委员会，前者负责发展计划和预算，后者负责 IPC 体系的调整和更新。截至 2011 年 7 月，《国际专利分类斯特拉斯堡协定》共有 61 个成员，该成员国自动成为 IPC 联盟大会的成员。

IPC 问世以来，各成员国的专利管理机构都统一使用该分类法对专利文献依所属技术领域进行分类，成为一项有效的检索工具，帮助工业产权局及其他用户用来检索相关专利文献，以评价新颖性和创造性（包括评价技术进步及有实用性结果或是实用性）；同时可以为统计工业产权提供相关数据，以对各个领域或特定领域科技发展状况或技术发展状态进行评估；该分类体系对专利信息的有序安排，可以使用户便捷的查询到自己所需的专利信息；[1]分类体系超越了自然语言的局限，为计算机智能检索打下了良好的工作基础。我国已加入该协议，国家知识产权局已采用 IPC 标准进行分类并在相关数据库中采用了这一体系。

1999 年为了使 IPC 体系在电子环境下有效运用，世界知识产权组织对 IPC 进行了改革，主要是将 IPC 体系分成两级结构体系：包含现行版的部分内容的基本版（Core Level），以及包含 IPC 全部内容的高级版（Advanced Level），以满足不同需求的用户使用，基本版分类适用于专利文献收藏较少的国家及社会公众使用，每 3 年修订一次，高级版分类适用于国际专利文献检索，更详细准确，每 3 个月修订一次。

世界上，各工业产权局为揭示专利申请或其他工业产权保护种类申请的技术、法律或外部特征信息以及可供进行综合分析的其他信息线索往往会编制款目，即著录项目。比如，专利文献著录项目中，技术信息是其主要组成部分，它包括用以表示有关申请专利的发明创造的内容的各种标志，如：专利分类号，发明题目，摘要，相关文献，关键词等；法律信息是其重要组成部分，它包括用以表示有关专利权的各种标志，如申请号，申请日期，优先权，申请人，发明人，专利权人，专利代理人等；其他一些特征信息，比如出版国家、出版日期、文件号等等。

为了广泛进行国际合作与交流，帮助读者在浏览各国工业产

---

〔1〕 世界知识产权组织编著：《知识产权指南——政策、法律及应用》，北京大学国际知识产权研究中心译，知识产权出版社 2012 年版，第 242 页。

权文献时克服语言障碍，同时便于计算机存储和检索，世界知识产权组织（WIPO）下属的巴黎联盟专利局兼情报检索国际合作委员会（ICIREPAT）规定了专利文献著录项目识别代码，即INID码，由两位阿拉伯数字表示。1979年ICIREPAT的职能由WIPO专利信息常设委员会取代，1987年再度更名为WIPO工业产权信息常设委员会（PCIPI）。1998年取代ICIREPAT职能的WIPO专利信息常设委员会（PCIPI）通过了一项新版专利文献著录数据标准，即ST.9：《关于专利及补充保护证书著录数据的建议》，该著录项目由原来的8个大项扩充为9个：文献标志；专利申请或补充保护证书数据；遵照巴黎公约规定的优先权数据；文献的公知日期；技术信息；与国内或前国内专利文献，包括其未公布的申请有关的其他法律或程序引证；与专利或补充保护证书有关的人事引证；与国际公约（除巴黎公约之外）有关的数据；以及与补充保护证书法律有关的数据。该著录项目适用于发明、实用新型及其补充保护证书，在各国专利单行本扉页、专利公报以及其他检索工具中得到了广泛应用。

为了实现专利文献种类的标准化，WIPO制定了标准ST.16《专利文献种类识别代码推荐标准》。该标准简化了各国文献种类的标识形式，规定了工业产权局公布的不同种类专利文献的几组英文字母代码，为了使标识更加简洁直观，1997年世界知识产权组织对该标准进行了修改，在字母代码之后辅以一位阿拉伯数字作为补充信息。为了表示对比文件与发明创造申请技术主题的相关程度，WIPO制定了ST.14《专利文献中参考文献指南》，规定了用一组字母表示检索报告的对比文件与发明创造申请技术主题的相关程度。[1]

---

〔1〕 李建蓉主编：《专利信息与利用》，知识产权出版社2011年版，第17页。

可见，世界知识产权组织制定的标准主要覆盖三个方面：有关商标信息和文献的标准；有关工业设计信息和文献的标准；有关专利信息和文献的标准等。在工业、技术和贸易关系日益国际化的环境下，工业产权的国际分类及标准不仅有利于各国知识产权局工作的便利，更有利于促进知识产权的国际交流、合作和贸易，方便各国用户对国际工业产权信息的检索和利用，对于还没有创建分类体系的发展中国家来说，更是省去了大量的制定标准所需的时间和经费。

（二）知识产权信息服务的规范化

随着信息技术的发展和知识产权的国际化，国际公约对知识产权信息的公开、知识产权信息的服务、数字网络环境下知识产权信息的保护与共享以及国际申请中信息的保护共享与运用进行了规范。

1. 知识产权的权利范围

《建立世界知识产权组织公约》第 2 条规定了知识产权的范围，即知识产权包括有关下列项目的权利：文学、艺术和科学作品；表演艺术家的表演以及唱片和广播节目；人类一切活动领域内的发明；科学发现；工业品外观设计；商标、服务标记以及商业名称和标志；制止不正当竞争；以及在工业、科学、文学或艺术领域内由于智力活动而产生的一切其他权利。

《巴黎公约》是保护工业产权方面最重要的一项国际公约。该公约第 1 条规定工业产权的保护对象有（发明）专利、实用新型、工业品外观设计、商标、服务标记、厂商名称、货源标记或原产地名称以及制止不正当竞争；由缔约国组成保护工业产权联盟（即巴黎联盟）。

2. 信息的公开与服务

《建立世界知识产权组织公约》规定收集并传播知识产权信

息是世界知识产权组织的重要职责，即收集并传播有关保护知识产权的情报，从事并促进该领域内的研究，并公布这些研究的成果（第4条第6款）；维持有助于知识产权国际保护的服务机构，在适当情况下，提供这方面的注册以及有关注册的公开资料（第7款）。[1]

《巴黎公约》规定，巴黎联盟的行政执行机构国际局具有汇集有关工业产权情报并予以公布的职责。各成员国则应迅速将一切有关保护工业产权的新法律和正式文本送交国际局；此外，还应向国际局提供其工业产权机构发表的与保护工业产权直接有关并对其工作有用的出版物；国际局应出版月刊；应依请求向本联盟任何国家提供有关保护工业产权问题的情报；应进行研究，并提供服务，以促进对工业产权的保护（第15条）。

《伯尔尼公约》是世界上第一个保护版权的国际公约，1886年签订，1887年12月生效。公约规定负责行政工作的国际局有汇集并出版有关版权资料的权利（第24条），而且规定成员国应尽快将有关保护版权的所有新法律及官方文件通知国际局。国际局出版一种月刊。国际局应本同盟各成员国之请求，向它们提供有关保护版权问题的资料。国际局从事各项研究并提供有利于保护版权的服务。[2]

世界贸易组织《与贸易有关的知识产权协议》（简称TRIPS协议，1994年签订，1995年生效）：重申了现有知识产权国际公约的一些基本原则，如国民待遇原则、专利申请和商标注册申请的优先权原则、著作权自动取得原则、维护公共利益原则、防止

〔1〕 中国人民大学知识产权学院编：《知识产权国际条约集成》，清华大学出版社2011年版，第112页。

〔2〕 中国人民大学知识产权学院编：《知识产权国际条约集成》，清华大学出版社2011年版，第31页。

权力滥用原则等；同时将有形商品的国际贸易原则引入到知识产权领域，提出了知识产权国际保护的一些新原则，比如最惠国原则、争端解决原则、司法审查原则、知识产权为私权的原则。对知识产权信息服务的国际化发展影响比较大的当属透明度原则（第63条），即相关的法律法规、司法裁决和行政裁决、政府间相关协定都应该公开发表。具体而言，公开内容包括：①一成员有效实施的、有关本协议主题（知识产权的效力、范围、取得、实施和防止滥用）的法律和法规及普遍适用的司法终局裁决和行政裁决应以本国语文公布，或如果此种公布不可行，则应使之可公开获得，以使政府和权利持有人知晓。②一成员政府或政府机构与另一成员政府或政府机构之间实施的有关本协议主题的协议也应予以公布。③各成员应将第1款所指的法律和法规通知TRIPS理事会，以便在理事会审议本协议运用情况时提供帮助。理事会应努力尝试将各成员履行此义务的负担减少到最小程度，且如果与WIPO就建立法律和法规的共同登记处的磋商获得成功，则可决定豁免直接向理事会通知此类法律和法规的义务。④每一成员应准备就另一成员的书面请求提供第1款所指类型的信息。一成员如有理由认为属知识产权领域的一特定司法裁决、行政裁定或双边协定影响其在本协议项下的权利，也可书面请求为其提供或向其告知此类具体司法裁决、行政裁定或双边协定的足够细节。⑤不得要求各成员披露会妨碍执法或违背公共利益或损害特定公私企业合法商业利益的机密信息。[1]依据《WIPO－WTO协议》第2条第4款，各国应该公开的法律法规等信息也可以通知TRIPS理事会并且由WTO转交给

〔1〕 中国人民大学知识产权学院编：《知识产权国际条约集成》，清华大学出版社2011年版，第389～390页。

WIPO。[1]

3. 数字环境下知识产权保护：数据库、计算机软件、技术措施

《伯尔尼公约》、《与贸易有关的知识产权协议》以及《世界著作权公约》（WCT）是目前数据库法律保护的法律依据。

关于汇编作品的保护，《伯尔尼公约》规定文学或艺术作品的汇集，诸如百科全书和选集，凡由于对材料的选择和编排而构成智力创作的，应得到相应的保护，但不得损害该汇集本内各作品的著作权（第2条第5款）。可见，《伯尔尼公约》对数据库的保护仅限于由作品构成的数据库。

世界贸易组织《与贸易有关的知识产权协议》进一步规定数据汇报或其他资料，无论机器可读还是其他形式，只要由于对其内容的选取或编排而构成智力创作，即应作为智力创作加以保护。该保护不得延伸至数据或资料本身，并不得损害存在于数据或资料本身的任何版权（第10条第2款）。[2]相对《伯尔尼公约》，TRIPS协议保护范围有所扩大，包括了非作品数据库。

为了解决数字环境下知识产权保护的问题，世界知识产权组织主持通过了《世界知识产权组织版权条约》（WCT）和《世界知识产权组织表演和唱片条约》（WPPT），确定了在电子媒体中以数字形式存储受保护的作品、表演或唱片，构成传统意义上的复制。重申了数字环境下版权保护的范围，即版权保护延及表达，而不延及思想、过程、操作方法或数学概念本身（WCT第2条）。关于数据汇编（数据库），WCT规定数据汇报或其他资料，

〔1〕世界知识产权组织编著：《知识产权指南——政策、法律及应用》，北京大学国际知识产权研究中心译，知识产权出版社2012年版，第282页。

〔2〕中国人民大学知识产权学院编：《知识产权国际条约集成》，清华大学出版社2011年版，第373页。

无论机器可读还是其他形式，只要由于对其内容的选取或编排而构成智力创作，即应作为智力创作加以保护。该保护不得延伸至数据或资料本身，并不得损害存在于数据或资料本身的任何版权。这一规定与 TRIPS 协议相一致。可以认为，关于数据库的著作权保护标准在世界范围已基本趋于统一。

WIPO 还不断努力，希望推动数据库保护的国际立法。1996 年，在 WIPO 外交会议上，欧盟代表根据其数据库指令提出了相关建议，与美国提交的建议共同形成了一项条约草案，即《世界知识产权组织数据库条约》。该草案被分发给成员方予以讨论，但是由于美国迟迟未对提议草案内容表明自己的立场，WIPO 采取了观望的态度，现任 WIPO 总干事表示要等美国表明立场后再采取行动。最终，会议并未对草案作详细讨论，以特殊权利保护数据库的草案不幸夭折。1997 年 9 月，WIPO 国际局组织召开了"数据库法律信息会议"，各成员国及欧共体成员国就是否对数据库进行特殊保护展开了激烈的讨论，但是由于各方分歧较大，并没有达成任何实质性意见。此后，WIPO 版权与国际局也专门就数据库特殊权利的保护召开了数次会议，但最终无果而终，各成员国对数据库提供特殊权利保护的必要性仍然存在争议。简言之，压倒多数的代表国支持放慢制定数据库条约的过程。数据库条约草案至今仍是悬而未决的话题，对数据库法律保护的国际化努力至今仍然没有明显的成效，世界各国及国际组织仍然在逐步尝试中等待。〔1〕

关于技术措施，WCT 认为为了保护作品或唱片不被他人任意复制、盗版，权利人对其作品或唱片采取加密的技术措施是完全正当和必要的。而针对这些加密技术措施的解密行为，将会直接

〔1〕 张正怡："数据库法律保护及其对中国的启示"，载《网络法律评论》2011 年第 1 期。

导致对权利人合法权益的损害，为此，WCT 第 11 条规定缔约各方应规定适当的法律保护和有效的法律补救办法，制止规避由作者为行使本条约或《伯尔尼公约》所规定的权利而使用的、对就其作品进行未经该有关作者许可或未由法律准许的行为加以约束的有效技术措施。可以看出，WCT 关于技术措施的规定实质是出于著作权人利益的考虑，通过在保护版权的基础上进一步保护附加的技术措施，使著作权人的权利在新的信息技术条件下可以有效保护著作权。

关于计算机程序，WCT 确认对计算机程序作为《伯尔尼公约》第 2 条意义下的文学作品进行保护。此种保护适用于各计算机程序，而无论其表达方式或表达形式如何（第 4 条）。此外，还有一些国际公约对计算机软件进行保护，比如联合国 1971 年提出的《世界知识产权组织关于保护计算机软件的示范条例》，WIPO 提出的《计算机软件保护公约》等。

4. 国际专利/商标申请

《巴黎公约》规定的国民待遇原则、优先权原则为相同内容的发明创造在不同国家取得专利保护打开了渠道，但仍然要以不同的语言分别向每个国家提出申请，各受理国采用类似的方法对同样内容的申请分别审查。

为简化向多国申请专利的程序，避免申请、审查过程中的重复劳动，1970 年签订《专利合作条约》（PCT），1978 年生效。PCT 主要是一项涉及专利的提交、检索及审查以反有关专利技术信息传播的合理性和相互合作的条约。[1]目的在于简化对发明进行专利保护的手续，使之更加经济，使公众尽快获得发明文献中的技术信息，对数量日增的现代化技术提供利用的方便（PCT 前

〔1〕 世界知识产权组织编著：《知识产权指南——政策、法律及应用》，北京大学国际知识产权研究中心译，知识产权出版社 2012 年版，第 219 页。

言）。PCT 申请要经过国际阶段（国际申请、形式审查、国际检索、国际公布、初步审查报告）和国家阶段（适用普通国家程序）。国际申请（第 3 条）应该包括请求书、说明书、权利要求书、附图（需要时）和摘要，PCT 规定了具体的要求（第 4 ~ 7 条）；国际检索应在权利要求书的基础上进行（第 15 条），由有资格的国际检索单位进行（第 16 条），国际检索要出具检索报告（第 18 条），并根据要求进行公布（第 21 条）。国际局具有信息服务的职责，主要是根据已公布的专利和专利申请及其内涵的技术信息或其他信息向缔约国政府及其国民提供服务，信息服务方式应特别便利本身是发展中国家的缔约国获得技术知识和技术，向缔约国服务应按照成本或低于成本（发展中国家）进行收费（第 50 条）。除此之外，WIPO 出版有《PCT 申请人指南》，并定期公布 PCT 公报，PCT 通信则每月公布关于 PCT 的最新消息，这些在 WIPO 官网都能进行查询。

"由于 PCT 体系为在国际层面获得专利保护提供了便利，而且在 PCT 路径下获得授权的专利有高质量的国际检索以及国际初步审查做基础，因此，越来越多的申请人开始寻求通过 PCT 方式在国际层面获得专利保护，并通过 PCT 途径来进行技术转让和许可协议。"〔1〕PCT 对发展中国家的另一个重要好处是在信息方面。"由于许多重要的发明是 PCT 申请的主题，因此对发展中国家来说，通过这些申请的国际公布来接触和了解现代科技信息会更迅速而且更为方便。"〔2〕

为了简化商标国际注册的手续，减少重复劳动，在 WIPO 倡

---

〔1〕 世界知识产权组织编著：《知识产权指南——政策、法律及应用》，北京大学国际知识产权研究中心翻译，知识产权出版社 2012 年版，第 224 页。

〔2〕 世界知识产权组织编著：《知识产权指南——政策、法律及应用》，北京大学国际知识产权研究中心翻译，知识产权出版社 2012 年版，第 224 ~ 225 页。

导下创建了商标国际注册马德里体系（马德里体系），该体系始建于1891年，现适用《商标国际注册马德里协定》（简称《马德里协定》）（1891）和《马德里协定有关议定书》（简称《议定书》）（1989）。凭借其程序机制的优势，马德里体系可使商标权利人直接向其本国或地区商标局递交一份国际注册申请书便能够使其商标在马德里联盟多个国家获得保护。由此注册的国际商标相当于该申请人在每个指定国或组织直接进行的商标注册申请或注册。如果在规定期限内（12或18个月），某指定国或组织的商标局没有驳回对该商标的保护，国际商标便如同在该局直接注册的商标。商标国际注册给商标所有人带来诸多好处，使得商标注册更加便利，商标在原属国注册以后，申请人只需要用一种语言并向一个商标局缴纳费用，且商标续展或变革也变得更加便捷。另外，商标所有人还可用同样的方式把国际注册的效力延伸到更多的马德里联盟成员国或组织。马德里体系的工作语言为英文、法文和西班牙文。

二、知识产权信息资源的数字化与网络化

搭建合作网络和技术平台，共享知识，简化知识产权业务，包括开发用于信息交流的免费数据库和工具，这是世界知识产权组织的一项重要职责。[1]为了在全球范围内进一步促进创新，传播知识产权，世界知识产权组织进行了信息资源的数字化改革，实现了知识产权办公自动化，并且启动了网络化进程。

1998年世界知识产权组织成员国大会决定为了适应数字化和网络的发展，成立WIPO的信息技术常务委员会（SCIT），目标是应对数字技术的挑战、提供信息技术战略的政策指导与技术咨

〔1〕参见世界知识产权组织网站，网址：http://www.wipo.int/about－wipo/zh/index.html，最后访问日期：2013年7月15日。

询、确保全球知识产权信息加工与文献处理的技术标准，同时协助规划与监督 WIPO 的各种信息技术计划。SCIT 现有两个下属工作小组：一是信息技术计划组；二是相应的标准与文献组。[1]同时通过了“数字时代议事日程（DIGITAL AGENDA）”，首要任务是建立各知识产权局之间的全球信息网络即 WIPONET，利用互联网建立各成员国之间及各成员国与私营机构之间的联系渠道，实现对工业产权信息的交流与共享。

WIPO 的核心信息技术计划包括：行政集成管理系统 AIMS（Administration Integrated Management System）、自动分类信息系统 CLAIMS（Classification Automated Information System）、专利合作条约信息管理 IMPACT（Information Management for the Patent Cooperation Treaty）、知识产权数字图书馆 IPDL（Intellectual Property Digital Library）、PCT 电子申请（PCT E－Filing）、WIPO 信息网（WIPONET）。其中 AIMS 的目标是开发一种集成化的财务系统，以取代已有的财务系统 FINAUT 和预算支出跟踪报告系统 BETS，它具有高效、信息密集、透明、安全、灵活、集成功能强等优势。CLAIMS 的目标是：支持成员国专利局进行专利库藏的再分类；为不同水平的成员国之间共享国际分类法 IPC 分类结果及分类相关数据提供工具。在互联网络上检索专利信息时，由于专利文献的技术复杂性及专门化术语，IPC 的功能远比全文搜索引擎要强。但由于专利文献数量剧增，IPC 也需要进一步修改以适应大量、快速的需求。正在采取的措施是建立主分类号数据库（其中包含核心层次与高级层次两种分类号）。CLAIMS 计划即是为了促进这一措施的实施，它将提供机助系统及基于因特网的自动系统，进行专利分类号的自动分类和英、法语言的自动翻译。IM-

---

[1] 马海群：《网络时代的知识产权信息管理》，科学出版社 2003 年版，第 68～69 页。

PACT 的目标是为满足 PCT 进行纸件或电子格式专利申请处理的需要而实施的，它源于 1998 年 WIPO 核心成员国大会提出的一项 PCT 系统自动化计划，包括文献管理、申请处理、开发电子申请软件、电子格式的信息交换、开发电子申请与文献编码新标准等。PCT E－Filing 即 PCT 电子申请计划（原来是 IMPACT 的一部分），目标是用4 年左右的时间，设计一套标准并开发一种基于现有 PCT－EASY（PCT 电子申请系统，已完成）软件的系统，以便于国际申请的处理及电子申请。该计划分两个阶段实施：一是开发电子申请导航系统；二是开发 PCT 电子申请扩展系统并辅之以用户帮助系统的开发应用。[1]

世界知识产权组织（WIPO）官方网站 WIPONET 是 WIPO 同其他知识产权机构交流的重要平台，也是一个集国际知识产权信息资源公布、加工、集成、服务于一体的全球化数字化信息网络，是各国知识产权信息公共服务网络的学习样本。

WIPONET 内容十分丰富。根据 WIPO 职责和工作内容，划分为关于世界知识产权组织、知识产权服务、计划活动、资源、新闻与活动等栏目。“关于世界知识产权组织”栏目主要是介绍 WIPO 的基本情况，包括 WIPO 介绍、知识产权介绍、WIPO 工作开展、总干事、成员国和观察国、决策机构、WIPO 大会、条约、成果预算和绩效、财务报告、监督、战略调整等子栏目；“知识产权服务”栏目主要介绍 WIPO 主要管理的国际条约体系及其主要工作内容并提供网络链接，包括 PCT 体系、马德里体系、海牙体系、里斯本体系、保护国徽、仲裁与调解中心、域名争议解决、国际分类等子栏目；“计划活动”栏目主要包括 WIPO 启动实施的各项具体计划和活动的信息，包括法律和标准的发展、知

〔1〕 马海群：《网络时代的知识产权信息管理》，科学出版社 2003 年版，第 68 页。

识产权促进发展、版权问题、传统知识民间文艺和遗传资源、知识产权经济学、全球知识产权基础设施、转型国家与发达国家、中小型企业、WIPO 学院、交流、知识产权执法、全球挑战与知识产权等子栏目；“资源”栏目主要提供 WIPO 公布的各类信息资源，包括案例研究、国家介绍、数据库、文件、法律和条约、图书馆、出版物、技术标准、统计、网播等栏目；“新闻与信息资源”栏目主要提供 WIPO 即时信息，包括新闻发布屋、WIPO 杂志、WIPO 会议、电子通讯、世界知识产权日、RSS 新闻源等子栏目。网站主页还根据知识产权专业领域提供了网站浏览的专业网关，包括专利、商标、工业品外观设计、地理标志、版权、知识产权与遗传资源、知识产权促进发展、Vision IP、知识产权经济学、工业产权统计资料，便于用户根据需要进行分类浏览。网站主页还根据用户的身份及可能感兴趣的资源进行用户导航，分为面向代表的资源、面向记者的资源、面向企业的资源、面向创新者的资源、面向学生的资源等，非常人性化。另外，更增加用户比较关注的资源，在首页设置热门栏目导航，比如专利检索、域名裁决、条约、成员国、WIPO 大会、WIPO 发展议程、电子书店、空缺职位等。从 WIPONET 的栏目设置可以看出该网络内容十分丰富，网站设计以用户为导向，既有专业分类、又有用户兴趣导航，既实现了信息充分公开，又体现了网站服务用户的意识。

WIPONET 早在 2003 年就已经开发到访问者平均每个月可以浏览 450 万个页面的程度。数千页的信息，包括绝大多数世界知识产权组织的会议文件，以及大量世界知识产权组织的印刷品，有 6 种语言：阿拉伯文、中文、英文、发文、俄文、西班牙文，可以通过该网站获得。1998 年设立了一个新的访问者中心，1999 年开设了一个电子书店，以销售信息资料。成员国还可以在世界知识产权组织的网站，通过下载获得越来越多的免费出版物。

WIPO 的数字图书馆（IPDL）建设始于 1997 年，1998 年 4 月起通过其因特网主页正式建立 IPDL。该数字图书馆的文献数据不断丰富，从扉页扩展到全文，并从专利扩展到全部知识产权领域。目前可提供 PCT 条约、《马德里协定》、《海牙协定》等工业产权方面的数据库服务。IPDL 计划的目标是由各国知识产权局及相关组织建立各自独立的分散数据库，通过 WIPONET 进行集成。WIPO 鼓励所有知识产权局的加入，WIPO 国际局将规定统一的标准，保证各系统的协调一致以实现数据交换和共享。WIPO 将向这些知识产权局及组织提供技术援助，并且建立各国 IPDL 与 WIPO 的 IPDL 的链接。[1]

对于可检索的知识产权信息数据，WIPONET 开发了一站式信息资源集成系统——WIPO GOLD。[2] WIPO GOLD 信息资源集成系统包括专利（PCT）、商标（全球商标数据、马德里体系商品和服务管理器）、域名、工业产品外观设计、WIPO 法律与条约、知识产权分类体系（专利、商标、外观设计）、WIPO 标准、统计资料（专利、商标、域名、实用新型、植物新品种、生物多样性）等信息数据库，几乎囊括了知识产权各专业领域、涉及 WIPO 职权范围内所掌握的所有整合信息资源。

三、全球知识产权信息服务的规划和推进

（一）世界知识产权组织发展合作计划

WIPO 重点推进对发展中国家的帮助，早在 20 多年前就开始为发展中国家提供技术援助。依据《成立世界知识产权组织公约》，WIPO 的宗旨是：首先，通过国家间的合作，还有与其他组

---

〔1〕 李建蓉主编：《专利信息与利用》，知识产权出版社 2011 年版，第 21 页。

〔2〕 WIPO GOLD 信息资源集成系统网址：http://www.wipo.int/wipogold/en/。

织之间的合作，在世界范围内加强对知识产权的保护；其次，保证联盟内的行政合作（第3条）。为了实现此宗旨，公约规定将对于在知识产权领域内请求法律——技术援助的国家给予合作；然后，收集并传播有关保护知识产权的情报，从事并促进该领域内的研究，并公布这些研究的成果；最后，维持有助于知识产权国际保护的服务机构，在适当情况下，提供这方面的注册以及有关注册的公开资料（第4条第5、6、7款）。[1]

WIPO启动了旨在帮助发展中国家的发展合作计划项目，其直接目标是为发展中国家的政府和组织提供法律、实用和管理方面的信息、建议和培训，具体包括建立现代和功能良好的知识产权制度；人力资源开发；采用及时和知情政策，以应对新的知识产权的挑战；促进发展中国家之间的合作，特别是利用WIPO的全球信息网络（WIPONET），以达到在次区域和区域层次上汇集有用技术信息资源的目的；在法律和实践层面，对信息技术进行发展和调整，以达到知识产权在全球范围内的协调和加强。[2] 1975年WIPO启动了向发展中国家提供专利信息服务的项目，依据国际局与参与的20多个国家的（包括发达国家和发展中国家）工业产权局共同议定的协议向发展中国家的机构提供免费的专利信息服务，旨在通过提供必要的专利文献和培训相关检索和传播方法，提高这些国家从专利文献中获取技术信息的能力，WIPO还对发展中国家建设本国或本地区的专利信息和文献中心的建设给予协助和建议。[3] WIPO还协助及援助发展中国家建立自动化

---

〔1〕 中国人民大学知识产权学院编：《知识产权国际条约集成》，清华大学出版社2011年版，第112页。

〔2〕 世界知识产权组织编著：《知识产权指南——政策、法律及应用》，北京大学国际知识产权研究中心翻译，知识产权出版社2012年版，第158页。

〔3〕 世界知识产权组织编著：《知识产权指南——政策、法律及应用》，北京大学国际知识产权研究中心翻译，知识产权出版社2012年版，第219页。

办公环境，实现管理现代化。

2009 年 12 月通过的 WIPO 九项战略目标中五项与知识产权信息服务相关，包括：①成为全球知识产权服务的首要提供者；②为利用知识产权促进可持续发展提供便利；③协调并发展全球知识产权基础设施；④是为全世界提供知识产权信息与分析的参考源；⑤开始国际合作树立尊重知识产权的风尚。[1]

（二）世界知识产权组织中小企业帮助计划

中小企业约占世界所有企业的 90%，其产量与服务约占 70%。因此，中小企业在所有国家经济发展中都具有重要作用，中小企业有效地使用知识产权是当今经济发展的主要因素。[2]

世界知识产权组织积极寻求与合适机构合作，帮助评估中小企业的需求，编制和传播介绍业务信息，加强中小企业在国内、地区和国际的竞争力，与合适机构建立合作伙伴关系。世界知识产权组织还举办各种宣传与培训活动，包括远程教育项目，出版物、自修材料的分发、示范教育场所，网络信息传播，新闻战等，其主要内容包括从商业角度介绍知识产权的概念，宣传知识产权管理是商业成功的因素，培训专利与商标数据的利用，引导中小企业通过许可、技术联合、企业合并，开发利用知识产权。

由于认识到中小企业是市场经济的骨干，世界知识产权组织特别重视对中小企业提供帮助，2000 年成立了中小企业（SMEs）司，以帮助中小企业发挥它们作为创造财富生力军的潜能。WIPO 对中小企业帮助的重点任务是培育中小企业的知识产权意识，并

---

〔1〕 参见世界知识产权组织网站，网址：http://www. wipo. int/about - wipo/zh/goals. html，最后访问日期：2013 年 7 月 20 日。

〔2〕 郝显义编译："知识产权与中小企业"，载 http://www. sipo. gov. cn/wxfw/zl-wxyxxgzdt/gndt/qyyydt/200804/t20080403_ 369491. html，最后访问日期：2013 年 7 月 20 日。

使中小企业能以合适的价格获得知识产权，通过组织研讨会、提供远程学习课程、提供互联网信息来支持中小企业，并建立了中小型企业网站，网站主要栏目包括企业的知识产权、知识产权与电子商务、案例研究、常见问题、最佳做法、活动、伙伴等，提供关于中小企业的知识产权方面的案例研究及其他资源，包括为使中小企业使用知识产权制度更加方便、支付得起费用而提出的各项倡议。[1]

WIPO 倡导并帮助各国为客户（知识产权用户）提供更好更有效的信息服务。知识产权信息的主要用户群是中小型企业、研究和开发机构、政府管理部门、个体发明者、专利领域的专业人士。例如，技术性图书馆的管理人员、专利代理、研究人员、数据库的制造商、教育机构和大学生。比如 WIPO 在亚太地区帮助各国建立现代化的专利信息体系，WIPO 已向亚太地区的大多数国家提供了计算机终端和免费 CD - ROM 产品（含有世界上主要专利局出版的专利申请和准予的专利）。自 1975 年来，除了帮助各国建立他们的工业产权信息体系外，WIPO 还一直通过运行自己的程序为发展中国家的用户提供专利文献中的技术信息。WIPONET 更是在为提高国家能力（尤其是发展中国家的能力），在知识产权局利用信息技术、帮助他们建立必要的基础设施和提供体系利用方面的培训等方面发挥了重要的作用。

（三）WIPO - WTO 协议

世界贸易组织（WTO）是另一个重要的与知识产权相关的国际组织，主要管理 TRIPS 协议，宗旨是减少国际贸易中的扭曲和障碍，促进对知识产权充分、有效保护的同时保证知识产权的执法措施与程序不至于变成合法的障碍。TRIPS 协议很大程度上统

---

〔1〕 世界知识产权组织编著:《知识产权指南——政策、法律及应用》，北京大学国际知识产权研究中心译，知识产权出版社 2012 年版，第 5 页。

一了知识产权保护的实质性标准，使之成为所有成员必须达到的最低标准，从而大大提高了全世界的知识产权保护力度。[1]

WTO 体系下的 TRIPS 协议是最广泛的关于知识产权的多边协定，它第一次将知识产权和国际贸易结合起来。TRIPS 协议的导言中提到，有必要在 WIPO 与 WTO 之间建立相互支持的关系。第 68 条规定，TRIPS 协议的理事会应该向所有它认为合适的团体以及 WIPO 进行咨询，以建立更适当的合作关系。WIPO 也希望能与 WTO 相互支持，WIPO－WTO 协议应运而生，1996 年 1 月 1 日生效。

依据 WIPO－WTO 协议，WIPO 将发展合作计划和法律技术援助延伸到属于 WTO 但不属于 WIPO 的发展中国家。该协议包括三部分实质内容，即法律和法规、《巴黎公约》第 6 条的执行和对发展中国家的法律技术援助。

依据协议，WIPO 向 WTO 成员提供知识产权立法领域的信息和文献服务，提供 WIPO 数据库；提供维护和更新法律汇编服务；提供法律和法规文本的免费翻译服务等。根据 WIPO 大会和 WIPO－WTO 协议的要求，国际局从 1996 年 1 月 1 日起，广泛实施了与 TRIPS 协议有关的活动。为了回应 WIPO 发展中国家成员国的要求，国际局的这些活动大多数都列入了 WIPO 正在进行的发展合作计划。这些活动包括：立法建议，意识培养，人力资源开发，机构建设，知识产权体系的现代化和加强，还包括研究和出版以及 WIPO－WTO 协议下的其他活动。

充分利用对知识产权的法律限制。在 TRIPS 协议框架下，各成员国还可以在知识产权权利范围的确定、软件和动植物新品种保护、软件开发中的反向工程及权利穷竭的适用标准等方面，充

---

〔1〕 吴汉东主编：《知识产权法》，法律出版社 2011 年版，第 377 页。

分考虑本国创新者、外国投资者与消费者的利益平衡，建立和实施有利于市场动态竞争的法律制度。世贸组织多哈回合谈判允许各国在较大范围内实施药品的强制许可。

（四）WIPO 学院与知识产权教育培训

在信息快速有效的传播过程中，教育和培训的作用会非常重要。1998 年创办 WIPO 学院是 WIPO 普及知识产权、推动知识产权信息传播的重要举措。该学院是世界范围内知识产权专业培训、远程教育、政策开发和教学与研究中心，主要服务于不同对象发明创造者、商业管理者和知识产权专业人员、政策制定者和政府知识产权机构的官员、外交官和外交代表、知识产权专业的学生和教师，以及公众社会。WIPO 学院根据知识产权领域不断发生的变化，致力于开发新的培训项目，以求不断具有创新力。它还通过推进与利益关系人和合作伙伴的全球联网和国际合作，来扩大知识产权方面的人力资源。

WIPO 还针对性地帮助各成员国开展教育或培训，比如许多亚太地区的发展中国家在其高等院校中并没有开展知识产权法律的教学，但有许多国家已经开始探讨这样做的可能性了。1996 年，尼泊尔向 WIPO 提出了这方面的援助请求，WIPO 为其法律教员组织了一个关于知识产权教学的研讨会。1997 年，WIPO 又在印度班加罗尔为大约 50 人举行了这样的研讨会。WIPO 还在孟加拉、中国、印度、印度尼西亚、伊朗、马来西亚、蒙古、巴基斯坦、菲律宾、韩国、新加坡、斯里兰卡、泰国和南太平洋地区国家的大学里为知识产权法律教学提供了援助。[1]

〔1〕 李家浩：“世界知识产权组织发展合作计划地区纵览”，载 http://www.marketbook.cn/qtzhl/161518257.html，最后访问日期：2013 年 7 月 20 日。

四、集成化知识产权信息服务平台建设

（一）WIPO 网站 PCT 检索系统

世界知识产权组织官方网站提供了可供检索的网上免费专利数据库，通过该数据库可以检索 PCT 申请公开的相关数据，可通过官方网站主页点击"Patents"进入，或者登陆检索系统网址[1]，直接进入检索页面。

该检索系统提供四种检索方式：简单检索（Simple search）、高级检索（Advanced search）、结构化检索（Structured search）和浏览每周公布的专利文献（Browsed by Week）。点击"options"进行四种检索方式的切换。

1. 简单检索

简单检索方式仅提供一个检索输入框，在输入框输入检索的内容（可以在任何字段中进行检索）即可。简单检索还可以实现多个词汇的检索，在检索输入框内输入多个检索词汇，在词汇与词汇之间以空格间隔。

在检索输入框下方的下拉列表中可以选择所输入的多个词汇之间的关系，分别是："All of these words"，检索得到的文献必须包含全部输入的检索词汇；"Any of these words"，检索得到的文献包含任何一个输入的检索词汇；"This exact phrase"，输入的多个词汇作为一个短语进行检索。

2. 高级检索

高级检索页面允许在输入框内输入复杂的检索式。检索输入格式：字段代码/字段内容。可以通过点击右侧"SHORTCUTS"目录下的"Field codes"按钮进入检索字段说明显示页面。在高

[1] WIPO PCT 检索系统网址：http://patentscope.wipo.int/search/en/search.jsf。

级检索页面可以通过逻辑算符和括号构建复杂的布尔逻辑表达式来进行检索。在检索式中如果包含多种运算符号：有括号时，括号中内容优先；没有括号时，依据从左到右的顺序进行检索。

3. 结构化检索

在结构化检索模式下，可供选择的检索字段共有 28 个，检索输入窗口有 12 个。检索时，首先选择检索的字段，在右侧检索输入窗口输入检索内容，最后在左侧下拉窗口选择各个检索字段之间的逻辑关系。在结构化检索模式下，检索内容的输入不区分大小写；短语检索以半角格式的“”进行限制；支持右截词符检索、邻词检索和布尔逻辑表达式检索。同样，结构化检索模式也支持检索结果显示方式的设定。

4. 浏览每周公布的专利文献（Browsed by Week）

该页面显示最近以周期显示的公布文本。具体的输入方式可参考右上角的“search help”。

5. 检索结果显示

检索结果以列表形式呈现，每页显示 25 件文献记录，提示本页面仅显示前 25 件专利文献记录。点击“next 25 records”可以显示另外 25 件专利文献记录。下方“Refine Search”按钮右侧显示检索内容，在此处也可输入检索内容，回车进行检索，输入规则同主页面显示。按钮“Start At”右侧输入框可以输入一个数字，显示结果从输入的数字记录开始。在显示结果列表状态下，点击文献的国际公开号和标题，即可进入该文献详细信息显示页面。页面表示方向的两个按钮，分别是显示下一件文献资料、返回上一级检索列表页面。右侧显示是本记录在所有检索结果的排号。页面上部还有一组按钮，可以依次显示著录项目数据、文本格式说明书、文本格式权利要求书、进入国家阶段的情况、相关的通报以及国际初审报告、国际检索报告等文献。

（二）WIPO网站国际工业品外观设计检索系统

检索国际工业品外观设计需进入世界知识产权组织官方网站的WIPO GOLD，点击“International Registrations”，或直接登录检索系统网址[1]，进入国际工业品外观设计检索页面。

国际工业品外观设计检索界面共有两个：“Hague Express Structured Search”（结构表达式检索界面）和“Hague Express Simple Search”（简单检索界面）。两个检索界面各自独立使用，在检索过程中可以相互转换。

1. 结构表达式检索

结构表达式检索界面中，设有三个选项或输入区：结果排序选项区（Sort Results），检索提问式输入区（Query）和显示选项区（Display Options）。结果排序选项区设有两个选项：按年代顺序排序（Chronologically）和按相关性排序（By Relevance）。检索提问式输入区设有七组检索式输入窗口：①每组检索式输入窗口均由检索字段选项窗口和检索式输入窗口组成，每个检索字段选项窗口内有七个检索字段可供选择：注册号（Registration Number）、持有人（Holder）、国际注册日期（International Registration Date）、外观设计分类（Locarno Classification）、产品名称（Indication of Products）、优先权（Priority Data）和指定国（Designated Contracting Parties）；②每组检索式输入窗口之间设有逻辑组配选项。显示选项区设有四个选项：每页显示结果条数（Display 10 results per page），新窗口显示（in a new window），显示国际外观设计分类（locarno class）和显示国际保存日期（Deposit Date）。其中每页显示结果条数可选择10、25或50条。

在结构检索式检索界面中，设在检索式输入窗口之间的逻辑

[1] 国际工业品外观设计检索系统网址：http://www.wipo.int/ipdl/en/hague/search-simp.jsp。

组配选项下拉菜单中有五种逻辑运算符：“OR”、“AND”、“ANDNOT”、“XOR”、“NEAR”。每种逻辑运算符的含义是：“OR”，要求满足 A 条件或 B 条件或同时满足 A 和 B 条件；“AND”，要求同时满足 A 条件和 B 条件；“ANDNOT”，要求满足 A 条件但是不能包含 B 条件；“XOR”，要求满足 A 条件或 B 条件，但是要排除同时满足 A 和 B 条件的检索记录；“NEAR”，要求同时满足 A 条件和 B 条件，但是 A 和 B 之间相距不得大于五个词。“OR”、“AND”、“ANDNOT” 和 “XOR” 四种逻辑运算符既可用于两个以上相同检索字段的检索入口之间的逻辑组配，也可用于两个以上不同检索字段的检索入口之间的逻辑组配；但“NEAR”逻辑运算符只能用于两个以上相同检索字段的检索入口之间的逻辑组配。检索者可以依据自己手中所掌握的信息，例如：外观设计的持有人、国际注册日期、外观设计产品的分类、产品名称以及优先权和指定国的相关信息，应用逻辑运算符进行逻辑组配检索。正确地使用其逻辑运算符，能使检索人快捷准确的检索到最相关信息。

注册号在国际工业品外观设计文献中的表达方式是：DM/NNNNN，如 DM/47905，但检索时只能输入数字部分。具体操作步骤如下：在任意一个检索字段选项窗口中选择注册号（Registration Number）字段，并在其右侧的检索式输入窗口输入注册号，例如，输入“47905”，然后点击检索（Search）即可。检索命中后，自动进入检索结果目录显示界面。

外观设计持有人检索时可在任意一个检索字段选项窗口中选择持有人（Holder）字段，并在其右侧的检索式输入窗口输入外观设计持有人名称中的一个关键词，或者输入外观设计持有人名称中的一个词组；或者在两个以上检索字段选项窗口中均选择持有人（Holder）字段，并在其右侧的检索式输入窗口分别输入外观设计持有人名称中的两个以上不相连的关键词，并在该两个以上检索式输入窗口之间选择“AND”或“NEAR”逻辑运算符进行组配，然后点击检索（Search）即可。

国际注册日期检索时，国际注册日期（international Registration Date）输入格式为：DD. MM. YYYY，即先输入“日”，然后是“月”，最后是“年”，日、月、年之间用小数点相连。例如输入“19. 05. 1999”，然后进行检索。检索时可在任意一个检索字段选项窗口中选择国际注册日期（International Registration Date）字段，并在其右侧的检索式输入窗口输入一个完整的国际注册日期，然后进行检索。

国际外观设计分类由大类和小类组成。大类包含两位数字，小类包含两位数字，中间用小数点或横线连接，如 10 - 8，表示第十大类的第八小类。在进行国际外观设计分类检索时，可在任意一个检索字段选项窗口中选择外观设计分类号（Locarno Classification）字段，输入一个完整的分类号，或输入分类号的大类，然后进行检索。

外观设计产品名称检索是针对名称中的主题词进行的检索，包括单主题词、多主题词和主题词组检索。单主题词检索时，可在任意一个检索字段选项窗口中选择外观设计产品名称（Indication of products）字段，输入一个关键词，然后进行检索。多题词检索时，可在任意两个以上检索字段选项窗口中均选择外观设计产品名称（Indication of products）字段，每个检索入口输入一个关键词，并在该两个以上检索式输入窗口之间选择“AND”或“NEAR”逻辑运算符进行组配，然后进行检索。主题词组检索时，可在任意一个检索字段选项窗口中选择外观设计产品名称（Indication of products）字段，输入关键词组，即输入时词与词之间空一个格，然后进行检索。多主题词和主题词组检索相比，主题词组检索的结果更准确，而多主题词检索的结果范围更大。

在国际工业品外观设计数据库中，优先权数据包括：优先权日期、优先权号和优先权国家。在进行国际外观设计的优先权检索时，可在任意一个检索字段选项窗口中选择优先权（Priority Data）字段，输入优先权日期或/和优先权号或/和优先权国家，然后进行检索。

指定国数据为两个字母构成的国家代码，在进行国际外观设计的指定国检索时，可在任意一个检索字段选项窗口中选择指定国（Designated Contracting Parties）字段，输入国家代码，如：FR（法国），然后进行检索。

2. 简单检索

在结构表达式检索界面点击“Simple Search”（简单检索），即切换到简单检索界面。

简单检索界面上设置一个检索式输入窗口“Search for”（检索）和一个检索限定选项窗口“Results must contain”（检索结果中必须包括的内容），检索时两个窗口必须配合使用。检索限定选项窗口设有下拉菜单，其中含有三个选项：“Any of these words”，“All of these words”，“This exact phrase”。当在检索式输入窗口输入一个词或一个连续的字符串时，选择检索限定选项窗口中的任意一项均可。当在检索式输入窗口输入两个以上词或两个以上连续的字符串时，须根据需要选择检索限定选项窗口中的一种适当的选项。三个选项的内容是：Any of these words，检索含有这些词中任意一个词的记录，表示在检索式输入窗口输入的词之间的关系为逻辑“或”；All of these words，检索同时含有全部这些词的记录，表示在检索式输入窗口输入的词之间的关系为逻辑“与”；This exact phrase，检索含有这个确切词组的记录，表示在检索式输入窗口输入的词相邻，之间不能有其他词插入。

3. 检索结果显示

国际工业品外观设计检索结果有两种显示方式：检索结果目录显示和外观设计产品图显示。在检索结果目录显示页上点击检索结果目录中的某一条目，即可显示出该条目外观设计的产品图案。国际工业品外观设计产品图允许打印或下载。

第二节　发达国家的知识产权信息服务

由于知识产权及其相关信息所蕴含的巨大价值，世界各国，尤其是知识产权产出较多的发达国家，对于如何有效地管理与运用知识产权信息给予了高度重视，以便其更好地服务于国家战略、服务于产业界，更好地在全球化经济时代取得竞争优势。世界上已有200个左右的国家建立了各自的知识产权制度，而许多国家，尤其是发达国家更是将知识产权纳入国家战略层面进行考虑。其中知识产权信息服务体系均是其知识产权战略的重要组成部分，从战略层面对知识产权信息服务提出了明确的要求，并在制度上为战略任务的完成提供了保障。

与我国知识产权信息服务体系相似，发达国家知识产权信息服务分为知识产权信息公共服务与知识产权信息商业化服务。服务机构以政府机构（或官方组织）为基础，同时充分发挥行业组织（联盟）作用，积极扶持营利性商业组织。

一、知识产权信息服务的规划与保障

为了提高国家创新力，适应知识经济的快速发展，在许多发达国家，知识产权立国已成为其重要的国家战略决策，知识产权信息服务不仅是服务于这些战略的重要基础，而且也纳入到整个

国家的战略体系之中。

（一）美国

美国是世界上最早建立知识产权法律和制度的国家之一。美国独立后即在其《宪法》中明文规定发明人、作者的创作成果应当享有知识产权，并于1790年颁布了《专利法》和《版权法》，时间早于绝大多数其他国家。这表明，美国建国之初就把保护知识产权作为其基本国策之一。1979年，美国卡特总统第一次提出将知识产权战略作为国家发展战略，1985年，美国政府竞争力委员会在一份报告中明确提出，在美国国内和国外强化保护知识产权，是提高美国产业竞争力的有效措施。[1]随后的美国总统克林顿将美国的知识产权战略体现于相关立法、知识产权利益关系的调整、对外贸易政策中。[2]2002年6月美国专利商标局（USTPO）制定了《21世纪战略计划》，要求提高其产品和服务的质量，通过实施该计划中所建议的改进方案，促进美国和全球市场的经济和技术进步。同时，意识到知识产权信息的重要作用，实施一系列专利和商标处理的自动化措施，包括：开发商标电子化受理管理系统；对专利申请进行电子化处理，包括对所有进出的纸质文献进行电子图像扫描；对授权后的复审工作予以自动化信息处理；最大限度地给公众及其他专利和商标局提供电子获取能力；充分确保每种自动化信息系统的安全保密工作。美国从20世纪80年代以来成功实施的知识产权战略，使美国扩大了技术创新和经济竞争优势，使其得以保持在全球经济中的领先地位，而知识产权信息服务体系是其知识产权战略得以成功实施的重要

---

〔1〕 李名家、杨俊："美国和日本高校知识产权战略研究"，载《武汉大学学报（哲学社会科学版）》2005年第6期。

〔2〕 冯晓青："美、日、韩知识产权战略之探讨"，载《黑龙江社会科学》2007年第6期。

基础。

信息政策法规也直接或间接地影响着知识产权信息管理与服务业务的开展，信息政策是指影响信息的创造、获取、组织、传播或评价的所有法律、规章。1958年底，著名的“贝克（Baker）报告”是美国第一部专门的信息政策报告，它标志着美国国家信息政策研究的开始。随着世界政治、经济、科技的发展，美国有关部门对信息政策的研究不断深化，美国信息政策的三个原则，即信息自由流动、信息市场竞争、政府实行优惠并扶植信息产业的发展。1977～1999年期间美国政府先后颁布了300余项有关信息方面的公共法律，如《信息自由法案》、《政府阳光法案》、《统一商业秘密法》、《计算机软件保护法》、《国家信息安全法》、《知识产权与国家信息基础设施》（白皮书）、《反经济间谍法》、《数字千年版权法》等，从而强化了信息资源的法制管理，对世界各国信息政策的制定产生了深刻的影响。

美国政务信息资源管理研究与实践也处于世界领先地位，通过《文书削减法》、《OMB A－130通告：联邦信息资源的管理》、《电子政府法》以及联邦政府组织架构等与信息资源开发利用密切相关的法律、政策、标准的相继推出和反复修订，美国全面展开以政府信息资源开发利用为基础的信息资源管理体系并成为全球样板。对于政府公共信息资源的市场化，美国积累了丰富的经验。美国1990年出台的《公共信息准则》提出：联邦政府应确保公共信息在任何形式下的完整性和良好的保存环境；联邦政府应确保公共信息的传播、再生产和再分配；联邦政府应确保获取公共信息来源的多样性，无论民间部门还是政府机构都应如此；联邦政府不应允许随意乱收费，以免妨碍公众获取公共信息；联邦政府应保证所提供的有关政府的信息容易使用；对于各种形式的信息，都能以统一的索引来查询；无论信息利用者在何地居住或工作，联邦政府都应保证他们能够通过信息网络或依照图书馆出借政府出版物那样的程序获取公共信息。

美国政府非常重视技术成果的转移，通过推动政府、大学、企业在知识产权领域的合作，有力促进国家创新体系的全面发展。早在20世纪60年代，美国政府已意识到，只有允许创新主体拥有知识产权或者持有独占性许可，才能激励其创新积极性。1980年，美国通过《拜杜法案》（Bayh - Dole Act），该法案允许小企业和非营利性质机构在绝大多数情况下保留执行政府合同所产生发明的专利权，即有权就其完成的联邦资助项目所产生的发明以自身名义申请专利并享有专利权，而政府只保留一种介入权（March - in Right），只有当专利权人不采取有效步骤实施发明或政府出于公众健康或安全考虑的情况下，政府才有权责成专利权人向合理的申请者以实施许可方式转让该项权利。同年颁布《斯蒂文森—温德勒技术创新法案》（Stevenson - Wydler），也称《联邦技术转移法案》，该法案旨在促进联邦政府直属的研究机构与工业界的合作，促进联邦政府拥有的专利向市场转移。在美国，允许政府实验室和公立大学保留技术成果的知识产权，有权实施知识产权的商业化，并有义务建立相应的管理机构，从事知识产权管理和技术转移，这些技术成果转移管理机构是美国重要的知识产权信息服务机构。

在美国，知识产权教育被视为一项跨学科的综合教育，近年来，美国斯坦福大学、麻省理工学院等综合性大学开始实施《法律与科技计划》，开展由尖端科学技术学科与公共政策学科的师生共同参与的知识产权跨学科研究和教学，促进教育资源的综合利用，以实现更具实用性的知识产权高等教育。与此同时，非营利性机构在知识产权教育中发挥了重要作用。如，美国知识产权管理中心开展知识产权职业培训，并颁发知识产权管理者证书。

综上所述，美国作为发达国家，其市场经济体制早已步入成熟发展阶段，政府的职能主要体现在对社会经济生活的服务功能上。但在知识产权问题上，美国联邦政府机构的介入则很深，从战略规划、基础信息管理、市场培育、技术成果转移到人才培养，都在宏观上有政策指导，微观上有法规与操作规范。

（二）日本

日本非常重视知识产权尤其专利信息的利用与普及工作，从日本政府、专利局、大学、研究院所，到各社会知识产权信息服务组织共同努力，完善企事业单位，尤其是中小企业有效利用专利信息的环境。

日本于2002年7月制定了《知识产权战略大纲》，第一次明确提出了“知识产权立国”的国家发展战略目标。同年出台《知识产权基本法》，该法明确了国家、地方团体、大学、企事业单位的不同职责，规定了有关研究开发、成果转让、加快授权、改善诉讼程序、反侵权、国际协调、新技术保护、人才保障等各方面的基本措施。它通过法律形式将知识产权从部门主管的事务上升至国家性事务，为日本知识产权立国战略奠定了坚实的法律基础。2002年12月，日本依据《知识产权基本法》在中央设立了知识产权战略本部，作为统一推行知识产权战略的战略决策部门，首相小泉纯一郎亲自担任部长，成员包括内阁成员、知名企业总裁、研究机构专家、律师等，这个政界、学界和商业三合一的政府决策机构为知识产权战略及相关措施的实施提供强有力的组织保障。

为了推动知识产权战略的实施，日本相继推出了“知识产权推进计划”、“知识产权推进计划2005”和“知识产权推进计划2006”等一系列政策措施。在地方，日本将各个经济产业局专利室升级为事务局。为了能够在每个区域普及知识产权意识和创设利用知识产权的环境，在每个经济产业局设置了作为官民中介的“区域知识产权战略本部”，制定了《区域知识产权战略推进计划》，并按该计划对中小企业实施知识产权战略提供综合性支持。

在日本的“知识产权立国”政策中，知识产权信息具有极为重要的地位，在其《知识产权战略大纲》中对专利信息利用、知识产权信息公布、行政管理机构电子政务等方面都有着明确而具体的规定：日本政府将在2003年度以内完善检索环境，要将检索论文等系统与专利检索系统相连接，使研究人员能很容易地检索专利信息以及与之相关联的技术信息；与此同时，要进一步有效利用知识产权数字图书馆、民间专利信息联网服务检索工具及文献数据库。另外，从2002年度开始，综合科学技术会议以及与科学技术政策相关的政府部门及代理机构在政策的制定和评估时将战略性地利用国内外的专利信息，在选定重点研究课题时也要从专利信息角度充分考虑研究成果产业化的可能性。为此，综合科学技术会议等在利用有关知识产权信息的调查、分析方面要加强与日本专利局的合作。同时规定在2003年度内制定有关知识产权信息公布的指南，使企业的知识产权相关活动能在市场得到正当评估，提高企业的收益和价值。作为推进政府电子政策的一环，《知识产权战略大纲》规定要在2004年度末实现在国际互联网上查阅专利等申请文件及各种程序中的文件。〔1〕

日本也非常重视技术成果转化，早在1998年，日本开始实施《技术许可办公室法》，为技术许可办公室提供资金，促进大学和私人企业间的技术转移，《知识产权战略大纲》中进一步明确要加快日本拜杜制度的建设，并逐渐建立了与国家创新和转移

---

〔1〕 日本《知识产权战略大纲》，载 http://www.jsip.gov.cn/laws/wgzscqf/200811/20081112_ 49935.html。

系统相配套的知识产权管理制度。日本高度重视知识产权战略在大学的实施，《知识产权战略大纲》特别强调了在大学中设立知识产权本部机构的必要性，明确指出在全国几十所主要公立大学中，要在2003年底前完成各大学知识产权本部的设置，强化知识产权及专利的获取及其利用机制的建设步伐。[1]同时日本特许厅（JPO）在1997年提出对拥有的所有专利数据进行整理和标准化并以边际成本提供给社会，[2]还及时修改专利法，减少申请费和年费，并对实质审查引入部分退费机制。通过财税优惠政策促进信息服务的发展。

日本知识产权战略大纲确立了新型法律职业培养制度，加快知识产权律师培养，同时鼓励法学院招收各种专业的学生，促进同时精通技术和法律的知识产权人才培养。日本特许厅还实施了公众教育计划，设立发明日，还通过中小学发明教育，为普通民众提供远程教育，为青少年专门开设教育网站，从青少年起培养全民的知识产权和创新意识。

日本政府在知识产权开发、利用、保护与教育的投入换来了快速崛起的成效，几十年间，日本飞速成长为与美国抗衡的经济、技术大国。

（三）欧盟

欧盟在推动知识产权信息服务的地区合作方面树立了榜样。欧盟信息政策法规建设的总体目标主要体现在规范和统一欧盟诸成员国社会信息化发展的步伐，整合力量，发挥优势，在全球信

---

〔1〕 日本《知识产权战略大纲》，载http://www.jsip.gov.cn/laws/wgzscqf/200811/20081112_49935.html。

〔2〕 赖茂生："推动专利信息资源的社会化和市场化开发利用，促进知识产权服务业发展"，载杨铁军主编：《知识产权服务与科技经济发展》，知识产权出版社2010年版，第79页。

息化发展进程中建立和维护其应有的地位。欧盟作为一个区域性国家集团决定了它更加关注国家间的合作与协调，很重视其内部的团结和协调，在增强信息的可利用性和公众及其组织的参与性方面表现得十分民主，并在此基础上开展与外部世界的合作。欧盟信息政策的主题领域主要包括：欧盟的信息社会发展、电信改革、信息资源开发利用、电子商务、信息安全、知识产权保护、研究与发展、教育与培训等方面的内容。[1]

1988 年 6 月，欧洲专利组织行政理事会通过了关于“欧洲专利信息政策”的决定，强调欧洲专利信息政策的是以边际成本向中小企业提供欧洲专利信息，以激发创新和发展意识。

2007 年欧洲专利局进一步完善信息服务政策，提倡专利信息的无障碍获取，包括使用便利、语言无障碍、价格优惠、国际获取方便等，加强对用户的指导和培训，并采取措施宣传专利技术知识，提高信息服务质量。

欧盟在有关公共信息的商业化开发利用方面始终致力于制定统一的指令，认为统一和谐的法规是保证欧盟信息市场健康发展的关键。1999 年 1 月 20 日，欧委会采纳了“公共信息：欧洲的关键资源”的建议绿皮书（COM［1998］585）。2000 年 6 月，欧盟制定的《2002 电子欧洲行动计划》中，公共信息开发问题被单列出来成为议题之一：《2002 电子欧洲行动计划：欧盟开发公共信息框架》。2001 年 10 月 23 日，欧委会发表了关于开发公共信息的文件（COM［2001］607 final）。2002 年 6 月 5 日，欧委会发表了《关于制定欧盟公共文件商业开发利用指令的建议》（COM［2002］207 final）。根据欧盟经社委员会、地区发展委员会和欧盟议会的一致建议，2003 年 3 月，欧委会发表了《关于制

〔1〕王鑫：“欧盟与我国信息政策比较研究”，载《信息工作研究》2009 年第 20 期。

定欧盟公共信息商业开发利用指令的修改建议》。2003 年 5 月，欧盟委员会向欧洲议会提交了《欧盟理事会关于制定欧盟公共信息商业开发利用指令的意见》。这些文件逐步向制定欧盟统一指令的方向发展。主要规定了对公共信息进行商业化开发利用的范围、总的原则、存在的形式、再利用的程序、定价原则、公平竞争、反对歧视、公开透明等方面的规定。[1]

欧洲专利组织把未来的专利信息政策目标设定为："更大范围地促进公众和企业利用欧洲专利信息，但不提倡使用商业竞争手段。"新政策构架进一步明确了欧洲专利局在欧洲专利信息开发中的领导地位和专利信息服务方面的中心作用，如欧洲专利局继续负责欧洲专利文献的直接发送和欧洲专利组织信息的传递；按照双边协议议定的框架提供所有的数据；进一步重视数据的质量、完整性和标准化，并确保及时送达；保持为用户多样化服务的职能，在专利信息产品开发和标准化方面发挥中心作用。此外，对于国家专利局的地位与作用，也需制定特殊的专利信息政策，推动国家专利信息服务的整体发展。[2]欧洲专利局（EPO）1997 年确认了专利信息资源的边际成本（marginal cost）定价原则，社会有关各方均能免费或以边际成本获得 EPO 拥有的各类专利数据。[3]

欧盟关于数据库保护的立法也是影响知识产权信息服务发展

---

〔1〕 赖茂生："推动专利信息资源的社会化和市场化开发利用，促进知识产权服务业发展"，载杨铁军主编：《知识产权服务与科技经济发展》，知识产权出版社 2010 年版，第 79 页。

〔2〕 马海群："知识产权信息管理的调控手段分析"，载《世界科技研究与发展》2006 年第 2 期。

〔3〕 赖茂生："推动专利信息资源的社会化和市场化开发利用，促进知识产权服务业发展"，载杨铁军主编：《知识产权服务与科技经济发展》，知识产权出版社 2010 年版，第 79 页。

的重要因素。1988年欧共体通过了《数据库版权指令草案》、1990年欧共体又通过了《关于个人数据处理涉及个人保护的理事会指令性建议》、1995年7月欧盟部长理事会正式通过了《欧盟数据库指令》。《欧盟数据库指令》为数据库提供了著作权和特殊权利两种并行的法律保护模式，学者称之为"双轨制保护模式"，即对于独创性数据库给予著作权保护，对于投入了大量人力、物力和财力的非独创性数据库给予特殊权利保护（suigeneris－right）。特殊权利保护的目的在于保护数据库的投入，既包括资金的投入，也包括时间、精力和劳动的投入。特殊权利注重保护投资者的经济利益，保护范围甚至还延及到不为著作权所保护的数据库内容本身。[1]《欧盟数据库指令》对于数据库的特殊保护虽然受到损害公共利益的质疑，但对于推动信息资源的整合和信息服务的发展而言，无疑是一种立法实践的进步。

欧盟的努力获得欧盟国家的响应，也促进了各国信息服务的多元化和国际化发展。以英国为例。英国是知识产权制度的发源地，也是最早进行信息法制建设的国家之一，于1624年颁布《垄断法规》，1709年颁布《安娜女王法》，1984年出台《数据保护法》，1985年出台《数据计算机软件修改法》，是国际上最早进行信息法制建设的国家。英国近年来为提高其创新竞争力，相继出台了《创新报告》、《10年科技与创新投入框架》等一系列政策。这些政策使英国专利局和相关组织意识到，要服务于国家战略与政策，必须提供良好的知识产权信息服务，包括专业性的专利信息服务，还有提高公众和中小企业对专利重要性的意识。为此，英国知识产权局不断推出了旨在宣讲知识产权工作重要性及其做法的相关培训活动，还对知识产权局自身拥有的商业化专

〔1〕刘祯娜："《欧盟数据库指令》研究及对我国图书馆数据库保护的影响"，载《新世纪图书馆》2011年第11期。

利信息服务能力和内容加以推介。政府的信息技术咨询小组（ITAP）1983年在一份报告中建议，政府应主动公布所拥有的信息，把可公开的信息以交易的方式提供给私营信息部门开发利用，以此作为刺激英国信息产业发展的最重要的一步。[1]提高信息服务质量、寻求新服务项目以及国际合作成为欧盟国家发展信息服务的目标。例如，与欧洲专利局合作共同开发新的产品；与欧洲专利局一道共同改进服务质量；用本国语言为用户提供专利信息；为当地市场配备专利专业人员等。此类知识产权信息政策的制定与实践，对知识产权信息管理与服务的多元化、多样化发展，提供了重要的导向。[2]

（四）韩国

韩国将强力打造世界知识产权信息中心形象作为其推进国家知识产权战略的重要举措之一。2004年3月，韩国特许厅公布了“韩国知识产权管理：愿景和目标”计划，旨在促进韩国知识产权的创造、保护和利用，确立了技术、商标和外观设计的创造与使用方向。计划指出要完善韩国知识产权局自动化管理系统，为电子化国际专利申请完成PCT在线受理程序；提高无线上网、移动电话等用户定制的电子化服务，将各部局对专利信息的使用系统化，并与国家科学技术委员会和其他相关部局开展合作项目，促进专利信息的使用；利用信息通信技术加强韩国知识产权的国际地位，实现知识产权自动化管理，扩大专利信息的使用范围。计划实施以来，韩国的知识产权国际影响力日益增强，专利审查

---

〔1〕 赖茂生：“推动专利信息资源的社会化和市场化开发利用，促进知识产权服务业发展”，载杨铁军主编：《知识产权服务与科技经济发展》，知识产权出版社2010年版，第80页。

〔2〕 马海群：“知识产权信息管理的调控手段分析”，载《世界科技研究与发展》2006年第2期。

一度达到世界最快速度，知识产权信息化管理达到国际先进水平〔1〕。从2005年开始，韩国专利厅还通过网络与世界知识产权组织在线交换所有的国际专利文书，在全世界各国专利厅中属首个，韩国希望以此为契机，面向全世界提供与专利相关的服务。另外，韩国通过积极为世界知识产权组织服务，不断提高其国际威望，世界知识产权组织高度评价了韩国专利厅拥有世界上第一个以互联网为基础的电子申请系统开发技术与运营经验。2009年3月，韩国特许厅联合相关部门研究制定《知识产权的战略与愿景》，在此基础上，2009年7月，直属总统的韩国国家竞争力强化委员会召开会议审议通过了该委员会与政府13个部门联合制订的《知识产权强国实现战略》（简称《战略》）。《战略》提出三大战略目标：一是改善技术贸易收支；二是扩大著作权产业规模；三是提升知识产权国际主导力。11项战略举措：促进知识产权创造和知识产权金融、促进知识产权产业化、完善知识产权司法制度、建立公正的知识产权交易秩序、引领国际专利制度发展潮流、推进《知识产权基本法》制定进程、加强知识产权保护、建立知识产权纠纷援助机制、加强知识产权文化建设、建立信息化知识产权基础设施。在《战略》实施部分对战略任务进行了分解，明确了责任部门和完成时间。

韩国充分发挥政府知识产权管理机构的服务职能。21世纪以来，韩国知识产权局（KIPO）推出了“中小企业知识产权普及运动”，为中小企业提供多方面的指导与服务；建立互联网知识产权市场，带动了专利技术的商业化和销售，有效防止了先进专利技术的闲置；完成了知识产权服务网络的全面改进，拥有世界上最先进的自动化知识产权系统，该系统具有世界专利信息检索分

〔1〕付明星：“韩国知识产权政策及管理新动向研究”，载《知识产权》2010年第3起期。

析和技术评估功能，可以为潜在的专利技术用户提供免费查询，这为知识产权利用开通了一条快捷通道；积极组织知识产权市场和技术展览，推广“知识产权应用示范系统”，实施了“公共技术评估支持项目”，旨在通过对公共研究机构和高校所持有的技术进行评估，帮助其战略性管理专利，促进其优秀技术的转移和商业化。

二、知识产权信息公共服务的丰富与完善

发达国家技术创新和知识经济得以持续进步和发展的原因，就在于实施了知识产权立国战略，而知识产权战略取得成功的重要因素之一，便是提供了完善的知识产权信息公共服务。这些国家的政府机构将提供丰富、便捷的知识产权信息服务作为重要职责之一，形成了电子化、网络化和专业化的知识产权信息公共服务体系。

（一）美国

美国的知识产权信息服务机构种类繁多，组织形式多样，专业化程度高，活动能力强。美国提供知识产权服务的机构有官方组织或者政府机构本身、半官方性质的联盟和协会组织、营利性的中介机构，包括特定领域的专业服务机构、大学里的技术转移办公室、信息中心、风险投资机构等。

美国联邦的知识产权管理机构，主要包括主管专利和商标业务的美国专利商标局、负责版权登记管理的隶属国会图书馆的版权局，以及其他美国国会为了研究科技政策，草拟科技立法，修正与知识产权有关的法案，收集最新的科技资讯等目的而设立了相应的机构，如国会研究服务署、会计署、科技评估室、国会预算室等。

在美国，版权登记信息由版权局公布，专利信息的发布则由

专利商标局下属的专利出版办公室负责，该办公室负责出版专利官方公报，同时协助专利数据捕捉合同商制作的可供查询和检索的授权前专利文档。2002 年美国专利商标局开始出版光盘和网络版电子专利公报，美国专利商标局信息部还设立了客户服务中心，负责提供各类与专利文献相关的信息资料服务及产品。美国专利商标局采取自收自支，主要靠收费维持提供产品的服务，是联邦政府中唯一能够经费自理并有结余的机构。专利商标局在美国各地自建或者与地方政府合办了 80 多家设施先进的知识产权文献馆，在收取一定费用的前提下为公众提供检索服务。此外，美国专利商标局还提供基础知识产权知识咨询、聘请专家讲课或进行知识产权培训，普及知识产权知识，提供任何有关知识产权的信息以鼓励公众发明。[1]

随着电子政务和网络信息技术的发展，美国专利商标局和美国版权局都建设了官方网站，网站集成了专利、商标、版权等领域的公共信息，具有丰富的内容，是美国知识产权信息公共服务的主要渠道。

美国专利商标局网[2]的主要栏目分为专利和商标两大专业领域。在专利领域，主要栏目有新闻公报、发明者、法律和政策、产品和服务、专利程序、专利表格、资源导航、公告查询、专利检索数据库等；在商标领域，主要栏目有新闻、商标指南、商标申请、商标公报查询、商标在线检索等。美国版权局网[3]的主要栏目有新闻、版权知识、导航、版权通告、版权登记数据库等。

---

〔1〕 唐恒：《知识产权中介服务体系的构建与发展》，江苏大学出版社 2011 年版，第 72 页。

〔2〕 美国专利商标局网：http://www.uspto.gov/。

〔3〕 美国国会图书馆版权局网：http://www.copyright.gov/。

美国专利商标局网向公众提供全方位的专利和商标信息服务，版权局网则向公众提供全方位的版权信息服务，除了常规的新闻、申请程序、问答等栏目，专利商标局网站在互动交流、国际保护和专利商标检索方面、版权局网站在版权登记数据库方面具有明显的特色。

首先，美国专利商标局网站注重个性化需求的专利检索系统，在线互动服务开展良好。美国专利商标局网站提供1790年以来美国各种专利数据的免费检索查询，主要有专利授权数据库、专利申请公布数据库、法律状态检索、专利权转移检索、撤回专利检索、延长专利保护期检索、专利公报检索、专利分类检索、优先权文件交换系统PDX（与EPO、JPO、KIPO、和WIPO之间进行）、电子专利权转移系统EPAS、专利代理人检索等，可以满足不同信息用户的不同需要。另外，专利商标局网站在常见问答栏设置了专利问答、商标问答、权利证书、音乐家和艺术家、订阅中心等栏目。在国际保护栏，网站不仅提供了相关的国际保护法律法规，还提供了国际检索的入口服务。在职业定位栏目，用户可以通过姓名、电话或工作单位来搜索知识产权专业从业人员的信息。

其次，商标和版权领域信息服务同步发展，建立了检索便利、数据庞大的商标检索系统和版权登记数据库。专利商标局网站在商标栏有丰富的关于商标的专业信息，比如商标申请程序、商标新闻公告、商标手册指南、官方公报、法律和规则、在线文件、商标公报等，并在此基础上建立了商标公报查询和商标在线检索系统，商标检索系统的检索方式包括字标检索、字标和图像组合检索、字标和图像自由检索，另外还可以进行商标浏览（字母顺序排列）。美国版权法首创了版权登记制度，并鼓励版权人进行登记，以抑制打击盗版，对于来自本国和非伯尔尼公约成员国的作品，登记还是权利人提起侵权诉讼的前提条件。在美国，版权登记虽为自愿，但登记观念深入人心，据统计，美国的版权登记数量每年能达到50多万件，这为美国建立数据庞大的版权登记数据库提供了条件。在美国版权局网站，用户可以通过版权登记数据库查阅到1978年1月1日以来所有登记作品的权利人和法律状态，检索方式包括简单检索和高级检索，简单检索的检索项包括标题、姓名、关键词、注册号、文件号、指令关键词，高级检索可以对以上检索项进行细致的区分和组合。

目前美国专利商标局（USPTO）数据库专利类型包括：发明专利（Utility）、外观设计专利（Design）、植物专利（Plant）、再版专利（Reissue）防卫公告（Defensive）、依法发明注册（SIR），针对不同信息用户该网站设置了：专利授权数据库、专利申请公布数据库、法律状态检索、专利权转移检索、专利基因序列表检索、撤回专利检索、延长专利保护期检索、专利公报检索及专利分类等检索入口。

美国专利授权数据库［Issued Patents（PatFT）］收录了1790年至最近一周（每周四）美国专利商标局公布的全部授权专利文献。其中，1790年至1975年的数据只有图像型全文（full－image），可检索的字段只有3个：专利号、美国专利分类号和授权日期；1976年1月1日以后的数据除了图像型全文外，还包括可检索的授权专利基本著录项目、文摘和文本型的专利全文（full－text）数据，可通过31个字段进行检索。该检索系统中包含的专利文献种类有：发明专利、设计专利、植物专利、再公告专利、防卫性公告和依法注册的发明。

自2001年3月15日，美国专利商标局开始出版公布专利申请文献，美国专利申请公布数据库［Published Applications（AppFT）］可检索2001年3月15日以来公布的美国专利申请公布文献，同时提供文本型和扫描图像型全文美国专利申请公布说明书，可供公众进行美国专利申请公布的全文检索及浏览；专利申请公布说明书的起始号为20010000001。

专利分类检索数据库可供用户检索最新版本的美国专利分类表中的相关主题的分类号，并直接浏览该类号下所属专利文献全文。

授权专利数据库和专利申请公布数据库都提供了快速检索、高级检索及专利号或申请公开号检索三种检索方式。快速检索（Quick Search/Boolean Search）即简单的布尔逻辑检索，用户最多可选择两个检索字段（Field 1、Field 2），输入检索内容或检索词进行检索，并确定两个检索字段之间的布尔逻辑运算符及年代范围进行检索。快速检索方式中可供选择的检索字段有30个，如Title（专利名称）、Abstract（文摘）、Issue Date（公开日期）、Ap－plication Date（申请日期）、Patent Number（专利号）、Assignee Name（专利权人）、International Classification（国际分类）及Current U. S. Classification（当前的美国专利分类）等；也可以不限定字段，即选择All Fields。该检索方式提供的逻辑运行符有三种：与（AND）、或（OR）、非（NOT）。

高级检索也称手工检索，即用户在一个检索提问式窗口中使用检索句法，使用两个以上的检索词或检索字段进行布尔逻辑组配运算。高级检索式的句法为：字段代码/检索内容。如在文摘字段中检索燃料“fuel”一词的专利文献，在检索提问式窗口输入检索式：abst/fuel。这种检索方式给具有一定专业知识的检索人员提供了一种更为灵活、方便的检索方式。所有检索字段代码可参见高级检索窗口下方的表格。

USPTO在授权专利库、专利申请公布库分别称为专利号（Patent Number Search）、申请号检索（Application NumberSearch）。

这种方式在已知专利号、申请号、文献号等情况下最为方便。可以在输入框中输入一个或多个专利号/申请号进行检索。输入多个号码时，号码之间需空格、逗号或使用逻辑运算符“OR”。

美国授权专利数据库和专利申请公布数据库设置了三种检索结果显示：检索结果列表（包括专利号及专利名称）、文本型专利全文显示（包括题录数据、文摘、权利要求及说明书）和图像型专利说明书全文显示。

在检索结果列表显示界面，检索结果中的记录排序是按照专利文献公布日期由后到前的顺序排列，即最新公布的专利文献排在前面。显示页面一次只能显示 50 条，点击“Next 50 Hits”按钮可以继续浏览。专利号之前的符号“T”表明该文献有专利全文文本（full - text）。点击专利号或专利名称，显示该专利的文本型专利全文。点击“Images”（图像）的超链接按钮，可进入图像型专利全文页。

专利分类检索数据库有两种检索方式，通过类号/小类号进入分类系统或键入关键词，查找对应的分类号。通过类号检索时，用户需输入某种分类号，选择相应的方式，如：Class Schedule（HTML），Class Definition（HTML）或 US - to - IPC8 Concordance（HTML）；在检索页面上方有 Class Number & Titles（类号/类名），Class Number Only（仅有类号）和 Index to the U. S. Patent Classification（USPC）System（美国专利分类的索引系统）等按钮，可点击输入关键词进行关键词检索。检索结果中，类号前面的红色字母“P”可与专利检索数据库进行链接，结果显示该类号或类号/小类号下的美国专利文献数目，并可查看每一件文献的全文文本。

USPTO 网站提供的专利法律状态检索包括：通过查找专利缴费情况确定专利是否提前失效；通过查找撤回的专利确定专利是

否在授权的同时被撤回；通过查找专利保护期延长的具体时间确定专利的最终失效日期；通过查找继续数据确定专利是否有继续申请、部分继续申请、分案申请等相关联的情报；通过查看专利权人的变化情况确定专利权是否经过转移等。数据库检索项包括申请号、专利号、公开号等。

2006 年美国出现第一批商用云服务供应商，美国政府及时跟进最近技术发展，2008 年宣布“云优先策略”，确认云计算为根本技术变革，联邦战略指导各机构在新的 IT 投资方面重点考虑云，鼓励每个政府机构都要评估其技术导入战略，充分考虑云计算优先原则、遵循云优先策略。同年，美国专利商标局开始了改善 IT 基础设施的五年计划，升级网络宽带。2010 年开始努力研究云计算，并开始在第一个公共云应用上进行试点开发。2011 年美国专利商标局启动两项新的主系统投资，专利端到端（PE2E）与商标新一代（TMNG），两项系统都是基于云兼容的技术推广。美国专利商标局目前与谷歌达成协议向公众免费托管和发布美国专利商标局大量的电子专利和商标数据。根据该协议，美国专利商标局向谷歌公司提供现有的大量电子文件和访问每日、每周、双月更新的权限。所提供的电子文件包括专利许可、公开的专利申请、商标申请、专利分类信息、专利和商标分配及相关文件的图像和文本，总计达几兆兆字节。该协议使美国专利商标局可以集中其资源创建数据文件并通过外部公共云向成千上万的客户发布信息。

总体来看，美国公益性知识产权信息服务的优势在于充分公开、均衡服务、互动交流，并充分利用新技术改善服务质量。

（二）日本

体系庞大的知识产权在日本由数个行政机关主管，形成了分立协作的行政管理格局。经济产业省下设的日本特许厅负责发明、实用新型、外观设计的审查，以及商标的注册。经济产业省还负责不正当竞争的防止，企业商号的注册。文部省下属的文化厅负责著作权的管理工作。农林水产省负责植物新品种的审查和登记，负责实施《种苗法》。软件情报中心半导体电路登记部负责集成电路的登记，该中心是一个财团法人。

日本的公益性专利信息服务主要由特许厅和工业所有权综合情报馆（NCIPI）以及公益机构组成。日本特许厅官方网站详细介绍了日本专利的咨询业务。在首页的中央是专利行政服务一览表，列出了申请人最常见的一些问题以及相关的表格下载。点击进入专利咨询后，把专利咨询分为了三类：①咨询联系方式；②常见问题（基本篇），是对于工业产权方面，最基本的问题，使对此毫无了解的人们也能对工业产权有一个基本认识；③常见问题（中级篇），又细分为：一般的问题和制度手续类问题，如，电子申请、专利费用、侵权问题等等。日本特许厅还于1993年3月通过互联网建立了免费提供工业知识产权情报的“专利电子图书馆（IPDL）”，IPDL特许电子图书馆通过因特网和检索系统无偿地向读者提供，旨在使更多的读者便捷、高效地得到日本专利、商标及其他文献。可在日文界面上检索日本专利文献及浏览全文说明书，该网页上提供的数据库有六类，分别是：针对初级者检索、发明与实用新型检索、意匠检索、商标检索、审查中信息检索、审判检索。IPDL目前已成为日本获得专利文献信息的基本资源，也是日本实施知识产权立国战略的重要基础设施。为了增加国际合作，IPDL设有英文数据库，包括专利与实用新型数据库（机器翻译）、日本专利文件（PAJ，人工翻译）、设计公告数据库（机器翻译）、商标数据库（机器翻译）。

日本的NCIPI是日本专利文献资料的“中央资料馆”，在日本专利文献信息服务体系中具有重要地位和作用。工业所有权综合情报馆会采取项目委托的方式，鼓励支持社会组织具体承担专利流通促进资料的编辑。例如，编制《专利流通支援目录》，其内容包括技术概要、专利信息、技术开发活动状况、技术解决方案分析、主要企业的专利活动和技术开发地点等信息。工业所有权综合情报馆还委托财团法人日本特许情报机构（JAPIO）编写《开放专利活用例集》，每年出2册，每册中均包括经严格挑选的100项具有实施前景的专利技术。工业所有权综合情报馆还委托JAPIO建立专利流通数据库。登录数据除了常规的专利著录数据外，还包括与专利实施有关的信息，例如，许可种类，技术实绩（包括实施实绩或许诺实绩），专利权有效期，是否需要其他相关联的专利许可，以及专利权所有者的联系人和联系方式等信息。另外，数据库还提供有关该专利的申请、审查、授权及目前法律状况等的详细记录（包括审查员的检索报告），并与IPDL上的专利文献直接链接。这些信息及安排，对于寻找专利技术的用户来说极其有用、方便。值得一提的是，当一项专利被选中时，不是专利权人出资，而是JAPIO付费给专利权人完成相关的数据准备。

日本的知识产权公益信息服务的另一个特色是政府扶持公益性协会机构充分发挥信息服务及咨询功能。日本知识产权协会（JIPA）是一个世界上最大的非营利性、非政府的知识产权用户组织，成立于1938年，目标是合理、公平、有效地保护知识产权，会员包括私营和公共实体，遍布世界各地。主要工作：对知识产权相关的制度进行调查研究；对知识产权管理及战略进行调查研究；对知识产权创造活动进行奖励与推进调查研究；搜集和提供知识产权情报，对会员进行知识产权的培训等等。日本各行业几乎都有知识产权协会组织。

日本专利律师协会为了适应各地域的知识产权需要，开展知识产权的普及开发和咨询等活动，在全国设立了 9 个支部。除了收费的专利代理事务之外，还有免费的专利咨询服务。咨询范围包括发明、实用新型、意匠、商标的申请手续，调查，鉴定，申请异议，诉讼，外国的知识产权制度等。预先预约的每个咨询者原则上不超过 30 分钟，咨询的内容也是有限度的，如果超出了限度，就会变为收费咨询。收费标准，根据咨询者的满意度、案件的难易程度等会有变化。此外，专利律师协会还组织一些免费咨询会。通过事先的电话预约，在每周的固定时间举办。[1]

日本发明协会本部在东京都，并在全国 47 个都道府县设立了支部（即知识产权中心）。日本发明协会的主要工作是鼓励发明、促进创新设想、指导并帮助发明、设想和发明物的应用，推动并支持科学研究；传播并发展工业产权体系，增强人员的技能水平；调查研究工业产权体系，并公布研究结果；为工业产权的利用提供服务和指导；推动国家之间发明、创新设想的意见交流，如举办国际性会议、调研国外工业产权体系；举办各类讲座、短期课程及展览，发行书籍及其他出版物；分发与工业产权相关的政府公报信息；奖励在发明、创新方面有杰出贡献的个人。知识产权中心（发明协会支部）是各地方自治体设立的、为地区内提供专利信息普及、知识产权知识提高并推进知识产权事业的机构。利用地区的专利信息，为中小企业提供技术开发的支持。在每个中心都提供专利信息的阅览、专利信息利用的相关指导和咨询。另外，配合工业所有权情报研修馆网站上的专利信息转化和转让的信息，进行免费的咨询帮助。组织专家咨询会针对中小型企业或个人，由各地区、地方机构的工业产权知识经验丰富的律师（顾问）进行更加具体的工业产权咨询。政府会向知识

[1] 鲁欣蕊："日本知识产权信息服务现状介绍"，载《中国发明与专利》2012 年第 6 期。

产权中心派遣检索咨询顾问，作为检索专家，他们通过举办培训班、研讨班等各种方式，帮助公众利用工业产权数字图书馆（IPDL）进行专利信息检索，对 IPDL 专用线路的使用以及检索方法、检索策略等予以指导，且全部免费。为鼓励公众利用专利信息，缩小中央与地方之间，大企业与中小企业之间在利用专利信息方面的差距，特许厅向全国都道府县派遣专利流通促进顾问，实施专利流通支援事业。作为专利实施与转让的中介，流通顾问必须主动调查，以了解供需双方的需求与意愿，竭力促成专利技术转让合同的签订，流通顾问的收入与其工作业绩直接挂钩，不能胜任者解聘换人。

（三）欧盟

欧洲专利局致力于依据欧洲专利公约提供优质高效的服务，以此支持整个欧洲的创新、竞争和经济增长。为此，欧洲专利局除了采取无障碍获取信息政策外，采取了三项具体措施：一是建立专利信息和欧洲专利学院；二是建设 esp@ cenet 专利数据库；三是加强资源翻译，促进国际化合作和发展。

专利信息和欧洲专利学院具有公布所有的欧洲专利申请和授权专利的职责，同时负有提供专利信息培训和培育专利意识的义务，同时提供亚洲专利信息服务信息服务和产品提供以免费或边际成本的形式。

欧洲专利局于 1998 年 10 月正式开通免费专利数据库 esp@ cenet[1]，收集了 50 多个国家公开的专利文献，包括世界专利数据库（Worldwide）、日本专利文摘数据库（Patent Abstracts of Japan）、欧洲专利局数据库（EP Database）和世界知识产权组织数据库（WIPODatabase），可选择任意一个数据库进行检索。该

〔1〕 欧洲专利局 esp@ cene 数据库：http：//ep. espacenet. com/espacenet/ep/en/helpV3/index. html。

网站的数据库提供了快速查询、高级检索、专利号检索和分类检索4种形式。专利说明书以PDF格式提供，但不能以整个文件的形式下载，只能单页下载和打印。esp@cenet专利数据库目前提供英文、德文和法文3种语言的界面，另外也可以登录27个成员的专利组织网站查询。esp@cenet提供了自1920年以来世界上50多个国家公开的专利文献TIF格式全文，每个国家所含数据收录的范围不同、数据类型也不同。数据类型包括：著录数据、文摘、机读形式存贮的专利全文说明书及权利要求，扫描图像（PDF格式）存贮的专利说明书的首页、附图、权利要求及全文。对于1970年以后公开的文献，数据库中每件专利同族都包括一件带有可检索的英文发明名称和文摘的专利文献。esp@cenet的主要目的是使用户容易地获取世界范围内的免费专利信息，因此是按照一般公众的需求设计的，其针对欧洲国家的子网站还提供了各国家所使用的语言进行检索。

为了实现信息服务的国际化，2012年2月29日推出专利翻译集成系统。欧洲专利局与Google合作，编制专利文件及其译文对应文件，并储存在语料库中，使用这些语料对翻译系统进行培训，并对翻译质量进行检查，确定译文是否可用。当今的语料库中含有英语、法语、德语、葡萄牙语、意大利语、西班牙语。每天系统会收到来自世界各地的专利翻译申请有35 000份，下一步要进一步增加另外的语料库，目的在于提高已经公开使用的语言的翻译质量，并使目前没有公开使用的语言质量达到足够高的水平。

（四）韩国

韩国主要知识产权行政管理机关为特许厅（KIPO）和韩国文化体育观光部（MCST）。韩国特许厅主管与专利、实用新型、工业外观设计和商标有关的事务。韩国文化体育观光部设著作权政策官、文化产业政策官、多媒体政策局等，为同时管辖著作权法和计算机程序保护法的部门。但是一些行政事务性工作，韩国文化观光部更多倚仗韩国著作权委员会（KCC），它承担着著作权登记、事务审议、纠纷调停、研究、海外保护等重要职能。就网络信息资源与服务而言，韩国特许厅和韩国文化体育观光部都实行了管理信息和服务信息相分离的做法，韩国知识产权局管辖范围内的知识产权信息服务职能主要由特许厅主办的知识产权信息服务网站（KIPRIS）来行使，而韩国著作权委员会在分担著作权行政职能以外，也是韩国著作权信息服务中心。

韩国特许厅下设5个审查部和管理支持部、管理改革与公共关系部、工业产权政策部、信息政策部、客户支持部等，设有审计监察部、知识产权裁判所（Intellectual Property Tribunal）、国际知识产权培训学院以及首尔分局等下属机构。除此之外，为解决经济困难和偏远地区人群以及中小企业等客户无力支付昂贵的专利代理费的问题，2005年4月1日，成立专利咨询中心，免费提供知识产权申请、注册以及审判等方面的咨询。客户支持部，主要负责制定促进知识产权制度发展和提高服务水平方面的政策、受理知识产权申请和中间文件并作形式审查、对知识产权申请进行注册服务以及呼叫中心管理等工作。该部下设客户服务处、申请服务处、国际申请处和注册服务处。咨询事务由韩国专利局直接管辖的客户服务部和外部机构分别承担。外部机构为韩国专利技术信息院（KIPI）。1995年韩国专利技术信息中心（KIPRIC）设立在韩国专利局下，是进行专利和技术信息服务的专门机构，现改组称为KIPI。为营造地方发明热潮及提高知识产权认知度，积极引导促进地区知识产权创出，强化地方企业的知识产权战略，从而谋求地方经济的腾飞。2004年开始，一直到2009年8月，韩国共建了30个地区知识产权中心。其前身是地方专利信息支援中心。其主管机关为韩国发明振兴会。地区知识产权中心的主要职能包括提供基本专利信息服务及主要面向地区企业助其开拓品牌价值的地区知识产权支持及综合咨询服务。各个地方知识产权中心还会接受本地区企业的委托为其进行知识产权方面知识的培训，对知识产权有兴趣的一般人或专攻知识产权方面的学生也可以通过网络进行申请参与。[1]

韩国公益性知识产权信息服务平台主要是行政管理机构的机关网站。韩国特许厅网站的信息主要是专利和商标方面的政务公开类、新闻公告类信息等，参考资料栏目提供了公告、法律条约、统计资料、表格等信息资源的下载或浏览，站内不提供检索服务，而是另办网站。KIPRIS 是特许厅主办的知识产权信息公共服务平台，提供专利、外观设计、商标、KPA 等检索，资源高度整合。

文化体育观光部是韩国著作权法和计算机程序法的行政执行和管理机关，其网站也主要是一些新闻动态、业务介绍类的信息。著作权委员会作为著作权的行政事务性管理机关和著作权信息中心，其网站的信息资源要丰富得多，包括法制信息、机关信息、代理中介公司信息、新闻动向信息等。

KIPRIS 是一个基于因特网的免费的知识产权文件检索服务系统，包括韩国已公布的知识产权申请、法律状态、审判信息，还包括 1996 年以来的韩国专利协会提供的信息。提供的服务包括：知识产权信息检索（专利、实用新型、商标、韩国专利文摘KPA）、知识产权管理信息检索（审查、注册、审判状态）、电子数据销售、K2E－PAT（韩英自动翻译服务）。

第一，专利检索。专利检索包括一般检索和高级检索，一般

---

〔1〕 鲁欣蕊："韩国知识产权信息服务现状介绍"，载《中国发明与专利》2012 年第 12 期。

检索有两个检索途径：关键词检索和号码检索。关键词检索的选择项包括专利、实用新型、英韩，可以选择检索日期范围（全部、近1至5年、10年）、然后输入检索词就可以检索。号码检索时可以选择检索号码（全部、专利公布号、专利注册号、专利申请号、实用新型公布号、实用新型申请号、实用新型专利号等），还可选择年限（全部或1984～2012年间某一年），然后输入号码进行检索。高级检索的检索项包括全文、发明标题、摘要、请求权、IPC、申请号、未审核号、注册号、公布号、优先日期等23项，同时还可以进行and/or编辑，检索之前还可以进行检索领域限定，限定项包括摘要、公布号、申请日期等21项，可多选也可不选。

第二，外观设计检索。外观设计检索包括一般检索和高级检索。一般检索的检索途径为关键词检索和号码检索。高级检索的检索项包括全文、产品描述、外观设计规范、申请号、注册号、优先号等17项，也可以进行and/or编辑，检索之前可以进行商标类型（类似设计、设计部分、其他）和行政状态（未审核的、已公布的、被拒绝的、注册的、过期的、无效的、撤销的、放弃的）选择项限定，可全选、多选或不选。

第三，商标检索。商标检索包括一般检索和高级检索。一般检索的检索途径为关键词检索和号码检索，关键词检索的限定项包括英韩互译、仅限商标名称、日期，检索项为关键词（输入）；号码检索限定项为权利项（全部、商标、服务标志、商业标志、集体商标等23项）和年限限定，检索项为号码（输入）。高级检索项为自由检索、商标名称、分类、类群、申请号、注册号、优先日期、申请日期等19项，还可以进行and/or编辑，同时可以进行条件限定，限定项为商标类型（字符、字符组合、图像、图像组合）、权利类型（商标、服务标志、商业标志、集体商标、国际商标等7项)、行政状态(申请、公布、拒绝、过期、无效、注册、撤销、放弃),可全选、多选或不选。

第四,KPA检索。KPA检索包括一般检索和高级检索。一般检索的检索途径有任意检索、号码检索、名称检索、关键词检索。高级检索的检索项包括申请、发明者、公布号、公布日期、申请号、IPC等11项,限定项有全部、A未审查公开、B1审查公开。

第五,K2E-PAT韩英专利文献跨语言检索系统。K2E-PAT系统是2007年由韩国专利信息研究院推出的韩英专利文献机器翻译系统。K2E-PAT系统包括一般检索和高级检索。一般检索的检索途径有关键词检索和号码检索。关键词检索可进行类型限定(专利、实用新型)和时间限定(近1~5年、10年),号码检索可进行类型限定(专利号、申请号等9项)和时间限定。高级检索的检索项包括全文、名称、摘要、申请号、优先号、公布日期等23项,同时可以进行or/and编辑组合,还可以进行检索限定(摘要、IPC号、权利人等20项)。

韩国对知识产权信息服务的国际化十分重视。首先,它开发并在线提供跨语言检索服务,这对于韩国这个小语种的国家推广自己的技术和保护海外知识产权具有重要的意义。其次,著作权方面,2005年韩国著作权委员会设立海外著作权中心,2006年分别设立北京办事处和东南亚办事处,加强著作权海外进入的基础,实施著作权海外进入的战略化,加强国际交流与合作。同时在网站设立确认版权信息服务平台,该平台是为确认韩国著作权的海外权利信息而设立,向用户提供文字、音乐、电影领域为中心的著作权登记信息、信托管理信息以及业界的一般信息,要求确认的著作权权利信息,包括翻译时间至少需要12天。最后,在KIPO网站设有PCT服务栏目,可对PCT服务、PCT在线付费和 PCT 付费情况进行在线检索，检索项为国际申请号，要输入密码。

（五）英国

相对于世界上其他国家来说，英国的知识产权管理机构是比较统一的。英国知识产权局是世界各国知识产权综合管理的典型代表，它负责全国的专利、商标、外观设计、版权等传统知识产权类型的保护、教育与协调。英国植物品种权局和农业渔业食品部则管理新兴的植物品种权。知识产权顾问委员会（the Intellectual Property Advisory Committee，简称 IPAC）是为政府提供高度独立的咨询意见的知识产权政策咨询机构，以帮助公众了解知识产权制度为重要职责。除此之外，还有众多的政府部门也涉及知识产权的管理，如：文化媒体体育部、卫生部、教育和劳动就业部、内政部（Home Office）、司法大臣办公厅（Lord Chancellor's Department）、皇家海关检疫局、小企业服务部、公平贸易局等。与英国的知识产权管理模式十分相似的还有加拿大、新加坡、我国台湾和香港地区。比如，加拿大的知识产权局主管专利、商标、版权、外观设计、集成电路，而植物品种权由食品监督局负责。从知识产权信息服务的视角来看，这种职责范围广泛的行政管理机构可以拓宽知识产权信息服务的宽广领域，从而更好地应对知识经济和技术创新对知识产权信息的广泛需求。

英国主要通过英国知识产权局和大英图书馆及其他专利信息服务图书馆提供公共知识产权信息服务，由 14 个英国公共中心图书馆组成的“PATLIBs”构成了英国专利信息服务网络。这些公共图书馆为用户提供专利信息服务有其特有的优势，它可以集成图书馆的相关馆藏，为用户提供商务和专利信息一体化的综合信息服务。而英国知识产权局官方网站可以为公众提供免费开放的各种数据库，是一个集成式的公共服务网络。

英国知识产权局网站[1]是综合性的知识产权信息公共服务平台。该网站设为公共站点和专业站点。公共站点主要栏目有知识产权教育、知识产权研究和转化、知识产权政策、知识产权贸易、各类型知识产权（知识与程序）、纠纷解决（解决途径与知识产权犯罪）、在线服务（申请、查询与检索）等，专业站点则主要是根据专业领域分设专利、商标、外观设计、版权、植物新品种、商业秘密、数据库权等栏目，方便对某一专业领域感兴趣的用户快速找到自己需要的内容。事实上，两个站点的相关内容基本是相通的，只是网页的浏览途径不同。从信息资源的角度看，该局网站是一个名副其实的集政务公开、新闻通告、知识产权意识促进、知识产权教育启蒙、知识产权转化推进、知识产权专业服务于一体的综合性的知识产权公共信息服务平台，资源丰富，功能强大，具有鲜明的特色。

在政务公开及专业在线服务等栏目中，英国知识产权局网站提供了权威的、专业的、及时更新的知识产权信息，同时也提供了不同程度整合的信息资源，在线服务的互动性良好，使电子政务落到实处。网站在知识产权类型栏目中，对知识产权局职责范围内的知识产权类型包括专利、商标、版权、外观设计、植物新品种权等进行了专业介绍，对于以上类别的知识产权的政策与法规、申请与注册、保护与监测、利用与许可等程序性知识和信息进行了普及和公布。通过在线服务栏目，用户可以使用网站的专利在线和商标在线服务，用户也可以通过主页的专业站点直接点击进入专利、商标、外观设计和版权的专业服务页面。这部分信息主要包括在线申请、公报公告、争议裁决、在线检索等，其中在线检索是整合程度最高的资源。

---

〔1〕 英国知识产权局网址：http://www.ipo.gov.uk/。

英国知识产权局网站有丰富的专利信息资源数据库，根据用户的不同需求设置了各种检索途径，包括专利文献与信息检索（IPSUM）、专利状态检索、专利公布检索、SPC 号码检索、专利分类检索、审查报告检索、专利授权许可检索（LOR），失效专利检索（NIF）、绿色通道专利检索、专利公报检索等。除了在线专利信息外，网站还提供了全国 13 个专利信息中心的链接和联系方式。网站建设有商标检索数据库，该数据库有几个检索途径：商标号检索、权利人检索、被拒绝案例检索、字词图像组合检索、决议检索、商标公报检索等。网站还提供了多个检索途径进行外观设计检索，包括产品检索、洛迦诺分类检索、权利人检索、外观设计专利号检索等，也可以进行外观设计公报检索和查询。

网站通过多层次的知识产权知识教育和专业培训栏目，提供了从提升知识产权保护意识到学习专业知识，再到鼓动创新的各种信息资源，可以满足不同用户的学习需求。网站设置了从知识产权应用、思想包、继续教育、大学课程，到专业资格培训等各种教育培训栏目或链接，这些教育培训栏目针对不同层次的用户需求。比如，在知识产权应用栏目，介绍创意的重要性，提供了简洁有效的保护创意和商贸利益的方法；在思想包栏目提供了免费的主要针对 14～16 岁青少年的知识产权教育资源，并设有专门的站点，主要教学资源包括商学、外观设计和技术、个案研究、广告招牌等，提供书目、教学计划和教案的下载；在继续教育栏目中，提供了品牌博物馆等知识产权继续教育资源；在大学课程栏目中，提供了设置相关课程教育的大学的网络链接；在专业资格培训栏目中，提供了专利和商标代理人培训考试资源。另外还在创意竞赛栏目，提供了一年一度的创意竞赛的信息，用户可以参与竞赛，也可以浏览历届参与竞赛的创意和竞赛中获胜的创意。

网站注重推动知识产权的成果转化，促进知识产权的运用和商贸合作。除了专业的知识产权类型知识的介绍、培训和在线帮助等，英国知识产权局网站还设置了知识产权研究与转化、知识产权贸易项目及培训等栏目，为科研院所的师生、艺术家、发明家、商贸人员等各类需求人员提供直接的知识产权转化和贸易信息帮助，推动创新成果转化和知识产权贸易开展。

英国知识产权局网络信息服务最鲜明的特色和优势是对各种类型知识产权领域信息资源的高度整合，采取了一种知识产权信息综合服务的模式，并十分注重意识培养、专业培训和成果转化等栏目建设，这与英国知识产权局的职责范围密切相关。由于知识产权行政管理范围的广泛性，决定了英国知识产权局拥有更全面的资源，同时更方便其站在全国知识产权战略实施的角度，整合资源并利用资源推动知识产权的创造、运用、保护和管理。而英国信息政策体现了一种以人为本的思想，所以英国知识产权局网站专业站点的设置、教育培训与成果转化栏目的设置也都体现了针对具体服务对象需要的个性化特色。

三、知识产权信息商业化服务的培育与健全

知识产权市场服务是指为了将知识产权信息尽快地推向市场或满足各层次各领域对知识产权信息的需求而提供信息咨询、检索、分析、增值开发的服务。在发达国家，知识产权信息的市场服务形成了三个层次的服务体系：以各类技术成果转移机构为主体的知识产权信息市场化转移推动机构；以商业信息服务机构为主体的知识产权信息咨询、检索、分析、预警服务机构；以各类企业为主体的知识产权信息开发与利用机构。

知识产权信息市场服务是知识产权信息服务专业化分工的结

果，在各国现代科技创新和经济发展中发挥着越来越重要的服务和协调作用，而且，由于知识产权信息市场服务机构的专业性，因而能够满足各领域、各层次主体的专业需求，加速信息传递和技术信息的转化利用，具有重要的价值和意义，发达国家给予了充分重视。

（一）商业信息服务机构的知识产权信息服务

拥有发达的知识产权商业信息服务是多数发达国家知识产权信息服务的重要特点之一。这些商业信息服务机构介于政府与企业之间，既不同于政府机构基于工作职责而搜集整理信息提供公共信息服务，也不同于企业为了本身知识产权的利用或开发而进行的知识产权信息的管理与服务，知识产权信息的中介服务机构主要是在公共信息基础上通过增值服务或信息开发，加以专业分析，为政府提供信息咨询或决策参考服务。同时为企业或其他客户提供所必需的知识产权信息咨询、检索、分析等专业服务，从信息流通的角度说，起到了一个信息与运用之间的中介和桥梁作用。这些商业信息服务机构以其专业化的加工与分析手段、成熟的产品与客户服务以及较广的覆盖面，成为发达国家知识产权信息服务体系乃至国家创新体系的重要组成部分。

美国的商业化信息服务机构十分发达，据美国专利商标局统计，美国专业从事专利信息服务的人员已超过 3 万人。很多商业公司和网络公司在官方提供的专利检索数据库的基础上，建立了具有自己特色和专门服务功能的数据库系统站，如 AID Patent Database Access、STOs' Internet Patent Search System 和 IBM Patent Sever 等；另外，著名的 Dialog 公司、Delphion、Thomson 公司和 STN 检索系统均提供专利信息的专业检索及相关服务。一些公司还开发了专业的专利分析工具，可为客户提供战略化、系统化和规模化的增值服务。

美国商业化信息服务发达与美国政府的信息政策不无关系。美国联邦政府通过制定政策和权威的协调机构，利用经济和政策杠杆，引入竞争机制以及修改税收政策等措施，使私营机构在政府信息资源开发利用中担当主要角色，使公私两方在信息资源开发利用中建立起良好的伙伴关系。另外，联邦政府也可以直接参与信息商品和服务交易的信息。美国技术与信息部（DTI）1990年编辑出版的《政府拥有的可交易的信息：政府部门与私营部门信息交易指南》中指出，在信息市场内，对于那些已经形成了市场价格的信息，政府可按市场价格出售；对于那些尚未形成市场价格的信息，政府在最初提供给私营部门时可以只收取信息成本费。该指南还指出，信息交易之后的信息增值加工工作，应由私营部门投资完成，政府部门不要直接参与。对于可由私营部门提供的信息服务，政府部门不应在非商业性的基础之上再提供类似服务。〔1〕

作为专利信息的出版者，美国专利商标局（USPTO）目标是促进所有用户通过多种媒体利用专利信息，加速专利信息传播，这一目标的实现需要公益与私营服务商的配合。基本途径是将电子版专利图像及专利文本文档出售给商业服务机构，后者通过增值及个性化服务并发挥较强的市场营销能力，为特定的技术领域及特定的用户提供专门服务。这样，USPTO与其他服务商之间有了较明确的专利信息服务定位，USPTO主要提供数字化原始数据，服务商则作为中介服务于最终用户。但USPTO也有许多直接向终端用户提供服务的方式，如专利复印件提供、专利文档打包、CD－ROM检索工具及专利图像CD－ROM销售、电子信息中心的通报服务、联机全文检索PTDLs（USPTO的贮存图书馆）

---

〔1〕 赖茂生："推动专利信息资源的社会化和市场化开发利用，促进知识产权服务业发展"，载杨铁军主编：《知识产权服务与科技经济发展》，知识产权出版社2010年版，第79页。

及联机专利图像检索，以及商标领域的类似产品与服务。然而，USPTO 的收费不是基于市场或增值而是基于成本，即基于专利信息的生产、制作、传播与服务成本，“传播成本”标准遂成为定价政策的基础。

政府的政策和师范行动也会带动市场力量的跟进。在美国，也有一些规模不同的信息服务公司在成功地从事着专利信息资源的开发利用活动。另外，一些大公司也开始热心专利信息资源的公开和共享活动。例如，美国专利数量最多的 IBM 开发了在线“发明人论坛”，致力于建立一种在线社群，让中小企业与发明人可以分享理念和想法并共同致力于改善专利体系，目的是要提升专利质量。IBM 还与 USPTO 合作，利用基于社群的评论（community – based review）来评价意见获准的专利。IBM 于 2008 年初在网络上公开其专利申请案，希望借此让公众能检视处于申请状态的专利申请案，以提升专利审查的质量，减少日益频繁的专利争议与诉讼案件。除 IBM 之外，Microsoft、General Electric、Hewlett – Packard、Oracle、Intel 及 Red Hat 等知名企业同意将部分的专利申请案公开，以供大众检视。〔1〕

知识产权信息流通作为知识财产立国战略的重要组成部分在日本受到高度重视。在日本，公共服务与商业服务被视为相互补充的最佳组合。日本特许厅通过工业产权数字图书馆向公众提供基本的整合数据资源服务，同时也向商业机构以边际成本批发数据，商业服务机构在对数据进行深度加工的基础上，以在线数据库及衍生服务的方式向用户有偿提供高端信息服务。

日本还采取鼓励市场开发和参与商业化信息服务的政策，推

〔1〕 赖茂生：“推动专利信息资源的社会化和市场化开发利用，促进知识产权服务业发展”，载杨铁军主编：《知识产权服务与科技经济发展》，知识产权出版社 2010 年版，第 80 页。

动商业化信息服务的发展。日本《知识基本法》第 13 条规定，国家应该采取市场调查研究和信息提供等必要的措施，让大学等科研机构的创新成果灵活地流动到企业和事业单位；第 20 条规定，国家采取必要的措施，进行有关国内外知识财产动向的调查和分析，进行必要的统计，制作资料，完善知识产权数据库，通过因特网等信息网络向企业、事业单位和大学等相关部门提供迅速的信息。2004 年 10 月施行的《专利审查快速化法案》允许向公益法人以外的民间机关申请现有技术检索，并鼓励成立民营检索机构，扩大现有技术文献检索的民间外包，并公布企业专利申请的相关信息和专利相关情报，进行信息公开。日本特许厅通过积极鼓励各种类型的服务机构参与专利文献信息服务并相互竞争，使得一些致力于专利文献信息服务的民间机构不断探索开发自己的信息服务，在业内形成了竞争优势，促进产业知识产权信息服务业的发展，从而提高了全社会对专利信息的利用水平。日本特许厅将有关工业产权数据标准化后，以边际成本批发提供给社会。这样，一些致力于专利信息服务的社会机构就有机会开发自己的信息服务系统，在业内形成竞争优势，促进专利信息服务业的发展，进而提高全社会对专利信息的利用水平。相比较而存在，相竞争而发展。很多公益法人和民间营利机构不断发掘终端用户的需求，寻找商业机遇，在开发新的专利文献信息产品和服务方面取得了引人注目的进展，从而使日本专利文献信息产品和服务在总体上呈现出层次化、多样化和精细化的趋势。PATOLIS 公司就是在此政策鼓励下发展起来的典型，目前该公司的商业化数据库在某些方面已经超过了 IPDL。

英国有着成熟的知识产权服务市场，近年来英国政府着力推进知识产权信息服务的市场化，比如要求政府所有的评估必须以公开招标的方式由独立的咨询机构来完成，把政府变成科技咨询市场中的买方。英国知识产权信息商业服务机构德温特公司是全球最权威的专利情报和科技情报机构之一，可向世界范围的用户提供全方位的、一站式的信息服务，目前隶属于全球最大的专业信息集团——Thomson 集团，并与姐妹公司 ISI、Delphion、Tech-street、Current Drugs、Wila 等著名情报机构共同组成 Thomson 科技信息集团（Thomson Scientific）。它收集来自世界 40 多个专利机构的 1000 多万个基本发明专利，3000 多万个专利，数据可回溯至 1963 年。每周增加来自 40 多个专利机构的 25000 多个专利。它拥有 60 年专利情报加工经验和严格规范的管理机制，能提供高附加值的专利文献标引与索引，以及强大的检索途径和面向用户的检索辅助工具。英国最大的制药公司葛兰素制药公司不仅拥有包括 7 名专职人员在内的专利信息分析与提供组，而且其可使用的专利信息数据库资源完全可以同英国国家专利局和大英图书馆相媲美。另据统计，英国目前大约有 300 家专利代理公司，它们除为客户提供专利申请代理工作外，还提供商业性的专利信息检索服务。近年来，英国行业组织在促进知识产权商业化服务方面取得了一些成效。英国标准协会（BSI）日前发布 2011 知识产权商业化服务标准（BS 8538），旨在明确面向发明人的知识产权服务组织的道德准则和行为规范。这是英国首次设立此类标准，并得到英国知识产权局（UKIPO）的批准。该标准明确的知识产权服务商的道德准则包括：诚信和资质；费用、成本和资金公开透明；确保信息的机密性和公开性；利益和冲突声明以及投诉处理机制。服务提供程序包括：与发明人签署初步合约；不公开协议（NDA）或机密规定；创意评估以及提供建议或服务的商业协议。[1]

---

〔1〕“英国标准协会发布知识产权商业化服务标准”，载 http://www.sipo.gov.cn/dtxx/gw/2011/201103/t20110328_591520.html，最后访问日期：2013 年 10 月 3 日。

（二）企业对知识产权信息的开发与利用

企业知识产权战略已成为企业竞争战略的重要组成部分，以专利为代表的知识产权也成为企业最重要的竞争资源之一，专利信息的收集、检索、保存，专利信息分析、跟踪国际国内相关领域技术发展动态，专利技术研发、保护、转让和产业化等与专利信息相关的诸多工作均成为企业专利战略的重要组成部分。重视和强化对专利信息的开发与利用是发达国家企业在众多领域取得竞争优势的重要因素之一。

首先，国外大企业一般具有较强的知识产权意识和更多更专业的知识产权管理人员，自己管理知识产权事务，包括知识产权信息的开发与利用事宜。

美国的许多大型公司为了综合协调各部门利益，均将知识产权集中管理甚至形成一个相对独立的知识产权管理机构（如南方贝尔和朗讯），制定相对独立的管理计划；而专利管理也不仅限于专利的申报和专利许可，而更注重企业专利战略的制定，这就要求及时了解相关专利信息并做出分析判断，并形成阶段性的专利资产报告。

英国的大型企业一般都拥有自己的知识产权服务机构，中型技术企业也都有内部的知识产权服务队伍。这些企业对专利信息的开发与利用均十分重视，如英国最大的制药公司葛兰素制药公司不仅拥有包括 7 名专职人员在内的专利信息分析与提供组，而且其可使用的专利信息数据库资源完全可以同英国国家专利局和大英图书馆相媲美。

日本经济运行体制的特点是政府引导下的官民协商机制，日本的政府与企业之间建立了密切合作的协调机制。这也使得日本的知识产权服务和知识产权关联服务机构亦是由政府在积极推动，如日本建立了日本知识产权战略会议、国际知识产权保护论坛以及各种与知识产权有关的协会、技术转移机构，扶持大学知识产权本部、技术转化机构、知识产权人才培育等，形成了企业与政府、企业与资源之间的沟通渠道，为企业的技术创新和知识产权事务提供外部的推动力。日本企业认为，研究开发、知识产权战略、生产经营战略是企业整体发展战略中三个不可分割的组成部分。〔1〕日本的大中型企业一般也都设有专门机构负责专利管理事务，称为特许部或知识产权部，该部门直属企业最高领导，工作内容包括知识产权申请、信息情报搜集、知识产权法律事务、对其他公司知识产权申请的监控、知识产权教育培训、知识产权许可证贸易等。如富士通公司的专利管理部门为“专利总部”，拥有120多人，下设5个事业部门，每个事业部门还设有专利推进部，负责专利的策划与推进活动。因此，在日本，发明和发明成果商品化都在企业内部完成，这样就可以使企业的知识产权技术成果直接面向企业的生产经营，很快就能实施。

其次，中小企业在科技创新中往往扮演重要的角色，在国家经济中起着举足轻重的作用。1990年美国中小企业数量占到企业总数的98.5%以上，吸收了2/3的就业人员。〔2〕在日本，中小企业占企业总数的99%，中小企业雇员数占企业总体雇员数的73%。〔3〕然而，中小企业往往知识产权意识缺乏，规模较小，人才缺失，而且受资金缺乏的限制，知识产权信息的利用和开发能力明显不足。为此，发达国家近年来尤其重视对中小企业的知识产权经营进行特别帮助，为中小企业提供与知识产权相关联的信

---

〔1〕 唐恒：《知识产权中介服务体系的构建与发展》，江苏大学出版社2011年版，第78页。

〔2〕 陈海涛：“试论中小企业在国民经济中的地位与作用”，载《大众科技》2006年第5期。

〔3〕 唐恒：《知识产权中介服务体系的构建与发展》，江苏大学出版社2011年版，第79页。

息、咨询、人才培训等全方位的服务。

美国成立了官方组织的小企业管理局（SBA），其职能是实行各种担保和贷款计划，帮助企业获取资金，促进研究开发，并设立了小企业发展中心（SBDC）、退休工商领袖服务团（SCORE）和商务信息中心（BIC），提供各种政策咨询和专利技术服务：帮助小企业获得政府采购合同。目前已形成庞大的全国性网络，共有57个州中心和950个分中心，成为促进美国科技成果产业化和经济持续增长的重要社会力量。中小企业信息中心是一个专门为中小企业提供政策、技术、商务等信息服务的机构，该机构拥有一流的计算机硬件和软件，汇集了大量的有关中小企业的出版物，并定期公布市场的最新发展动态，加速了知识产权信息的传递，解决了中小企业限于人力和资金难以建立自己的专利技术情报数据库的问题。美国政府还在一些大学企业联系设立了小企业发展中心，无偿为中小企业提供技术创新、可行性研究等方面的帮助和咨询。目前美国有50家左右的小企业发展中心，在大学、学院、商会及经济发展社团内还有分中心和卫星网点，从而形成全国性的网络化服务体系。

据统计，中小企业占日本企业总数的99.7%，就业人数占就业人口的70%左右。[1]中小企业创造出很多附加价值，是供应链的核心，支撑着日本产业的基础。但根据日本中小企业白皮书（2010），中小企业的知识产权申请和保护制度不足，申请专利的中小企业只有56%，占全部专利申请量的12%。[2]日本对中小企业普遍推行诊断服务，即对中小企业发展中的包括知识产权管

---

〔1〕 王晨曦编译："日本出台2011年度中小企业白皮书"，载http://www.ccpitecc.com/article.asp? id=1986，访问日期：2013年10月4日。

〔2〕［日］青木洋纪："日本中小企业厅2010年白皮书介绍"，载http://www.rieti.go.jp/cn/publications/dpaper 2010.html，访问日期：2013年10月4日。

理在内的问题进行分析调查，提供解决办法，并进行跟踪服务。另外，日本利用知识产权信息服务促进中小企业进步，对日本经济增长直接或间接地产生较大影响。为解决中小企业所面临的困难，大力推进知识产权的利用，日本特许厅建立了专利流通促进事业的实施体制，是日本政府提供巨额资金，由工业所有权综合情报馆进行项目委托，相关机构和人员具体实施有关的专利流通促进项目，而中小企业从中受益。例如，工业所有权综合情报馆每年列出需要编辑《专利流通支援目录》的20项重大课题，每个课题经费约1000万日元（约合人民币70万元），通过项目委托交与日本发明协会来做有关专利的调查和信息分析，及信息提供。这样，那些中小企业无能为力之事，就由国家代以实现了。在日本专利局2003年度预算中，用于促进知识产权流通的专项资金（含NCIPI管理费）达57亿日元，约合4790万美元。[1] 2011年日本知识产权法修正案进一步加强对中小企业的扶持，降低了专利审查申请费，对于中小企业专利费的周期由原来的1～3年改变为1～10年。

为了提高中小企业的技术创新能力和竞争力，韩国政府在帮助中小企业获取知识产权方面出台了一系列措施。如针对中小企业开展专门的专利服务：一是，大力开展中小企业知识产权普及运动，引导其利用知识产权信息进行技术创新。2000年韩国知识产权局在全国38座城市举办了关于知识产权信息的巡回讲习班。二是，对中小企业利用专利信息进行指导。近年来，韩国知识产权局专利审查员积极与韩国中小型企业建立姊妹关系，以提供关于获取和管理知识产权的实际信息。韩国知识产权局还和韩国专利代理人协会（KPAA）签订商业合作协议，向中小企业免费提

---

〔1〕 王强、计小玲："日本专利信息的利用与普及"，载《中国知识产权报》2001年11月1日。

供自递交前到注册的专利管理服务，使其能够以一种便利、经济的方式取得专利。三是，为鼓励中小企业创造和取得知识产权，对中小企业申请专利减收费用。中小企业申请专利可减缴50%的申请费用，微型企业可减缴70%的费用。[1]2007年，韩国知识产权局与WIPO合作推出了面向中小企业的多媒体互动培训课程IPPANORAMA，为那些因时间限制和地理距离不能参加面授培训的社会公众和中小企业提供了自我学习和网络培训的方便途径，课件的互动性也提高了受训者的参与感和学习兴趣。

英国政府为了促进小企业的发展，拨出1亿英镑专款，于2000年4月在贸工部新成立了一个小企业服务局。其主要职能是在政府层面上反馈小企业的需求，并为小企业提供政策、法律、融资和信息等方面的咨询服务。该局通过在全国各地建立240个地区性的“企业联系办公室”（Business Link）网络而开展信息与咨询服务。服务内容涉及信息与建议、企业发展、信息通信技术与电子商务、法律法规、创新与技术等，该小企业服务局实际上起着为小企业提供各种知识产权咨询、信息与技术服务的中介机构的作用。

（三）技术成果转移推动机构的知识产权信息服务

在发达国家，多数拥有研究机构的政府机构都设立了技术转移促进协调部门，其主要职能是提供知识产权许可实施的转移服务，通过掌握全面丰富的知识产权信息与技术资源，对研究成果进行评估和市场调查，实现技术成果的成功转化，确保技术创新的高投入回报率。

美国的技术转移组织构成了美国知识产权服务机构的最主要

〔1〕姜桂兴：“韩国知识产权管理与知识产权战略探析”，载《科技与经济》2005年第5期。

部分。[1]美国联邦政府为了协调知识产权的资讯，促进技术转移，于1992年成立了“国家技术转移中心（NTTC）”，该中心提供资讯及有关知识产权的管理培训，并建立了资讯档案，把全美700多个实验室以及数千个研究开发成果资料纳入了“应用技术资讯系统（FLC）”合作，通过全国6个区域性技术转移中心（RTTE）收集技术市场信息及其发展趋势，进行技术评估、市场调查及技术中介，向各行各业从事商品化的管理人员提供培训等，向全社会各行业提供技术成果转让一站式服务，是美国政府支持的规模最大的知识产权管理服务机构。

多数美国大学都在校内设立了知识产权经营专门机构——技术授权室和技术转移室。部分学校委托技术管理公司代为经营知识产权，这些技术转移机构或技术管理公司主要业务范围包括评估发明公开、知识产权有效申请、知识产权估价、知识产权实施，当然也包括知识产权信息及技术服务等。

英国最著名的技术转移机构英国技术集团（BTG）是私营公司的代表，业务领域涵盖欧洲、北美和日本，成为世界上最大的专门从事技术转移的中介机构，主要经营业务是许可证贸易、出版物和文献交流服务、技术咨询、技术及人员转移等。英国大学知识产权经营的代表是剑桥大学、牛津大学和帝国理工学院，剑桥大学设立了“剑桥大学技术服务公司”，牛津大学成立了“Isis创新公司”，帝国理工学院则设立了“帝国理工学院创新公司”。[2]

日本也建立了大量的政府技术转移机构（TLO）。特许厅会

---

〔1〕 转引自唐恒：《知识产权中介服务体系的构建与发展》，江苏大学出版社2011年版，第73页。

〔2〕 吕薇：“有效发挥知识产权制度，促进企业自主创新科技”，载《科技成果纵横》2009年第3期。

安排一些专家对TLO进行指导，并对从TLO出来的专利申请提供费用减免和优先审查。TLO为雄心勃勃的年轻人在由校园步入社会之前，提供了一个施展才华的创业机会。据工业所有权综合情报馆提供的数据统计，在专利流通促进事业的成约总量中，TLO是最大的专利提供者，占42%，而大企业仅占8%。另一项统计显示，截至2002年9月承认TLO的专利申请有2635件，海外专利申请有475件。

日本建立科技中介加强产学官合作，为大学的研究成果申请专利，并把这些专利技术转移到产业界，获得专利技术的企业通过技术创造新的商业价值，再把部分利益返回大学，作为研究资金开始新的研究活动。日本的知识产权评估中心于2006年4月由日本律师协会知识产权价值评价推进中心设置建立，是一个民间机构，对专利、商标、实用新型进行评价。这种产学官合作机制，不仅显现了行政机关的引导作用，减少了行政成本，而且有效发挥了市场在配置资源方面的作用。

日本特许厅在全国指定了100多名知识产权流通顾问，以促进技术转移。日本政府所属机构的知识产权主要通过日本产业技术振兴协会（JITA）向国内企业转让，其服务对象多为中小企业。2002年日本产业规划中心创建技术市场部，职能是通过技术转移促进地区发展，具体工作包括建设技术转移信息库。鉴于日本大学的技术转移落后于美国，日本知识产权战略规划特别强调面向大学的知识产权经营，设立技术转移事务所，建设知识产权情报信息数据库，对研究人员进行知识产权的培训，大大提高了日本大学和科研机构对知识产权的认识和成果研发的积极性。

（四）商业化知识产权信息检索系统

伴随着世界技术竞争的日益激烈，专利信息需求大幅度增强，各国企业也越来越重视专利战略研究，纷纷购置专利检索软件，为企业制定技术发展策略、评估竞争对手提供有用的情报。同时，一些商业机构也积极开发商用专利检索软件，建设了资源丰富、检索便利、服务多样的专利文献信息检索平台或系统。

1. 英国德温特创新索引

德温特创新索引（DII）将 Derwent World Patents Index 和 Patents Citation Index 有机地整合在一起，检索数据可回溯到 1963 年，是检索全球专利最权威的数据库。它不仅可以检索专利信息，且可以检索专利的引用情况，通过专利间引用与被引用这条线索帮助用户迅速跟踪技术的最新进展。英国德温特创新索引最鲜明的特色是建设了个性化的专利信息服务网络。英国德温特信息公司网站的一个突出特点即是针对不同用户提供个性化服务，该网站主页的下半部分提供了针对性的信息导航服务，不同的用户可以根据自己的职业或需要选择不同的入口。该导航系统将用户分为商业信息分析人员、工程师、普通公众、信息专业人员、新闻从业人员、贸易/技术推广主管、专利/法律专业人员、个人发明者、科技研究人员、学生等，不同用户进入不同层次的下级网页时，可以获取不同类别、范围与程度的专利信息服务。此外，德温特公司的网上用户讨论空间的建设水平也是引人注目的。它共设立了三个用户组：一是生物科学用户组 DEBUG，该用户组是生物类专利信息产品与服务的论坛，除各种专业会议外，德温特提供该主题讨论列表，但成员仅限于订户。二是英国用户组，该组限于使用专利产品或关心专利事务的英国公司或机构代表，会议主题涉及专利相关问题、联机系统、检索提示等，便于用户相互交流。该用户组是非正式的，故不收成员费用，且每年可参加两次会议。三是 EPI 订户欧洲协会 EADES 用户组，其业务范围包括：协助对德温特专利信息进行质量控制，对改进信息服务提供建议、协助完善分类代码、推动公司用户交流专利信息经验、积极接触联系其他学科领域用户组，每年举行一次会议。[1]

2. Aureka 数据库

Aureka 是 Thomson 集团旗下一个重要数据库，Aureka 检索数据范围包括美国专利（全文）、欧洲专利（全文）、英国专利、德国专利、法国专利、日本专利（英文摘要）、PCT 国际专利申请的著录项目等。整个系统的操作以 Web 浏览器为平台，结合 Client / Server 架构，使得信息的处理更加方便快捷。Aureka 提供布尔逻辑算符、位置算符以及通配符，可以利用聚类分析考察主题词的分布，反过来调整检索策略，也可以二次检索和进行专利族去重，检索结果可用 Power Browser 浏览。专利预警（定题服务）的设置也有一定特色。Aureka 可以帮助企业有效管理知识产权资产，生成专利分析报告，绘制专利地图，了解产业的技术分布和走势。

3. Delphion 专利检索系统

2001 年，IBM 为了让外界方便搜索自己的专利信息，专门成立了新公司 Delphion，以提供“世界上最受欢迎的专利信息在线搜索服务”。Delphion 主要包括德温特世界专利索引、IN－PADOC 数据库及 Delphion 专利全文库三个部分，可以检索世界范围内 70 多个国家近 5 000 万条原始专利全文，还可以直接链接到德温特获取与之相对应的深加工后的专利信息。

4. Google 专利检索系统

Google 专利检索系统是由 Google 公司推出的一项新的搜索服务，用户可以搜索和查询美国的专利资料。由于和美国专利商标局协议托管和发布美国专利商标局的电子专利和商标数据，所以，Google 专利具有数据资源上的优势和保障。根据该协议，美

---

〔1〕 黄桂林：“刍议我国知识产权信息服务网络融资问题”，载杨铁军主编：《知识产权服务与科技经济发展》，知识产权出版社 2010 年版，第 316 页。

国专利商标局向谷歌公司提供现有的大量电子文件和访问每日、每周、双月更新的权限。其所提供的电子文件包括专利许可、公开的专利申请、商标申请、专利分类信息、专利和商标分配及相关文件的图像和文本，总计达几兆兆字节。

Google 专利搜索提供快速检索和高级检索，此外它还随机提供了其他用户最近检索的 5 项热门专利信息。用户可以直接在输入框中输入需要搜索的关键字。该关键字可以是专利号、专利分类号、发明者姓名等任何与专利著录格式相关的信息。该系统还提供了一些高级选项，用户可以根据美国分类或者国际分类检索，使用申请日期或批准日期检索。此外也支持“-”　“、”“OR”等其他一些常用搜索参数，使用户可以得到更加准确的数据，快速查到所需资源。

通过国际上几个官方知识产权信息服务平台，首先，可以看出他们有着数据更新快、时效性强等特点，而且这些网站基本都有知识产权管理机构主办，因此数据全面，并保证了可靠性。其次，以 Internet 形式提供专利信息服务，界面简单，使用方便，并提供了强大的检索手段，能够满足绝大多数专业检索技术人员获取专利技术信息的需要。而且各官方网站都以免费方式提供专利信息服务，尤其是 WIPO 知识产权信息服务平台，具有强大的集成功能，英国知识产权局网络平台是一个国家层面知识产权信息服务集成系统的成功典范，美国版权局积累了建设版权登记数据库的经验，这些都值得我们学习。从知识产权信息服务的角度看，国际知识产权信息服务平台建设的更大的优势和经验在于商业信息服务平台及检索系统的开发和建设，这些商业服务平台和系统在软件开发、增值服务、个性服务、集成服务和商业营销等方面都积累了丰富的经验，值得我们借鉴。

第三节　知识产权信息服务发展的国际经验与启示

一、知识产权信息服务发展的国际经验

（一）纳入国家战略的知识产权信息服务

发达国家为知识产权信息服务提供了统一的规划和有力的保障。首先，重视全国性的规划，通过《国家知识产权战略纲要》等将知识产权信息服务纳入国家战略的统一规划之中。其次，对于知识产权的管理采取统一部署，尤其是日本，成立了以首相为首的实施机构，为知识产权的保护与运用提供了组织基础。其次，发达国家都重视对知识产权技术成果的转化，技术转化机构同时又是重要而高端的知识产权信息服务机构。发达国家在知识产权信息服务的规范化管理、市场培育和人才培养方面也积累了丰富的经验，值得我们学习和借鉴。

（二）基础资源保障有力的知识产权信息公共服务

发达国家的知识产权信息公共服务的显著特点是基础资源保障有力。以美、欧、日、韩为代表的发达国家和地区，每年都在公共知识产权信息传播和服务上投入大量人力和财力，用于全国性知识产权信息资源建设、信息传播和培训体系建设和维护。在基础资源保障方面，呈现出数据完整、获取便捷、集成度高的特点。其提供的信息范围几乎涉及各类知识产权所有可以公开的信息以及后续权利变更、诉讼等各类信息。

（三）着眼高端的知识产权商业化服务

对于商业化信息服务机构而言，发达国家商业服务主要优势在于将数据的深加工及其衍生服务作为核心竞争力、开发集成化网络化数据产品、平台功能多样化。为满足不同用户的信息需

求，同时也为了扩大和丰富产品类型，大型商业化服务机构大多基于一套数据设计功能各异的信息服务平台，以满足不同水平、不同背景、不同需求的用户。此外，为了促进平台推广并满足用户对数据统计分析的需要，商业性机构依托自身数据优势，及时提供基于自身高质量数据的分析工具。商业机构纷纷将其高质量数据基础作为推广分析平台的最大亮点，以此更加显现数据质量的重要性。

（四）多渠道进行的知识产权信息服务市场培育

为了促进知识产权信息服务市场的培育，各国政府机构均采取多种措施提高数据供给能力。例如，美国专利局除利用政府平台提供数据服务外，还将数据资源许可给谷歌公司，用户可以方便地从谷歌网站下载代码化美国专利说明书全文、专利题录数据等。欧洲专利局建立了专门的数据下载网站，提供原始专利数据的批量下载，日本和韩国也积极采取措施，以满足广大用户对原始数据的需求。另外，针对各类商业性机构的需求，提供边际成本定价的数据销售。

针对中小企业普遍存在的知识产权意识不强、对知识产权信息应用能力较弱的特点，各国政府纷纷建立遍布全国的服务培训网络，采取各种方式加大培训和宣传力度。在师资和教材建设方面，除了传统的纸质教材和面授教程外，还纷纷引入数字化和多媒体技术。加强对中小企业的知识产权信息服务，对显著提升全社会创新主体的知识产权信息应用能力具有重要作用。同时，也对这些企业继而产生更深层次的专业需求具有诱导作用，在一定程度上，为高端商业化信息服务培养了潜在客户群，在推广普及公共信息服务的同时，也间接推动了商业化信息服务业的发展。

（五）层次丰富协调发展的知识产权信息服务体系

作为公益性服务，政府机构仅提供基础信息资源、知识普及、推广培训等服务。而将更专业化的数据服务、检索服务、分析咨询服务等留给专业化机构。这样，公益性服务的扩展，不仅不会挤压商业化服务的空间，而且还为商业化信息服务培育了用户基础和社会需求，形成公益性与商业化服务层次丰富、相互补充、协调发展的良性生态环境。

二、国际经验的启示及我国相应完善的思考

（一）优化知识产权信息服务的制度环境

国家知识产权战略为知识产权信息服务进行了战略定位，并为知识产权信息服务的发展指明了方向，如何将战略方针加以正确的实施，就是将来国家应该重点努力的方向。随着国际知识产权竞争的日趋激烈，世界经济的知识化和全球化，政府在知识产权信息服务体系建设中的首要任务是根据国际形势发展和本国发展需要进行相应的制度创新，为实现对本国知识产权全面、高效的开发与管理提供制度保障。

通过立法和制度建设来规范知识产权信息服务体系，为我国知识产权信息服务行业的运行提供法律依据，是对信息服务进行规范管理，进一步促进知识产权信息服务健康有序发展的重要保障。其一，建立知识产权信息服务统一行政管理机制，围绕统筹规划、培育文化、自主创新、供给充分，建立国家知识产权信息服务保障体系。其二，建立信息服务规范化机制，核心任务是围绕知识产权信息服务的主体、任务、质量监控、信息公开与信息保护等方面，明确责任与义务，加强规范管理，尤其要通过行业（协会）组织，加强行业自律管理。其三，建立信息服务市场化机制，围绕服务专业、各取所需的核心要求，尽快制定行业准入机制，建立基础资源保障机制，完善财税支撑体制，优化竞争机制，形成市场规范、竞争有效、合理配置的商业服务体系。其四，建立成果转化和企业创新服务专门机制，通过创新机制，建

立科研院所与企业的有效沟通，鼓励科研转化平台建设，引导和扶持企业尤其是中小企业和出口企业知识产权信息系统的建立，推动信息服务向专业化、层次化、个性化、集成化方向发展。其五，建立知识产权信息服务长效人才培养机制，培养兼具信息网络、知识产权、信息资源管理的综合性专门人才。

（二）健全公益性知识产权信息服务体系

知识产权基础信息资源具有全社会所有的公共产品属性，与公共利益密切相关，它作为一种重要的政务信息资源，根据法律规定应该向社会公开，确保共享。知识产权公共服务贯穿于知识产权的创造、运用、保护和管理的全过程，包括代理服务、咨询服务、交易服务、维权服务、融资与产业化服务、信息服务等。其中，信息服务是所有知识产权公共服务的基础。[1] 国家知识产权局等《关于加快培育和发展知识产权服务业的指导意见》指出，夯实知识产权服务业发展基础，要完善全国知识产权公共服务体系建设，建立政府部门、行业协会、图书情报机构、知识产权服务机构与企业、高校、科研机构等共同参与、协调联动的服务体系。

第一，要充分理解知识产权战略规划的精神，各政府部门各司其职，抓好信息服务战略的落实。在现有条件下，各政府部门要依法行政，处理好国家秘密与公众信息之间的关系，细化各部门政府信息公开指南，建立政府公开信息的登记制度，如什么信息什么时间由谁公开，是否需要跟踪分析等，制定可操作性规范和标准，尽量做到政府信息充分有序公开，为知识产权信息公共服务奠定基础。知识产权信息服务来源于大量的知识产权文献与信息源，其中很大一部分掌握在政府和国家权力机关、司法机关手中，国家机关对其掌握的知识产权文献与信息公开透明度和及

---

〔1〕 吴离离："浅析我国知识产权公共服务体系的构建"，载《知识产权》2011年第6期。

时性，将直接影响知识产权信息网络服务的数量和质量。以知识产权司法判例为例，目前仍有大量的知识产权诉讼文书没有被公开，或者通过一般的公开途径无从查找，对当事人、律师、知识产权研究者和学习者来说均很不方便。再以专利确权为例，专利申请、授权过程信息公开度也缺乏，因此需要从观念和制度上解决当前知识产权文献与信息公开透明度不够的问题。在此基础上，各政府机关应该充分重视对基础信息资源的整合开发，积极探索基础信息资源服务于市场的途径和方式，加大技术研发的资金支持，加快知识产权信息的应用和转化。

第二，统筹规划，建立知识产权基础信息服务的均衡发展机制。知识产权信息具有公共属性，理应实现消费机会均等。知识产权信息又是一个跨越各领域的宏大范畴，涉及每一个人的私人生活和社会活动。《国家知识产权事业发展“十二五”规划》对于知识产权信息公共服务工程设计了两大项目即国家知识产权基础信息资源和服务系统和知识产权运用转化平台，每一个项目都规划了专利、商标、版权、林业、农业、地理标志、非物质文化遗产等各个领域，集中体现了我国实现行业或专业知识产权信息资源均衡发展的规划。对于地区差异，我们应该推进对中西部不发达地区知识产权基础信息资源的服务和推广，同时应该转变观念，加快对中西部不发达地区知识产权遗传资源、传统知识和民间文艺资源的开发、保护与利用。

第三，要充分发挥行业协会（产业联盟）的作用，加大政府支持力度，搭建政府、服务机构、科研机构和企业之间沟通、交流、合作的平台，促进行业信息的交流、共享与整合，实现行业共同发展。我国 2007 年颁发了《国务院办公厅关于加快推进行业协会商会改革和发展的若干意见》（国办发［2007］36 号），旨在促进行业协会发展。国外行业协会发展的实践证明，行业协会作为非营利性社会中介组织，能够承担很多社会必须但又不适宜政府直接承担的任务。在我国知识产权行业标准缺乏、行业知识产权保护比较薄弱情况下，知识产权行业协会更是大有可为。

第四，完善知识产权信息服务网络平台建设。首先应将知识产权信息网络服务纳入我国信息化建设工程的重要内容，在不同部分、地区、行业建立知识产权信息服务网络，通过政策引导和制度规范，促进我国知识产权信息网络服务体系的构建和完善。

知识产权信息网络服务建设应注重资源整合和合理布局，通过政策引导，鼓励社会资本介入知识产权信息网络服务行业。在目前出现国外数据库巨头打入中国市场并力图开发知识产权数据库的形势下，更应保持警惕与研究对策，以防止我国知识产权文献与信息资料被国外公司利用成为在我国谋取巨大商业利益的工具，避免阻碍我国知识产权信息网络服务的发展。[1]

同时，要充分利用最新技术，加强信息互译，提升知识产权信息网络服务的质量，提高公益性信息服务的国际化水平。发达国家服务质量的提高除了有成熟的机制保障，更重要的一点是信息和网络技术的发达，比如平台建设技术、数据库建设技术、云计算技术等。尤其是云计算技术的采用，大大提高了发达国家的信息服务水平。云计算是一种商业计算模型，它将计算任务分布在大量计算机构成的资源池上，使各种应用系统能够根据需要获取计算力、存储空间和信息服务。云计算环境下可以实现信息服务模式创新、服务成本降低、服务质量提升。发达国家实践证明，采用云计算技术，不仅大大提升资源整合能力，而且可以实现信息服务资源与用户需求的双向挖掘，使服务产品更加丰富，对用户进行使用行为分析更加便利，有利于服务商挖掘用户的隐

〔1〕 冯晓青、李喜蕊："中国知识产权文献及信息网络服务现状研究"，载《黑龙江社会科学》2012年第5期。

性需求，从而提升服务质量。在提升服务质量的基础上，我国公益性知识产权信息服务应该提高国际化服务水平，加强中外文献信息的引进，提高语言翻译的水平，一方面有助于我国知识产权信息的国际推广，另一方面有助于我国民众对国际上知识产权信息的有效运用。知识产权信息服务的国际化水平是衡量信息服务水平的重要指标。

最后，也是目前最紧迫的任务，就是整合知识产权基础信息资源，探索建立数据信息的跨部门共享机制，加快建设包括专利、商标、版权等各类知识产权信息在内的综合性知识产权基础信息资源和服务系统，为公众提供一步到位的综合性知识产权信息检索服务。

在我国现有国情条件下建设综合性知识产权基础信息服务系统有下列三种模式可供选择。第一种模式是整合知识产权管理机关，建立综合各知识产权领域的市场监督局或大知识产权局。作为管理和服务手段，整合后的知识产权管理机关必然要推进知识产权信息公共服务平台的整合。据统计，全世界实行知识产权制度的196个国家和地区中，有180多个国家和地区实行二合一体制，即将专利和商标的行政管理机关统一设置，称之为工业产权局或专利商标局，如美国。这其中，又有74个国家和地区实行三合一体制，将专利、商标和版权的行政管理机关统一设置，如英国。采取三家分散管理模式将专利、商标和版权分开管理的国家包括中国不到10个。[1]这种模式推进涉及复杂的行政制度改革，所以实施难度比较大，推进时间比较长，成本比较高昂。第二种模式是建立全国性的知识产权公共信息资源管理机构，并由其构建国家知识产权公共信息服务平台，或者由现有相关主管部

〔1〕 朱雪忠、黄静："试论我国知识产权行政管理机构的一体化设置"，载《科技与法律》2004年第3期。

门比如国家知识产权局等牵头整合国家知识产权文献与信息资源，建构统一、高效、方便、快捷、内容丰富而全面的知识产权公共文献与信息网络，这样可以在很大程度上解决信息资源部门分割和多头重复建设的问题。这是一种政府承担基础信息资源公共服务职能的模式，但前提是这种信息资源机构或牵头机构具有强有力的领导和协调能力，才能从根本上解决知识产权基础信息资源各自为政、条块分割和资源垄断的弊端，这需要制度支持和法律保障。第三种模式是采取现有行政管理机关支持、社会力量介入的方式建立知识产权基础信息资源服务系统，这种模式实施起来会更加快捷方便。但这种模式如何实现长效运行仍然需要不断探索，比如知识产权公共信息综合服务平台采取收费模式、免费模式还是基础信息免费、增值开发收费的模式？行政管理机关对于知识产权公共信息综合服务平台的资源支持采取免费支持还是收费授权方式？等等。在现有制度模式下，可以尝试行政管理机关基础信息免费支持、整合信息低价授权的模式，以促进信息共享和进一步开发。还应注意到，创新知识产权公共服务平台运行机制和服务模式将会大幅提高为科技创新提供专业知识产权服务的能力，也能有效推动知识产权文化建设，形成尊重知识产权的文化氛围，但知识产权公共信息服务平台的建设和有效运行同样需要知识产权意识提高、政策支持和制度完善来推动。

第五，进一步提升全社会的知识产权意识，完善人才培育体系建设。提升全社会的知识产权意识是国家长期创新发展的前提，而人才又是知识产权信息服务发展的关键。人才培养是政府的责任。知识产权信息服务对人才有着很高的要求，既要有专业知识、又要有法律知识，甚至信息分析、信息检索技术。目前我国跨越教育界与实务界、遍布全国、跨行业、跨系统的公益性知识产权培训体系已初步建成，但我国知识产权信息服务业人才数量不足、结构不优、服务能力和水平不强。而且我国还没有相应的执业资格标准，使得现在从业人员参差不齐。2011 年欧洲开展了专利信息分析员专业资格认证（CPIP）计划，首次承认专利信息专业分析员的职业资格，我们可以借鉴经验，建立知识产权信息服务业的职业资格认证制度，提高知识产权信息服务人才的整体水平。同时，公益性人才培养体系建设应特别突出其基础性，主要目的在于推广和宣传，在于普遍提升全社会的知识产权意识，提高公众和中小企业对基础知识产权信息的获取能力和应用能力，为进一步深入应用知识产权信息奠定基础。有必要继续加强师资培养、教材开发、人才引进、新技术应用，提升培训和推广服务的效率和质量。公益性培训体系的建设，可以为后续商业化培训服务奠定用户基础，从而间接推动商业化信息服务业的快速发展。

同时着力培养我国高端知识产权信息服务人才，也是发展我国信息服务业的迫切任务，是政府不可推卸的责任。因为高校和公益性培训大多数是综合性与基础性培训，不能满足高端知识产权人才培养的需要，我国知识产权信息服务高端市场大多被国外信息服务机构所垄断。高端人才的培养和引进，可以为我国高端知识产权信息服务业发展提供必要的人力资源，并迅速提升我国知识产权信息服务业的质量和水平。“培养高端信息服务人才的方式可以是：政府提供专项基金，支持商业化高端培训服务市场的发展；从国外引进人才，给予创业优惠政策进行扶持；建立知识产权信息服务示范园区和高端信息服务培训基地，为企业定向培养具有实战能力的高端信息应用人才。”〔1〕

〔1〕 孙艳玲：“加强知识产权信息服务，助推经济发展方式转变”，载鲍红主编：《知识产权与转变经济发展方式论坛论文集》，知识产权出版社 2010 年版，第 110 页。

（三）培育商业化知识产权信息服务体系

发达国家的实践证明，公益性服务只能解决普及和推广的问题，而高端信息服务必须依托商业化向纵深发展。

第一，要进一步开放知识产权基础信息资源，加大对信息服务机构的基础信息资源的支持力度。知识产权信息的市场化服务是指政府把应该向社会公开的知识产权信息资源，充分、透明、有序的向社会公开，并以委托、许可、授权给商业化组织，通过市场化机制，鼓励它们进行增值开发，满足市场主体的高层次需求。由于知识产权信息的特性，知识产权基础信息资源的公开是知识产权信息市场化服务开展的前提。根据我国《专利法》、《政府信息公开条例》、国家知识产权局等《关于加强信息资源开发利用工作的若干意见》等法规政策，我国相关政府机构应逐步公开相关知识产权的行政确权、行政执法、立法、司法等信息，但仍然存在公开不足的问题，比如国家知识产权局网站的专利信息已实现专利公报实时发布并实现数据库同步更新，但信息发布范围仍有待进一步拓宽，如法律状态信息、专利审批流程中间文档信息、专利权转让信息等，这些信息是重要的经济信息和法律信息，对社会经济活动具有重要应用价值。进一步提升知识产权基础信息资源的保障力，不仅可以满足社会公众的信息需求，同时，对推进我国商业化信息服务业的发展具有促进作用。

第二，要明确市场化信息服务与公益性信息服务的界限，借鉴欧美等发达国家经验，由政府或事业服务机构提供及时、准确、完整和标准化的知识产权基础信息资源；由市场化信息服务机构提供深度加工的、个性化、专业化信息增值服务。换言之，需要甄别政府与市场的角色定位，基础性信息通过免费提供的方式加以解决，而对于进行深度加工的增值信息则通过市场化形式解决。

第三，重点扶植专业信息服务机构，培育信息服务优势品牌服务机构。世界上不少知识产权商业服务机构，如美国的 DIALOG、ORBIT，日本的 PATlOLIS 等，都是依靠政府在前期的投资、扶持发展起来的。比如政府管理中引入商业服务、政府项目中引入检索机制、加大政府采购服务力度，促进知识产权服务市场的发育和成熟。支持服务机构自主开发专业化的知识产权分析工具和服务平台。鼓励商业化服务机构提供高端专业化服务，支持知识产权服务机构向专业化、市场化、国际化、品牌化发展，打造一批具有国际影响力和品牌优势的知识产权代理、信息服务、经营、咨询等服务机构。《加快培育和发展知识产权服务业的指导意见》已经提出了政府扶植下的公共服务机构企业化专制的任务，“支持各地有条件的知识产权公共服务机构进行企业化专制改革试点，并按规定享受有关税收优惠政策。有序开放知识产权基础信息资源，使各类知识产权服务主体可低成本地获得基础信息资源，以多种方式参与知识产权服务，增强市场服务供给能力。”

第四，针对不同的市场主体，采取不同的市场培育导向，制定不同的市场培育措施。国家与企业应通过制定有关政策，明确知识产权信息管理在企业经营中的重要地位，规定其方针、任务和目标，确定企业对知识产权信息管理的组织原则，制定加强知识产权信息管理、实现信息资源共享的措施。鼓励大型企业在利用基础信息资源的基础上，根据自身需求，建设内部知识产权信息数据库和管理分析系统。加强中小企业知识产权意识的培育，鼓励中小企业对基础信息资源的利用，加大商业服务机构开展中小企业知识产权信息服务的支持力度。鼓励商业数据库利用技术优势实现知识产权信息的深层次发掘，引导搜索引擎型信息搜索服务商提供更多样化的面向普通大众的知识产权信息服务。

第五，充分发挥政府的作用，加快推进针对中小企业的信息服务。中小企业是市场经济的骨干，在我国，包括欧美日韩等发达国家，中小企业都占本国企业总数的绝大多数。中小企业不仅是知识产权信息产品的主要消费者，也是创新发展的主力军，比如美国70%的创新发明是由中小企业实现的，欧盟中小企业人均创新成果是大企业的2倍，美国评定的20世纪最为重大的65项发明创新都是由中小企业和个人完成的。[1]世界知识产权组织认为，帮助中小企业是政府的责任，它就特别重视对中小企业提供帮助，成立了中小企业（SMEs）司（2000年），以帮助中小企业发挥它们作为创造财富生力军的潜能。WIPO对中小企业帮助的重点任务是培育中小企业的知识产权意识，并使中小企业能以合适的价格获得知识产权，通过组织研讨会、提供远程学习课程、提供互联网信息来支持中小企业，并建立了中小型企业网站，网站主要栏目包括企业的知识产权、知识产权与电子商务、案例研究、常见问题、最佳做法、活动、伙伴等，提供关于中小企业的知识产权方面的案例研究及其他资源，包括为使知识产权制度更加方便中小企业使用、费用为其支付得起而提出的各项倡议。[2]我国知识产权行政机关及服务机构对于中小企业的知识产权信息服务还没有充分重视，虽然零星有帮扶中小企业的活动开展，并颁发了《工业企业知识产权管理与评估指南》（2013年），但对于中小企业的帮扶和信息服务远没有制度化。中小企业和大型企业一样，需要利用专利和商标数据库中宝贵的技术和商业信息，

---

〔1〕王岩、王云涛等："中小企业知识产权战略及政府相关部门职能转变的研究——密云'知识产权行'的分析与思考"，载杨铁军主编：《知识产权服务与科技经济发展》，知识产权出版社2010年版，第188页。

〔2〕世界知识产权组织编著：《知识产权指南——政策、法律及应用》，北京大学国际知识产权研究中心译，知识产权出版社2012年版，第5页。

了解最新技术，辨认其未来的合作伙伴和发现竞争对手的革新动向。但由于中小企业资金缺、人员少，知识产权意识不强，需要政府切实承担责任，从意识培养、知识普及、人员培训等各方面入手，加强对中小企业的服务，提高中小企业对知识产权信息的开发、利用和转化。

知识产权信息服务水平的提高和知识产权信息服务体系的建设是一个系统的工程。事实上，《国家知识产权事业发展“十二五”规划》提出重点推进的工程除包括知识产权信息公共服务工程外，还有知识产权执法保护能力建设、知识产权文化建设、知识产权运营促进、知识产权人才建设等九大工程，各大工程齐头并进，相互促进，才能顺利实现国家知识产权事业发展的“十二五”规划目标，不断推动知识产权战略的实施。要发挥知识产权信息服务对我国知识产权战略实施和创新型国家建设的支撑作用，我们必须不断借鉴发达国家的先进经验，以优化制度环境为保障，以完善的公益性信息服务为前提，以高端商业信息服务为目标，才能培育出公益性与商业化信息服务相互补充、相互促进、产品多样、发展有序、各类需要充分满足的信息服务体系。

第五章

完善知识产权信息服务体系的制度保障

根据我国当前知识产权信息服务已经取得的建设成就，重点反思我国知识产权信息服务发展面临的问题，结合国际上知识产权信息服务的有益经验以及给予我们的启示，我们认为，我国的知识产权信息服务体系的发展完善应该立足于“知识产权信息资源优化配置”的价值理念，以“公共服务为基础、市场发展是方向”为基本原则，全面推进知识产权信息服务体系协调发展。在国家创新发展与知识产权国际化发展的趋势下，为了优化配置知识产权信息资源，我们应该兼顾公平与效率，建设信息资源丰富、信息需求旺盛、服务主体多元、制度保障有力的四位一体的层次丰富协调发展的知识产权信息服务体系。为此，我们的工作重点应放在确保知识产权信息资源的来源丰富、开发充分、利用便利，以及提高知识产权信息意识和利用能力等方面，落实到制度层面，我们的主要任务就是完善知识产权信息资源公开制度、共享制度、开发与利用制度，建立知识产权信息素养培育制度，形成信息公开、共享、开发、利用与创造良性循环的知识产权信息服务大环境。

第一节　完善知识产权政府信息公开制度

信息具有共享的自然属性，现代社会，信息经由知识产权制度而获得产权属性。知识产权信息具有法定性，国家政府机构是知识产权规则的生产者和实施者，知识产权规则以及政府机构在履行职责过程中产生或获取的信息决定着知识产权信息资源的来源与范围。政府对相关信息资源的充分公开，是知识产权信息开发利用的前提，也是开展知识产权信息服务的资源保障。

一、知识产权政府信息公开概述

信息资源是极为重要的竞争性战略资源，而政府是信息资源最大的拥有者和管理者，拥有整个社会80%的信息资源。〔1〕在公众信息需求日益增强的情况下，各国政府纷纷承诺提高信息透明度，建设开放式政府（open government），建设开放数据网络平台，并制定相关保障公民信息获取权的政府信息开放法律。截至2012年9月，世界上已经有93个国家和地区制定了政府信息公开法。〔2〕2008年，中国颁布实施《政府信息公开条例》，公共信

〔1〕 顾继光："我国政府信息公开存在的问题及对策"，载《情报科学》2010年第6期。

〔2〕 赵正群：《政府信息公开法制比较研究》，南开大学出版社2013年版，第1~2页。

息公开也成为政府的法定义务。该条例第 2 条明确规定："政府信息，是指行政机关在履行职责过程中制作或者获取的，以一定形式记录、保存的信息。"

知识产权政府信息公开是国家政府信息公开的一部分，是指知识产权相关政府机关，除法定予以保密的信息外，依法将履行职责过程中所产生或获取的知识产权信息资源向公众及其他各类组织公开。其含义包括两个方面：其一为实体信息的公开，即除了依法不予公开的信息资源，政府公共管理过程当中形成和搜集的各类知识产权信息均应公开；其二为程序信息公开，即强调政府信息公开方式的正当性，工作的程序、规则以及人员、组织等都要按照法律规定对社会公开。〔1〕

2008 年 5 月 1 日起施行的《政府信息公开条例》第 1 条明确规定："为了保障公民、法人和其他组织依法获取政府信息，提高政府工作的透明度，促进依法行政，充分发挥政府信息对人民群众生产、生活和经济社会活动的服务作用，制定本条例。"该条明确了政府信息公开的目的及重要意义，即确保公民的知情权、加强依法行政、促进信息的有效利用等，知识产权政府信息公开同样具有重要的社会价值和意义。

第一，知识产权政府信息公开可以加速知识产权信息的传播利用，促进经济创新发展。信息的价值体现在其流动性，加强知识产权信息的传播和沟通，促进信息资源的开发利用，是知识经济和信息化社会赋予知识产权政府机关的重要职责。知识经济和信息化时代，知识产权信息具有巨大的经济价值，蕴含着大量的科技、文化和社会发展的前沿信息，在知识产权信息资源的优化配置、推动经济发展方式转变、促进国家创新发展方面日益显示

〔1〕 夏义堃：《公共信息资源的多元化管理》，武汉大学出版社 2008 年版，第 165 页。

出重要作用。如果政府机关对于其掌握的知识产权公共信息资源予以主动便捷地公开，让社会公众对知识产权信息方便获取，有效利用，那么公众的创造力就会被激发出来，将加快促进我国实现经济创新发展。

第二，知识产权政府信息公开可以引导市场参与主体的行为，规范市场经济秩序。知识产权政府信息公开一方面帮助人们及时准确的了解科技前沿和市场动态，宏观上可以对市场参与主体的行为产生指引与导向作用，避免盲目投资，减少资源浪费；另一方面，通过知识产权信息资源公开优化公平竞争的市场环境，对市场参与主体起到监督和示范作用。根据2001年诺贝尔经济学奖获得者阿克尔洛夫、史宾斯和斯蒂格利茨关于信息经济学的研究成果，“在信息不对称的情况下，市场的运行可能是无效率的，市场选择的结果是‘劣币驱逐良币’”。[1]因此，从经济学的视角看，在市场经济条件下，政府信息公开还有利于规范市场经济秩序，是政府适度干预市场的方式之一。

第三，知识产权政府信息公开有利于高效行政，促进知识产权信息的平等共享。知识产权政府信息公开有助于上下级政府部门之间实现有效的信息沟通，有助于政府与公众之间相互了解和沟通，从而提高行政效率，从根本上改变传统的执政理念和执政方式，提高公共管理能力和公众参政议政能力。从信息获取的视角看，知识产权相关政府机构的高效行政和信息资源的公开又进一步促进公众平等获取知识产权信息。法国《人权宣言》中明确提出“平等就是人人能够有相同的权利”。政府信息公开所强调的平等价值，主要体现在公民具有平等地获取政府信息的权利上。

---

〔1〕周汉华：“起草《政府信息公开条例（专家建议稿）》的基本考虑”，载《法学研究》2002年第6期。

第四，知识产权政府信息公开能够提高信息的利用效率，推动政府信息资源的开发利用。如前所述，知识产权信息包含着大量的科技文化领域的前沿信息。以专利为例，专利信息的及时公开不仅可以及时追踪现有的最新技术信息，而且可以评估技术发展趋势，并在许可费用和独立开发与现有技术具有相同功能但原理不同的新技术之间进行比较，选择最高效的资源利用方式。不仅如此，知识产权政府信息公开也为知识产权信息资源市场化开发提供了可能，政府对公共信息公开的范围、整合的力度以及授权开发的方式又影响着知识产权信息资源市场化开发的程度，影响着知识产权政府信息资源的有效利用。

二、知识产权政府信息公开制度的完善

（一）顺应趋势，转变观念，实现信息的便利获取和有效利用

获取信息是公众的一项基本权利，以最大透明度公开信息是相关政府机构义不容辞的责任。随着信息技术的飞速发展，公众对于信息获取提出了更高的要求，简单获取、方便利用成为政府信息公开的新趋势。知识产权信息的前沿性和高技术含量，使得公众对于知识产权信息公开的及时性、准确性、全面性以及方便易用有着更高的要求。

从当前我国知识产权信息资源的公开来看，政府的信息公开工作并不理想。对知识产权信息资源的公开和服务有限，很多掌握在相关政府部门手中的知识产权信息资源都未能公开或有效公开，信息公开的及时性、准确性、全面性都不能保证。各政府机构对所拥有的信息基本限于公布的状态，与公众的互动不足，不能及时了解公众需求，资源缺乏有效整合，方便利用还没有成为各级政府信息工作的主导观念。我国知识产权政府机构设置分散，对于信息公开都是各自为政，导致知识产权政府信息分

散在各政府机构及其服务平台，资源建设重复，获取效率低。各政府机构之间缺少信息数据公开整合的综合服务平台，缺乏信息数据的统一标准或格式，内部兼容或链接很难实现，使用不便等等。

英国数据公开网站建设重要参与者尼格尔·沙巴尔特认为，提供数据仅仅是一个开始，下一步是使用支持网页链接数据的开放标准，使用开源软件支持数据公布、开放许可，从而实现能够多次使用、多重目的使用的数据内容及工具。[1]同样参与英国政府数据公开网站建设的万维网发明者蒂姆·伯纳斯·李提出了信息公开的评级方案：一星级表示信息公开，开放许可，公众可获得大量信息。更高星级的评定主要取决于信息获取的容易程度。五星级意味着数据是可以完全获取的，以通用格式链接至其他资源中的数据。其中，要实现多种来源的数据相互关联，标准化的数据格式是不可或缺的。[2]

英美欧盟等发达国家和地区的知识产权组织对于信息公开的理论和实践经验表明，首先，信息公开要做到第一步，即提高信息公开程度，向公众公开更多的信息。其次，运用新技术开发新工具有效整合信息数据，以最方便有效的方式呈现数据。最后，统一数据标准，在原有政府架构基础上，尽可能实现数据格式标准的统一，实现内部兼容互联等等。这一切有个前提，就是政府转变观念。首先，要培育政府信息公开的观念，树立公民知情权意识，使透明政府、开放政府、法治政府的观念深入人心。其次，要增强服务意识，一切围绕着为公众“最大程度利用政府信

---

〔1〕 王潜：“从欧洲专利局开放数据平台看专利信息公开的未来趋势”，载《数字与缩微影像》2012 年第 4 期。

〔2〕 王潜：“从欧洲专利局开放数据平台看专利信息公开的未来趋势”，载《数字与缩微影像》2012 年第 4 期。

息”提供便利。

（二）拓展范围，丰富内容，实现法律框架内最大程度的信息公开

各国对于政府信息公开的范围虽有所不同，但普遍的理念是“以公开为原则，以不公开为例外”，也即信息公开的范围是除免予公开之外的所有政府信息。美国《信息自由法》、日本《信息公开法》、英国《信息自由法》都是通过排除例外信息来界定信息公开范围，而且公开的范围有日益扩大的趋势，对不公开的信息则有极为严格的限制。公开与否体现了各国政府在公开与保密之间的矛盾冲突和利益权衡。托马斯·杰弗逊说过，“如果让我在一个没有报纸的政府和一份没有政府的报纸之间选择的话，我会毫不犹豫地选择后者”。[1]约瑟夫·斯蒂格利茨认为：“在民主社会，公民有知道和被告知政府在做什么以及为什么要那样做的基本权利。保密是具有腐蚀性的，它与民主的价值背道而驰，并且削弱了民主的进程。”[2]在我国，政府信息公开制度“以公开为原则，以不公开为例外”的理念与国外政府信息公开的原则是完全一致的，但与此形成鲜明对照的是我国现行保密法和档案法，其原则是“以不公开为原则，以公开为特例”。《政府信息公开条例》规定：“行政机关在公开政府信息前，应当依照《保守国家保密法》以及其他法律、法规和国家有关规定对拟公开的政府信息进行审查。”国家知识产权局政府信息公开实施办法（国知办发办字〔2013〕20号）规定：“涉及国家秘密、商业秘密、个人隐私的信息不得向社会公众公开。”“涉密”理由极易成为政

〔1〕［美］乔治·塞尔兹：《影响人类历史的名人思想大观》，公婷、陈峰译，上海人民出版社1991年版，第155页。

〔2〕转引自尤建新、陈强：“以公众满意为导向的城市管理模式研究”，载《公共管理学报》2004年第2期。

府部门拒绝向公众提供信息的借口，公开原则大打折扣。我们认为，要拓展知识产权政府信息公开范围，必须首先处理好保密与公开的关系，确立“公开为原则，不公开为例外”的国际准则，明确不予公开的信息的范围，建立更加开放的制度规范，确定知识产权信息公开范围的最终边界。

从公开内容看，一般政府信息公开应该包括三大类：政府文件信息、行政会议信息以及行政程序信息，既包括抽象行政行为的信息公开，也包括具体行政行为的信息公开，既包括行政行为结果的公开，也包括行政行为过程的公开。当前，依据法律规定和行业管理办法，知识产权政府信息公开在实体信息公开方面在立法和行政实践中有了一定的保障，但程序信息公开尚显不足。以专利信息为例，国家知识产权局早在 2001 年就作出了通过网络免费公开专利信息的决策，并在政府网站上开发了一系列检索系统。2010 年 2 月 24 日，全流程基于电子化代码文档和图形文档的电子审批系统上线运行，国家知识产权局实现了从提出专利申请到专利权失效全流程的“无纸化”。但一些非常重要的程序性信息仍然没有被公开或可以被方便获取，比如专利局向申请人或有关当事人发出的通知书和决定书的具体内容等涉及审查过程的信息，符合权威性和基础性的特征，没有被公开。其他专利授权的中间文件、专利运营中的商情数据、专利维权中的诉讼数据等均在国内现有专利数据库中无法体现。专利申请案卷和专利登记簿（指南中规定的不能公布的内容移除）只能通过“缴费查阅纸件”的形式进行查阅。为了践行便利服务的开放政府理念，这些信息应该提供电子形式，并以互联网等方式及时主动公开发布，并对相关法律文件进行修改。[1]只有重视政府程序信息的公

---

〔1〕 马斌、朱少华、王楠：“专利法第 21 条第 2 款中‘专利信息’初探”，载《中国发明与专利》2012 年第 8 期。

开，才能将行政管理过程置于阳光之下，置于公众的监督之下，从而避免政务运作中的暗箱，同时提高公众的参与度。

（三）规范服务，统一标准，建设知识产权信息目录体系

政府信息公开应该以及时公开、方便利用为准则，突出无障碍获取的服务理念。知识产权政府信息具有较强的专业性，有着自己鲜明的专业分类体系，所以，我们认为，政府信息资源公开适合通过知识产权专业分类体系建设目录组织系统，为服务对象提供准确专业的信息资源服务。而且知识产权政府机构分散，建立统一标准的知识产权信息目录体系也为各政府机构之间信息互联互通提供了可能。

目录体系就是依据一定的目录组织方法、原则与标准，将某个领域的专业信息进行分类、编目、标注，直到形成一个有序的信息组织形式，这个信息组织形式是直观的、清晰的、明了的。根据目录体系形成的目录型信息系统并不需要确切的检索词进行检索，而是通过一定的规则编著的分类目录树引导用户逐级层层深入，检索到自己所需要的信息。政府信息基于公民获取信息的知情权的需要，面对的终端用户是最广大的普通公众，他们检索技能参差不齐，实行目录组织系统的分类浏览方式非常的直观，使用起来比较容易，适合大多数的用户，尤其是对新手特别适用，即使没有专业的检索知识和技巧也能简捷准确地获取所需信息。

知识产权信息目录体系可以借鉴已经比较成熟的知识产权专业分类体系，比如知识产权信息下设立法信息、行政信息、司法信息、政策信息、人物信息、培训信息、著述信息等类目，立法类目下设专利、商标、版权、商业秘密等子类目，以此类推，依据知识产权专业分类关键词设立目录树。这类目录分类体系需要专业人员对知识产权信息资源采用人工或半人工的方式进行信息

采集、分类、存储和组织，信息资源经过专业人员的筛选，信息质量有保证，提供的信息准确性较高。而且目录分类体系可以系统的反映知识产权信息资源之间的类别相关性，在利用信息同时还可以普及知识产权专业知识，对知识产权意识的培育也大有裨益。

（四）拓宽渠道，优化技术，建设知识产权信息开放式平台

在我国知识产权信息服务现状部分，我们已经分析，我国知识产权公共信息服务平台虽然取得一定成就，但公开渠道有限，信息资源不够丰富、互动性较差、资源重复等问题仍然存在，我们认为应该顺应“开放式政府”发展趋势，利用新技术，建设知识产权信息开放平台。在互联网时代，将网站的数据、资源、服务封装成符合一定标准的接口开放出去，供第三方开发者使用，这种行为称为开放 API（Application Programming Interface，应用程序接口），提供 API 的平台本身就称为开放平台。[1]这种信息数据开放平台在信息公开方面有两个特点，一是，数据资源全面，获取利用方便。2009 年 5 月，美国启动数据公开网站（http://www.data.gov），公开了上百万件政府信息记录，旨在方便公众“获取”有价值的、机器可读的有关联邦政府的数据资源，其中“获取”不仅指“查询”“浏览”，还包括“下载、使用”。[2] EPO 已建立了自己的数据公开平台 data.epo.org，是目前专利五大局中唯一开放 API 的专利局，其通过 OPS（Open Patent Services）为用户提供稳定、高质量、多类别的专利数据。OPS 遵循 RESTfuli 架构进行建设，高效稳定，开发文档全面详细，可以作

〔1〕于大伟：“对专利信息利用困境的思考及对策探析——以构建专利数据开放平台为视角”，载《知识产权》2014 年第 7 期。

〔2〕王潜：“从欧洲专利局开放数据平台看专利信息公开的未来趋势”，载《数字与缩微影像》2012 年第 4 期。

为建设专利数据开放平台的最佳参考。[1]二是，免费或边际成本公开政府信息数据，推动信息资源向市场开放。USPTO 自 2010 年 6 月起与 Google、并进一步从 2013 年 6 月起与 LexisNexis 旗下的 Reed Tech 公司合作，为公众免费提供愈加便捷优质的专利数据下载服务。EPO 平台非付费用户每周可使用数据量的上限为 2.5GB，付费用户没有限制。[2]

专利数据开放平台通过免费或低成本提供开发级别的数据使用权，吸引开发者或服务机构对接口进行调用、开发，从而改进知识产权信息传播和利用方式，为信息资源的市场化开发和利用营造商业空间，让看得见的手与看不见的手紧紧相握，有助于重构知识产权信息服务行业生态系统，有助于政府、服务机构和用户和谐共赢。

第二节　完善知识产权信息资源共享制度

信息资源共享是一种综合性的社会资源配置方式，它最根本目标之一是有效实现信息资源的经济价值和社会价值。[3]知识产权政府信息公开只是完成了知识产权信息服务完善与知识产权信息资源优化配置的第一步。充分公开的知识产权政府信息解决了我国知识产权信息服务的信息来源问题，但在我国，全国范围内的“信息鸿沟”仍然存在，知识产权各政府部门不仅机构分散，

〔1〕 于大伟：“对专利信息利用困境的思考及对策探析——以构建专利数据开放平台为视角”，载《知识产权》2014 年第 7 期。

〔2〕 于大伟：“对专利信息利用困境的思考及对策探析——以构建专利数据开放平台为视角”，载《知识产权》2014 年第 7 期。

〔3〕 文庭孝、陈能华：“信息资源共享及其社会协调机制研究”，载《中国图书馆学报》2007 年第 3 期。

而且信息整合渠道并不通畅，信息资源分散以及重复建设等造成的“信息孤岛”问题还比较严重，承载知识产权信息的大量学术信息的开放获取制度还不完善，这都是影响知识产权信息资源实现其经济价值和社会价值的重要因素。在云计算技术的发展趋势下，如何在信息资源公开的基础上，促进知识产权信息资源的共享，是本节要重点探讨的问题。

一、知识产权信息资源共享概述

对于信息资源，人们一般从狭义和广义两个角度进行阐释：一是狭义的理解，认为信息资源是指人类社会活动中经过加工处理有序化并大量积累起来的有用信息的集合，如科技信息、经济信息、政治信息、军事信息、政策法规信息、社会发展信息、市场信息、商品信息、金融信息等，都是信息资源的重要组成部分；另一种角度是广义的理解，认为信息资源是人类社会信息活动中积累起来的信息、信息生产者、信息技术等信息活动要素的集合。也就是说，信息资源包括：①人类社会活动中经过加工处理有序化并大量积累起来的有用信息的集合；②为某种目的而生产信息的信息生产者的集合；③加工、处理和传递信息的信息技术的集合；④其他信息活动要素（如信息设备、设施、信息活动经费等）的集合。〔1〕

广义的信息资源概念得到越来越多人的赞同。〔2〕本书探讨知识产权信息资源的目的是完善知识产权信息服务，面对复杂多样的社会需求，不仅需要以信息为核心，而且需要信息设施、信息技术以及信息制度等手段作为保障，因此应该采取广义的解释，

---

〔1〕 马费成：《信息经济学》，武汉大学出版社2012年版，第247～248页。

〔2〕 文庭孝、陈能华：“信息资源共享及其社会协调机制研究”，载《中国图书馆学报》2007年第3期。

据此，知识产权信息资源可以理解为人类社会知识产权活动（知识产权的创造、利用、管理和保护等）中积累起来的知识产权信息、信息生产者、信息技术、信息设施等信息活动要素的集合。知识产权信息资源是一种无形财产，具有无形性、共享性、非消耗性、可再生性等特点。

信息资源与物质资源和能源资源一起，是现代社会经济发展的三大支柱，信息资源具有资源的一般特性，又具有其他两种资源所不具备的特殊性，其最大的特点就是共享性。信息资源共享不仅是信息资源的特性，还关乎信息社会人和社会的平等、协调发展。联合国科学和技术促进发展委员会确定了 2006 ~ 2008 年的主题：促进建立以人为中心、注重发展、包容性强的信息社会，以使人人都能获得更多数字机会。早在 1995 年，著名未来学家尼葛洛庞帝在其出版《数字化生存》一书中就展望，人类社会将会经历一场“数字革命”，“信息将成为举世共享的资源”，指出数字化最直接的目标就是促进全人类的信息资源共享。[1] 信息资源共享使得人人可以平等自由的创造、获取、使用和分享信息，实现信息公平，促进经济发展。

知识经济时代，知识创新成为社会经济发展的关键动力，世界各国都将知识产权的实施置于国家战略发展的制高点。知识产权信息资源的共享对于国家创新发展起着更加举足轻重的作用。首先，知识产权信息资源共享有助于知识产权信息跨地域、跨组织的收集、整理、存储、使用、交换和评估，是知识创新的资源保障；其次，知识产权信息资源共享能够实现不同信息资源之间的互补和协调，优化知识产权信息资源配置，提高信息资源的利用效率；最后，知识产权信息资源共享将信息资源、信息提供者

〔1〕 转引自李卓卓：“信息资源共享系统绩效评估研究”，武汉大学 2009 年博士学位论文。

和信息用户无障碍的链接起来，可以提高公众对于知识产权信息的获取能力，使信息的创造、使用和交换更加高效便捷。

根据信息资源共享的不同标准，知识产权信息资源共享可以分为很多类型：从共享内容看，有信息内容、信息技术、信息设施、信息机构、信息政策、信息法规等各种资源的共享；从共享信息的性质，有公共信息资源共享和非公共信息资源的共享；从信息共享的范围来说，有全球共享、区域共享、国家共享、组织共享和个人共享等；从共享信息的专业领域来说，有专利信息资源共享、商标信息资源共享、版权信息资源共享等；从共享支付费用来看，有无偿共享（或称免费共享）和有偿共享（或称有条件共享）等。从经济学的角度分析，信息资源共享的实质主要表现在两个方面：第一，私有信息通过信息资源共享进入公共领域，成为公共信息；第二，信息资源的共享是一个信息产权租让的过程，这种租让可以是有偿的，也可能是免费的。[1]知识产权信息资源共享是一个系统的信息工程，是社会发展对知识产权信息资源的必然要求，不仅需要丰富多样、组织有序的信息保障，而且需要先进的信息网络技术的支持，需要政策、制度、法规等手段为保障。因此，我们认为知识产权信息资源共享应该是政府推动，市场主导，以满足公众对知识产权信息资源的多样化需求为目标，实现全社会知识产权信息资源最大程度的共享。为了实现这种最大程度的知识产权信息资源的共享，必须构建与之相适应的综合完备的共享机制。

二、知识产权信息资源共享机制

我国的信息资源数量虽然巨大，但目前共享程度并不高，多

〔1〕 马费成：《信息经济学》，武汉大学出版社2012年版，第308页。

限于部门和行业使用，缺乏相互交流与沟通，更没有形成面向社会的数据共享。我国知识产权公共服务机构虽然分别建立了信息服务平台或独立的数据库，并且运行在各自的信息网络内，但相互之间也无法有效联通，各系统间相互封闭、无法进行正常的信息交流，在信息海洋中犹如一个个“信息孤岛”，严重地影响着政府信息资源的有效共享。建立知识产权信息共享机制就是对知识产权政府机构不同系统间的信息资源进行整合，解决信息孤岛现象。

（一）转变思维方式和观念，强化政府信息资源共享的意识

如前所述，我国知识产权政府信息公开在信息公开的及时性、全面性方面仍有待完善，尤其是机构分散，缺乏信息数据公开整合的综合服务机构和平台，知识产权政府信息条块分割、重复建设、缺少规范等问题依然存在。知识产权政府信息共享的前提是相关机关能够正确认识到政府信息资源共享的意义以及本质，真正使政府信息资源共享落到实处。以知识产权政府机构的信息服务平台为例，在信息化建设和电子政务的政策环境下，我国知识产权立法、行政、司法机构纷纷建设了信息服务网站，但政府网站建设只是以本部门作为网站入口，而没有考虑公共的需求，更像是各级政府的政绩工程。实施政府信息资源共享要求各级政府部门以为人民服务为宗旨，围绕本部门的工作职责结合公众的真正需求，改善网络信息资源的整合与公布，将互动交流栏目、网上服务栏目落到实处。各部门之间加强互联互通，正确理解政府信息资源共享建设的本质和内涵，通过对现有的政府信息资源进行整合，使政府信息资源共享真正落到实处。

（二）立足顶层设计，建立强有力的推进机制

对政府信息资源共享的认知不能停留在信息技术层面或信息管理层面，它是实现政府组织机构重组和业务流程再造的根

本。[1]从我国长期以来知识产权政府部门信息资源的建设来看，很少考虑纵向层级和横向部门之间的信息共享和政务协同，我国知识产权行政机构又极度分散，缺乏全国性的权威协调机构，更没有知识产权信息资源共享的顶层设计，很难建立协同型政府信息共享机制。或者设立全国权威协调推进机构或者推动政府体制改革，知识产权政府信息资源要实现共享必须“重塑政府”，而要实质性推动，必须有一个强有力的推进体制来保障。政府首席信息官（Chief Information Officer，CIO）体制已被美国、加拿大和新加坡等国家证明是推进政府信息资源共享的最有效体制，在知识产权政府信息共享的顶层设计方面借鉴此体制，建设权威协调机制，也许是比政府体制改革更加容易实现的打破各部门间“信息孤岛”和“信息壁垒”的有效措施。

（三）完善立法，建设信息资源共享的具体规范

为了执行顶层设计、规范各级政府机构间的信息共享行为，必须完善立法和细致化管理规范。首先，要明确各政府机构间的信息共享权，打破利益垄断，实现信息共享既是各政府部门享有的权利又是向其他机构提供信息资源的义务。其次，要修订《政府信息公开条例》，明确各部门提供共享信息的内容范围、管理制度，制定政府信息资源管理办法。知识产权政府各机构有着明确的部门职责，法律规范应该根据各自职责范围内信息产生的特点规定信息资源公开的内容、范围，明确公开、发布及整合的要求和程序，建立政府部门数据资源统筹管理和共享制度。就知识产权政府机构间信息资源重复建设的问题应该通过实现共享加以杜绝，比如知识产权相关法律法规信息，应该专门由立法机构进行整合开发，然后进行共享链接，这样知识产权各行政机构就没

〔1〕 樊博、孟庆国：“顶层设计视角下的政府信息资源共享研究”，载《现代管理科学》2009 年第1期。

有必要再次进行开发，节约时间人力。最后，建立一定的激励机制。建立信息资源共享工作评估机制、奖惩办法和监督机制等。另外，由于知识产权信息资源专业性强，政府部门在公布信息时往往需要提前分析整合，有效信息形成成本高，可以采取收取边际成本的方式，鼓励初步整合信息的共享。

（四）利用新技术，构建知识产权信息共享平台

现代信息技术的发展为各政府信息资源在公开基础上实现共享，提供了切实可行的技术可能性。数字化将重构新商业，未来的企业一定程度上来讲都是互联网企业，政府部门也应在新科技革命浪潮下，抓住时代变革的脉搏，为公众和行业打造一个富有生命力的生态圈。而这一切，将首先有赖于政府部门及相关决策者具备三种意识：开放、共享和创新。〔1〕制定全国知识产权政府信息网络化建设的统一规划，利用先进技术，开发大数据平台、优化数据库建设、统一数据建设标准等，为知识产权信息资源共享创造条件。另外，云计算的应用也可以构建以用户体验为中心的信息资源共享模式。〔2〕虽然真正实现云计算环境下的信息资源共享要解决的不仅仅是技术问题，还涉及政策法规制度、数据版权、机构管理、信息安全、个人信息隐私等方方面面的问题，但云计算的应用无疑可以使政府信息资源进行更大范围的协作、共享并提供更好的服务。“云”意味着互联网时代的一场巨大变革，云计算的基本原理是用户所需的应用程序和数据存储都在互联网中的服务器集群及数据中心进行，摆脱了对本地终端设备的依赖。云计算的主要特点表现为：①云计算提供了最可靠、最安全

〔1〕 于大伟：“对专利信息利用困境的思考及对策探析——以构建专利数据开放平台为视角”，载《知识产权》2014 年第 7 期。

〔2〕 张莆：“云计算环境下信息资源共享模式研究”，载《情报科学》2010 年第 10 期。

的数据存储中心；②云计算对用户端的设备要求最低，使用起来也最方便；③云计算可以轻松实现不同设备间的数据与应用共享；④云计算为我们使用网络提供了几乎无限多的可能。[1]

第三节　完善知识产权信息资源开发利用制度

知识经济时代，知识产权制度成为开发和利用知识资源的基本制度，我们逐渐认识到知识产权信息资源的战略价值。信息资源开发利用是指根据社会需要，对信息资源进行采集、处理、存储、传播、服务、交换、共享和应用的过程。[2]信息资源的开发利用还是国家信息化的核心任务，信息资源开发利用的程度是衡量国家信息化水平的重要标志。围绕信息化建设（或者说信息社会建设）在国际范围内展开的竞争很大程度上体现在信息资源的开发与利用上。[3]

信息资源开发利用的主要表现形式是数字化、网络化、有序化、产业化。有专家认为，信息资源开发利用观念是数据库时代的产物。[4]从产业链来说，与信息资源开发利用对应的产业是信息内容产业（也有人称为信息开发业），是信息服务业的核心部分。[5]从价值链来说，信息资源开发利用是在信息技术和信息应

〔1〕 张鼒：“云计算环境下信息资源共享模式研究”，载《情报科学》2010年第10期。

〔2〕 赖茂生等：“信息资源开发利用基本理论研究”，载《情报理论与实践》2004年第3期。

〔3〕 黄长著：“在国家的现代化进程中加强信息资源的开发利用”，载《湘潭大学学报（哲学社会科学版）》2005年第5期。

〔4〕 胡小明：“信息资源开发利用新观念”，载《中国信息界》2006年第4期。

〔5〕 赖茂生等：“信息资源开发利用基本理论研究”，载《情报理论与实践》2004年第3期。

用系统的基础上来创造价值的，通过开发利用来实现信息资源的增值，成为更为有用、更易用、更适用的资源，成为能满足人们需要的新的物品，成为新的经济增长点。[1]

近年来，我国信息资源开发利用包括知识产权信息资源的开发利用取得了快速发展，但是仍然存在开发不足、利用不够、效益不高等问题。我国的知识产权信息资源开发利用制度主要集中于政府信息公开，而对于已经公开的信息政府机构能否自己增值加工，其他社会组织能否对公共信息进行增值加工，公共组织对增值加工的信息能否以商品形式向市场提供，非公共组织能否对信息进行商业性开发等等，对这些问题的规定还不明确，这一方面为知识产权信息资源的开发利用提供了空间，另一方面也限制了知识产权信息开发的深度，影响了知识产权信息服务产业的发展。

由于国家政府机构是知识产权规则的生产者和实施者，其在履行职责过程中产生或获取的信息是知识产权信息资源的权威来源，所以要加快知识产权信息资源的开发利用，必须以知识产权信息资源尤其是知识产权政府信息资源的公益性开发利用为基础，同时应该拓宽信息资源开发利用的渠道，充分调动社会各方面的积极性，鼓励、吸收外资和民间资本参与知识产权信息资源开发建设，推动商业化的开发利用。

一、知识产权信息资源的公益性开发利用

（一）知识产权信息资源公益性开发利用的含义

公益性开发利用是知识产权信息资源开发利用的重要模式之一，其所对应的信息产业是知识产权信息公共服务业。知识产权

---

〔1〕 赖茂生等：“信息资源开发利用基本理论研究”，载《情报理论与实践》2004年第3期。

信息资源的公益性开发利用是相对于信息资源的市场运作而言的，主要指非营利性信息机构根据知识产权信息的社会需求，以实现公众利益和获取社会效益为目标，以非营利为主要方式，向公众提供的知识产权信息服务与加工活动。其基本含义[1]包括：一是开发目的的公益性，凡是以实现公众利益和获取社会效益为目的的知识产权信息资源开发利用和服务都是公益性活动；二是开发方式的非营利性，非营利性并不是说一定是免费的，而是指不以营利为目的，如若收费也是低廉的、合理的，以边际成本收费为主要形式；三是开发对象为知识产权公共信息，以政府公共信息为主但不限于政府公共信息，还包括大量的进入公共领域的知识产权信息；四是开发主体的广泛性，以公益性、非营利性、公共信息开发为标准，参与知识产权信息资源公益性开发的主体应该既包括政府部门、行业组织、公益性信息机构，又包括以公益目的参与开发的各种组织和个人。

（二）知识产权信息资源公益性开发利用的不足

知识产权信息资源的公益性开发利用对于国家创新发展具有重要的意义，我们在这方面已经取得了一定的进展，各级知识产权政府和信息机构也不断加强对政府信息的公开和共享，但总体而言，我国知识产权信息资源的公益性开发利用还存在一些问题。首先，知识产权政府信息资源的公开与共享仍然不足。政府信息是知识产权信息公益性开发利用的主要信息数据，如前文所述，我们还需要在政府信息资源公开的及时性、全面性和信息共享程度以及获取的便利性都有待改善，总之，可供增值开发利用的公共信息仍缺乏整合和集中供给。其次，社会力量对知识产权信息公益性开发利用参与不足。大多数公益性开发利用由政府部

---

〔1〕 王璟璇："我国政府信息资源公益性开发保障机制探讨"，载《图书情报工作》2010 年第 21 期。

门及其支持的信息机构承担，行业组织的作用十分有限，公共图书馆等几乎没有参与，企业和民间机构参与公益性开发利用的情况还非常少。知识产权信息资源的社会需求是多种多样并日益扩大的，政府部门一力承担力不从心，社会力量的参与不足制约着知识产权信息的公共服务。最后，知识产权信息公益性开发利用的保障机制不完善。知识产权信息的公益性开发利用需要调动社会各阶层的力量，在信息供给、资金投入以及法律法规建设方面给予保障。目前我们在知识产权基础公共信息的公开获取方面还有不少的障碍。由于缺乏激励措施和政府扶持，社会力量参与信息资源公益性开发利用缺乏资金来源等等，这些都需要我们从法制建设方面有所贡献，构建知识产权信息资源公益性开发利用的激励机制、监督机制和规范机制等。

（三）知识产权信息资源公益性开发利用的保障机制

首先，构建知识产权信息资源公益性开发利用的信息供给保障机制。信息供给充足是开发利用的前提。知识产权政府信息是公益性开发利用的主要信息资源，我们应该在促进知识产权政府信息的全面公开和方便获取等方面下功夫。国家信息化领导小组的第三、第四次会议明确要求“要以政府信息资源开发利用为突破口，带动全社会信息资源的开发利用”。会议强调“信息资源的开发利用，要统筹规划，分类指导；面向需求，立足应用；突出重点，有序发展”。另外，完善知识产权制度及相关信息法规，推动学术科技信息的共享、加快知识产权专有信息的公开、整合与共享甚至鼓励企业实现知识产权信息的共享等，也是扩大公共信息供给的重要举措。

其次，构建知识产权信息资源公益性开发利用的激励机制。知识产权信息资源公益性开发利用需要社会机构和民间资本的广泛参与，但公益性开发的目的又限制了信息机构的融资渠道。目前我国承担主要开发任务的政府部门及其信息机构主要靠财政支持。以后国家财政预算应该扩大财政支持的范围，在政府机构之外，可以引入政府采购、公开竞争、政府信息免费提供等方式，适当引入市场竞争，将社会信息机构、民间公益机构作为财政扶持的对象，既鼓励公益性信息开发的持续发展，又提高财政资金的使用效益。政府还可以出台补助政策激励商业机构参与知识产权信息资源的公益性开发，比如将信息整合、平台建设、数据库开发、服务工具研发等进行外包等方式实现政企联动。公共信息具有潜在的市场利用前景，同时也是私人企业进行新的信息增值开发利用的基础，所以政府采取政企联动的方式，在信息供给、专项补助和税收政策等方面给予支持，也鼓励商业性信息机构承担一部分公益性开发的责任。

最后，完善知识产权信息资源公益性开发利用的政策法律保障机制。在信息资源开发利用过程中，信息安全、信息保密、信息经济利益等问题都会出现，需要法律和政策及时配合。虽然我们已经有了知识产权相关法律法规且颁布了《政府信息公开条例》，还有一系列的政策文件，但关于知识产权信息资源公益性开发利用方面的政策法规或管理办法还没有，激励和规范信息资源公益性开发十分必要。一是要出台政策明确知识产权信息资源公益性开发与商业化开发利用的界限，为政府指导和激励公益性开发利用采取的各种措施等奠定合法性基础；二是要制定公益性开发利用的统一规范，制定公益性开发利用的认定方法和准入机制、公益性服务及其产品的定价机制、知识产权政府信息的版权保护及许可使用办法、公益性信息产品和服务的产权保护、公益性开发行为的评估与监督办法等等。

二、知识产权信息资源的商业化开发利用

（一）商业性开发利用的含义

相对于我国知识产权信息公益性开发而言，我国知识产权信息资源的商业化开发利用尚处于起步阶段，我国知识产权信息市场化服务业还处于“市场培育期”。由于知识产权信息资源的公益性开发的公益性和非营利性，以实现信息服务的普遍性和平等性为己任，所以对于市场需求敏感性不高，“没有任何信息提供者设计出的现代信息产品能够同时满足所有用户的需要，相反，市场力量和企业家的能力对于了解用户需求、为满足公众需求所采用的各种分配及市场技术以及增值服务是至关重要的”。〔1〕知识产权信息资源的商业性开发就是各类主体，为了追求利润，以市场需求为导向，对知识产权信息资源进行深度分析和加工，挖掘其潜在的经济效用和社会价值，并向社会提供信息产品的信息服务和加工活动。商业性开发的判断标准应该包括：“①市场主体的介入，允许私营企业、非营利组织参与政府信息资源的开发利用；②引入私人资本，不再是单一的公共财政投入；③引入价格机制，在政府信息再利用和商业化开发中采取一定的收费政策；④追求利润，活动目的在于使组织盈利，满足特定用户需求成为私营企业重要目标；⑤国家对市场化、商业化开发利用的范围、秩序、价格等拥有调控权。”〔2〕鉴于知识产权信息法定性和公共性，知识产权信息资源的商业化开发利用问题主要指知识产权政府信息资源的增值性加工和再利用问题。

---

〔1〕 转引自夏义堃：“公共信息资源市场化开发利用的内涵、渠道及制约因素分析”，载《情报理论与实践》2008年第3期。

〔2〕 陈雅芝：“政府信息资源商业化开发的驱动力与制约因素剖析”，载《情报资料工作》2010年第1期。

（二）商业性开发利用的重要意义

我国现阶段知识产权信息资源的开发利用以公益性开发为主，其最终价值取向是公共利益诉求。无论是政府机构还是其扶持的事业单位都拥有独特的人才资源、信息资源和服务能力储备优势，然而由于不追求营利和利润分配，对市场需求不敏感，往往导致成本高而质量差，不仅公益服务产品供给不足，同时制约信息服务的高端发展和专业发展。“公共部门远离市场机制，使我们很难评估公共行政运作的效率和价值，如果某个政府机构生产的产品不能在开放市场上自由出售，那么，便难以确定其价值。”〔1〕在知识产权信息资源的开发中引入市场机制对于满足需求，提高公益性开发的针对性、有效性，带动知识产权信息服务的专业高端发展大有裨益。而且知识产权政府信息由制定和执行知识产权规则的政府公共部门进行收集、整理并公布，具有权威可靠、更新及时和完整性，其所拥有的科技价值和商业价值已经为越来越多的政府、企业和各类组织所关注。

有学者认为，从一般意义上说，知识产权信息的增值开发和利用具有多方面的重要价值：一是提高了公共部门信息利用效率，实现了资源的价值增值；二是知识产权信息增值利用有利于社会公众获得更多个性化知识产权信息产品；三是有利于推动知识产权信息资源开发利用的有序进行；四是有利于知识产权文献信息的产业发展；五是可以帮助人们进行科学检索。〔2〕

尽管如此，我国目前知识产权信息资源的商业化开发利用的发展仍然相对滞后，尚未形成具有较强社会影响力和具有国际竞

〔1〕［美］戴维·H. 罗森布鲁姆、罗伯特·S. 克拉夫丘克：《公共行政学：管理、政治和法律的途径》，中国人民大学出版社 2002 年影印本，第 12 页。

〔2〕冯晓青、杨利华：“国家知识产权文献及信息平台构建”，载《人民论坛》2012 年第 2 期。

争力的信息服务商业机构和商业品牌。在完善公益性开发利用，实现公共信息资源有序开放共享的基础上，要重点探索如何改善知识产权公共信息资源增值开发的价格机制和引进完善市场机制。

（三）商业化开发利用的推动

政府信息资源的增值开发和再利用问题一直是各知识产权强国所关注和研究的重点，以欧盟和美国为代表，形成了两种商业化开发利用模式。

2003年11月17日，欧洲议会和理事会表决通过了《公共部门信息再利用指令》对于政府信息非商业性再利用采取免费原则，对于商业性开发采取收费原则，即生产、复制和传递文档的成本，可以再加上一种合理的投资回报，这种收费原则被称为“成本+补偿模式”，各成员国法律均没有排除政府对政府信息的版权。在美国，《信息自由法》、《A-130号通告》、《文书削减法》、《版权法》等共同构成了美国促进联邦政府信息增值开发的制度系统，包括：商业性开发收取费用以成本为限，包括复制成本+查找成本+审查成本，即“边际成本模式”；禁止政府独占政府信息及商业性开发；对于联邦政府信息，采取“完全与公开”政策，放弃版权。

欧美对于政府信息开发政策的不同点最终归结为政府信息商业化开发模式不同。相比较而言，欧盟对于政府信息开发收费更高，政府可以参与市场化竞争，大部分国家采取政府与市场相结合的模式。而美国对于联邦政府信息商业化采取更低收费、不介入市场的原则，积极鼓励营利性组织参与市场竞争，实行完全市场化的模式。“美国在民众获取政府信息时采取的是间接付费的方式，即民众免费获取政府信息，相应的成本由民众通过税收的方式间接支付。而欧洲则采取了直接付费方式，主要用于弥补政府生产、管理和传递这些信息的成本。”〔1〕不过，在美国，对于地方政府信息，当信息被用作商用目的时，则可由地方政府自主确定有关信息的收费方法。欧盟与美国的模式各有特色，在政府信息商业化开发实践中都取得了一定的成效，其相同点在于完善的信息自由法规、平等的开发权利、对非商业性开发的支持以及在商业化开发中引入市场机制，或者政府与市场合作，或者完全市场化。“政府直接从事这种信息增值服务的业务还有诸多困难，首先是政府财政难以支持这类带经营性的业务，其次是财政资金不适宜承担经营风险。”〔2〕经验证明，市场化是实现政府信息经济价值、同时规避政府直接经营风险的重要途径。目前各国政府信息资源开发中主要采取了合同外包、特许经营、用者付费、民营化等市场化模式。〔3〕

我国政府早已意识到了政府信息资源开发利用的重要性。实践中，我国各级政府开始探索政府信息市场化开发模式，比如我国商务部将40多项信息管理项目外包给其他企事业单位、社团及组织或者个人承包，建设了大量的数据库和子网，构建了一个良好的公共商务信息服务体系。〔4〕在路径选择上，我国应该依据国情和不同性质的公共服务采取不同的市场化方式，统筹规划。反观我国知识产权信息商业化服务的不足，与知识产权政府信息的商业化开发的市场化机制不健全息息相关，我们应该充分借鉴欧美以及我国已有的经验，在市场培育方面下功夫。

---

〔1〕 陈雅芝、张晶：“政府信息资源商业化开发的内涵、依据及功效”，载《图书情报工作》2010年第15期。

〔2〕 胡小明：“政府信息资源的市场化服务”，载《中国信息界》2004年第5期。

〔3〕 陈雅芝：“政府信息资源商业化开发模式探讨”，载《图书与情报》2010年第2期。

〔4〕 参见商务部公共商务信息服务项目管理网，网址：http://pissant.mlfcom.gov.cn/pis/indcs.jsp，访问日期：2015年7月2日。

首先，构建商业化开发的信息基础，增强基础信息资源开放和获取的便利性。一方面要确保政府信息充分公开和共享，信息供给充足是开发利用的前提，这对于公益性开发还是商业化开发，都具有同样的意义。另一方面要加强公共信息的公益性开发利用，这是抬高政府信息商业化开发的起点，是提高商业化开发利用水平的有效途径。得益于基础信息资源获得的便利性，发达国家已产生具有国际影响力的商业化知识产权信息服务机构，如美国汤森路透公司、日本富士通公司等。鉴于美国的成功经验和我国《政府信息公开条例》的原则，我国宜采取政府信息边际成本模式，尽最大可能地公开和共享政府信息。

其次，采取边际成本、财税扶持等政策，培育商业化开发利用的多元化市场主体。我国知识产权政府机关大多是依据信息公开条例及电子政务的政策法律要求，公共政务信息，着眼于公共基础信息的公开和共享。大量的知识产权政府扶持下的企事业单位承担了对于基础信息进行初步整合开发的职责，对外服务采取基础信息免费、集成信息低收费的策略。这些企事业单位基于公益性目的，但提供的集成服务又具有专业性特点，面对市场比国家公共机关又有较大的自主性，营利性与非营利性服务区分不明显、公益性服务与商业化服务界限不明确。我们认为对于我国目前最具人才资源、信息资源和服务能力优势的政府扶持事业型信息服务机构，应该实行分化改制，对于部分市场敏感度高、市场适应能力强的信息机构实行市场化改制，在信息资源边际成本、政府外购、财税政策等方面进行倾斜，尽快扶持一部分成长为市场化程度高、盈利能力强、资源整合能力强、品牌知名度高的知识产权信息服务商业化服务机构。

在改制事业型信息服务机构的同时，知识产权相关政府机关应该进一步扩大扶持范围，打破政府公共部门和附属信息机构之间的信息垄断，充分发挥市场的作用，吸引社会机构和民间资本投资知识产权信息服务行业，尤其是调动已有商业信息服务机构、信息网络服务商和软件开发技术机构的积极性，利用技术优势，立足于个性化、专业化高端信息服务，在知识产权数据深加工、知识产权高端服务工具开发等高附加值信息加工方面有所作为。

知识产权信息需求的广泛性、复杂性与知识产权信息的专业性、前沿性等特点客观上决定了知识产权信息资源开发利用的多元化趋势，只有通过公益性开发利用奠定信息资源基础，以商业化开发利用提高开发利用水平，在商业化开发方面以扶持领跑品牌为要务，以培育多元市场主体为方向，才能形成知识产权公共信息服务和商业化服务协调发展、和谐共赢的局面，最终充分发挥知识产权信息的经济价值和社会效益。

第四节　建立知识产权信息素养培育制度

提高社会公众的知识产权信息意识和知识产权利用能力是从源头上提高知识产权信息服务的市场需求，无论知识产权信息公共服务还是商业性服务，市场需求都是指引知识产权信息服务发展方向的导航标。本节着重探索如何培育具有知识产权信息意识、具备知识产权信息技能、能够利用知识产权信息资源解决问题的知识产权信息素养人，并分别讨论在学校、企业及社会环境中提高知识产权信息素养的具体举措。

一、知识产权信息素养概述

（一）知识产权信息素养的内涵

信息素养（Information literacy，又译信息素质），是信息社会对人们的整体素质提出的必然要求。“信息素养（Information Literacy）”一词早在1974年就已被提出，当时美国信息产业协会主席Paul Zurkowski指出：“信息素养就是利用大量的信息工具及主要信息资源使问题得到解答的技术和技能。”[1]

从信息素养行为的终端即“信息素养人”的视角，人们广为接受的信息素养的定义主要有两个：一个是从信息素养功用范围的角度来定义，如保罗·泽考斯基1974年在一份报告中指出，具有信息素养的人能够利用多种信息资源解决工作与生活中遇到的问题。二是从信息素养能力范围的角度来定义，如美国图书馆学会1989年的定义是：具有信息素养的人知道何时需要信息，并具有寻找、评价和有效利用所需信息的能力。[2]

依据信息素养的定义，我们认为，信息素养是由信息意识、信息知识、信息能力和信息道德及其相互作用所组成的一个结构体系。知识产权信息素养就是人们用以满足生活工作、就业创业、学习研究等活动时需要的知识产权信息意识、信息知识、信息能力和信息道德，是公民在知识经济社会生存与发展的基本素养。

知识产权信息素养的构成要素包括信息意识、信息知识、信息能力和信息道德。信息意识即对信息的敏感度，是知识产权信息素养的前提，指个体对于知识产权信息有敏锐的感受力和持久的注意力，能够意识到知识产权信息的作用，并对知识产权信息有积极的内在需求。信息知识是知识产权信息素养的基础，指个体对知识产权信息及信息源的了解。信息能力是知识产权信息素

---

〔1〕陈维维、李艺：“信息素养的内涵、层次及培养”，载《电化教育研究》2002年第11期。

〔2〕转引自王有富：“普及公民信息素养：数字时代目录学知识普及的现实选择”，载《图书情报知识》2014年第2期。

养的核心，主要包括个体对知识产权信息系统的使用以及获取、分析、加工、评价并进而创造知识产权信息的能力。信息道德规范着知识产权信息素养的良性发展，指个体在知识产权信息活动中对社会道德规范、法律法规规范，包括知识产权法律法规的遵从。

（二）知识产权信息素养人的行为特征

知识经济时代，创新是时代的主题，人们应该知道何时需要知识产权信息，目前任务需要何种知识产权信息、在何处寻找知识产权信息、如何获取知识产权信息、如何评价知识产权信息、如何利用知识产权信息，总之能够利用各种知识产权信息资源来解决工作与生活中遇到的问题，即具有信息意识、信息知识、信息能力和信息道德。我们认为，这应该是知识产权信息素养人的基本素质，从行为学上说，具备知识产权素养的人具有以下行为特征：

第一，能够准确地确立所需要的知识产权信息。准确地确立知识产权信息问题是一切知识产权信息活动和创新活动的起点，也是知识产权信息获取的基本前提。具有知识产权信息素养的人在生活工作过程中遇到实际问题，比如某一项创新课题、管理难题或科学研究瓶颈等等的时候，能够有意识的转变为现有知识产权信息资源系统所能“理解”或“应答”的信息问题，并制定切实可行的信息获取计划。

第二，能够有效而高效地获取所需要的知识产权信息。获取信息是确立信息问题和制订计划后的重要环节。要确保知识产权信息的高效获取，信息素养人首先要对知识产权信息源有一个基本了解，对于本文前述的知识产权信息的分类、知识产权信息的内容以及信息来源和数据库有一个基本的了解；其次应该具有基本的信息获取技能，具备一定的信息检索技能、计算机技能等。

第三，能够批判性地评价知识产权信息并与原有知识背景相结合。信息评价是在信息计划、获取、利用等各个信息活动环节都很重要的问题。在知识产权信息计划阶段，要评价信息收集计划是否适当，对于信息问题的解决是否具有针对性等；在信息获取阶段，要评价信息来源和信息检索技术，找寻最合适的信息数据库和检索方法；在信息利用阶段，要对信息的可靠性、有效性、准确性、权威性、时效性等进行判断，筛选出最客观、最可靠、最准确的信息。总之，具有信息素养的人应该能批判性地评价信息及其来源，并能把所遴选出的信息与原有知识背景和评价系统结合起来。

第四，能够有效地分析与综合利用知识产权信息。鉴于知识产权信息的前沿性及创新性，分析和利用知识产权信息的过程，就是分析综合最新科技文化信息进而建构知识或创造新知识产权信息的过程。以专利信息为例，尽管现在已有专业的专利信息分析机构提供专利信息分析评价服务，但对于日常工作生活及科学研究来说，对知识产权信息的分析与利用贯穿于知识产权创造管理与运用的各个环节，专业机构的服务无法满足全部需求。知识产权信息素养人应该具有基本的分析和利用知识产权信息的能力，这是进行知识产权的再创造、企业的知识产权管理等知识产权活动的基本前提。

第五，能够在信息活动中遵纪守法，做到合法获取、合理使用。信息的合法获取和使用主要是指在知识产权信息的获取使用过程中，知识产权信息素养人应该具备一定的法律法规常识，尤其对于信息安全法规、知识产权法律法规等等，要有基本的了解，在信息活动中，既倡导知识产权信息的开放与共享，又尊重私人权益。

二、知识产权信息素养的培育

知识产权信息素养是知识经济和信息时代评价人才综合素质的一项重要指标，也是知识信息时代每个社会成员的基本生产能力，国民是否具备相当的知识产权素养和掌握足够的信息技术，已成为影响一个国家竞争力的重要方面。信息素养的培养日益成为世界各国教育界乃至社会各界所关注的重大理论与实践的重要课题。全社会范围内知识产权信息素养的提高，必将提高对知识产权信息服务的需求意识和需求水平，提高知识产权创造的自觉性和积极性，旺盛而高水平的市场需求和丰富而高质量的信息资源将进一步推动知识产权信息服务的发展。因此，积极培育全社会的知识产权信息素养也是知识产权信息服务体系建设的重要环节。

与一般信息素养的培育不同，知识产权信息素养的培育既包含知识产权专业知识的普及又涉及信息技术的推广。我国知识产权制度的建设并不久，知识产权意识还不强，知识产权知识还远未普及，网络信息技术在我国的推广时间也不是很长，所以，知识产权信息素养整体而言并不高，需要积极培育。考虑到不同环境中的人对知识产权信息素养有不同的要求，我们认为应该区分学校环境、社会环境、企业环境，对应实施不同的培育策略和方针。

（一）学校环境中的知识产权信息素养培育

长远来看，学校应该成为培养知识产权信息素养人的最重要基地。早在2000年，教育部就发布了《中小学信息技术课程指导纲要（试行）》，对我国21世纪学生提出以下六个方面的信息素养教育和培养目标：①信息获取能力；②信息分析能力；③信息加工能力；④信息创新能力；⑤信息利用能力；⑥协作意识和信息的交流能力。知识产权信息素养的培育绝非一日之功，应该从娃娃抓起，实现由低到高循序渐进持续发展，并根据不同学生对知识产权知识和信息技术的掌握程度，尽可能做到“因材施教”。

首先，培育策略方针与学生的心智发展水平和知识经验及情感需求相结合。不同年龄阶段学生的心智发展水平和知识经验等有很大不同，至少应该区分小学生、中学生、大学生不同年龄段，确定信息素养培育的不同要求。小学阶段，学生主要处于认知阶段，应该建立起对知识产权及计算机的感性认识，了解知识产权和信息技术与实际生活的联系，激发知识产权意识和使用计算机的兴趣。中学阶段，学生具备了一定的知识基础和创新意识，应该增强学生的信息意识，引导学生了解知识产权及信息技术的发展及其对社会的影响，着重培育学生的知识产权信息的获取、加工、管理、评价、运用及交流能力，能够用知识产权知识及信息合作解决学习生活中实际遇到的问题。中学阶段还是学生的价值观和人生观形成的关键时期，要引导学生了解知识产权法律法规，形成与知识信息社会相适应的价值观和责任感。大学生是国家未来的栋梁，是国家创新发展的人才储备，应该着重培养大学生的批判性思维、创造性思维和解决问题的能力。

其次，要构建我国各级教育知识产权信息素养标准。2000 年颁布的《中小学信息技术课程指导纲要（试行）》提出中小学信息技术课的主要任务是“培养学生对信息技术的兴趣和意识，让学生了解和掌握信息技术的基本知识和技能，了解信息技术的发展及其应用对人类日常生活和科学技术的深刻影响”。2003 年颁布的我国《普通高中信息技术课程标准》明确提出：“信息技术课程的总目标是提升学生的信息素养。”高中学生的信息素养目标为“对信息的获取；对信息及信息活动的过程、方法、结果进行评价的能力；发表观点、交流思想、开展合作并解决学习和生活中实际问题的能力；遵守相关的伦理道德与法律法规，形成与信息社会相适应的价值观和责任感”。我国几乎所有大学都开设计算机文化基础必修课，对学校信息化环境建设非常重视，但基本限于培养学生的信息技能。我国很多高校建立了知识产权学院，但很少有学校针对全校范围内进行知识产权意识培育，而且目前为止也没有出台针对大学信息素养的培养标准。我们认为，知识产权信息素养的培养具有更强的专业性，对国家创新发展有更强的针对性，对于各级教育阶段，国家应该根据我国教育特色及各阶段学生的心智发展需求，出台相应的知识产权信息素养标准。

第三，要整合知识产权信息素养培育课程体系。中小学阶段要进行课程整合，将知识产权知识和信息技术能力培养纳入到已有的信息技术课程和各学科教育课程之中，更新课程标准，将知识产权及信息技术的内容显性或隐性地贯穿于学科课程，让学生在潜移默化、耳濡目染中感受知识产权信息带来的创新气息，体会知识产权信息的无限魅力，产生学习知识产权与信息技术，运用知识产权信息并创造知识产权信息的强烈愿望和需求。

信息素养是一种高级的认知技能，信息素养教育应该包括伦理道德、技术、人文三个要素，是一种综合性教育。[1]大学阶段要增设知识产权信息素养系列公共必修课，改变现在高校只注重计算机技能培养，忽略信息素养（包括知识产权信息素养）的现状。具体而言，高校要调整计算机文化基础课和信息检索课的教学内容，着重培养信息素养，掌握信息检索的方法和途径，培养大学生信息意识、伦理道德和社会责任感。同时增设知识产权信

〔1〕 张进良、张克敏、何高大：“从美国的信息素养教育谈我国大学生信息素养的培养”，载《电化教育研究》2003 年第 8 期。

息素养课，要求学生掌握知识产权基础知识、培养知识产权意识、了解知识产权信息源、掌握知识产权信息评价和利用的基本方法。

当然，为了保障这些素养培育课程的教学质量，还必须首先提高授课教师的教学水平，举办学科教师知识产权信息素养培训班，提高高校学科教师信息素养能力。

（二）企业环境中的知识产权信息素养培育

企业是自主创新的主体之一，企业自主创新的各阶段、各环节都离不开知识产权信息的支持，知识产权信息素养的水平影响创新的速度、质量和成效，影响着企业的运行和发展，决定着企业在未来的市场竞争能否立于不败之地。因此，对企业进行知识产权信息素养培育是提高企业创新能力的前提条件和重要保障。

企业管理者或者企业研发机构人员是知识产权信息素养教育的重点对象，依据企业创新的要求，这些人员应该能够定义和描述工作中的知识产权信息需求、能找到多种类型和格式的信息来源、权衡从各种渠道获取知识产权信息的成本和收益、选择最适合方法或信息检索系统来查找需要的信息、评估信息和它的出处、利用信息确定工作思路或确定研发方向、了解信息道德、法律和社会经济问题等等。

首先，改善企业领导者的知识产权信息意识。企业需要增强知识产权意识，抛弃只有有形资产是企业资产而类似知识产权的无形资产不是资产的错误观念。另外，作为企业领导者，应该具备通过信息系统及时、准确地获取有价值的知识产权信息的能力，并通过信息分析确定企业的发展形势和发展策略，提高企业竞争力。

其次，建立健全的知识产权信息系统，包括知识产权管理机构和知识产权信息平台系统。知识产权信息是企业开展经营活动和参与市场竞争的重要资源之一，企业应该立专门的知识产权管理部门，增加信息专项经费的投入，开发知识产权信息数据库和交流平台，有组织、有计划、有系统地开展企业知识产权信息工作，及时、准确、全面地把握国内国际市场形式，确保企业内部知识产权信息的有序流动，了解企业的知识产权状态和动向，为企业产品开发、市场开拓、投资等提供决策依据。

再次，努力培育高素质的知识产权信息人才。企业应加强培训，或者依托高校教育资源，产学研结合，努力培养高素质的知识产权信息人才，提高企业对知识产权信息的吸收整合能力，提高企业信息资源的开发与利用的效率，培养既懂技术、又懂管理兼具信息分析能力的复合型人才，为企业自主创新提供信息保障，适应市场竞争的需要。

最后，完善企业知识产权信息服务的外部环境。企业知识产权信息素养培育还是必须充分发挥政府和信息服务中介机构的积极作用。在政府的宏观引导和政策支持下，推进各类信息服务机构的建立和各类公共信息服务平台建设，扩充企业的信息获取渠道，逐步实现信息服务的协作化和网络化。

（三）社会环境中的知识产权信息素养培育

知识经济和信息时代的结合表明，信息素养已成为每个社会成员的基本生存能力，更是学习化社会终身学习的必备素质。普及社会公众的知识产权信息素养，不仅是每个成员生存和发展的需要，而且也是整个社会发展的需要。社会环境中的知识产权信息素养培育重点在于营造丰富多样的良好的知识产权信息素养培养环境，提高全民的知识产权信息素养。

全民知识产权信息素养的培育是一个社会系统工程，国家应该成立专门机构，牵头做好知识产权信息相关的网上线下的培训工作，为社会各界提供专业的知识产权和信息技术方面的学习机会。还可以针对不同人群编制不同的普及读物，将知识产权信息素养以形象方便、喜闻乐见的形式展现在社会公众面前。

社会环境中知识产权信息素养的培育由于涉及对象较多，各类人群的需求各异，要充分利用各种公共图书馆、国家公共事业单位建设的知识产权信息服务平台，向社会成员提供获取知识产权信息的广阔场所和多种途径。尤其随着网络技术和多媒体技术的飞速发展，上述机构应该多借助新技术通过网络平台甚至寻求与已有商业门户网站合作，为社会提供安全、畅通、多样的知识产权信息学习交流获取平台，保障社会成员能够随时随地利用网络获取有效知识产权信息并不断提高知识产权信息素养。

总之，知识产权信息素养培育贯穿于学校、企业及社会各种环境，是一种不受时间和场合限制的普及型教育。知识产权信息素养教育的最终目标是全社会每个个体具备较强的知识产权意识、基本的信息能力，最终成长为有自觉性、有责任感的知识产权信息的使用者和创造者，国家创新发展的参与者。

参考文献

一、著作类

1. 冯晓青:《知识产权法利益平衡理论》，中国政法大学出版社 2006 年版。

2. 冯晓青:《企业知识产权管理》，中国政法大学出版社 2012 年版。

3. 冯晓青:《知识产权法哲学》，中国人民公安大学出版社 2003 年版。

4. 冯晓青主编:《知识产权法专题判解与学理研究丛书》(共 12 册)，中国大百科全书出版社 2010 年版。

5. 吴汉东:《知识产权总论》，中国人民大学出版社 2013 年版。

6. 吴汉东主编:《知识产权法》，法律出版社 2011 年版。

7. 吴汉东等:《知识产权制度变革与发展研究》，经济科学出版社 2013 年版。

8. 吴汉东主编:《科学发展与知识产权战略》，北京大学出版社 2012 年版。

9. 吴汉东主编:《知识产权制度基础理论研究》, 知识产权出版社 2009 年版。

10. 吴汉东主编:《中国知识产权蓝皮书 (2009 ~ 2010)》, 北京大学出版社 2011 年版。

11. 吴汉东主编:《中国知识产权制度评价与立法建议》, 知识产权出版社 2008 年版。

12. 吴汉东:《著作权合理使用制度研究》, 中国政法大学出版社 2005 年版。

13. 李琛:《论知识产权法的体系化》, 北京大学出版社 2005 年版。

14. 李琛:《著作权基本理论批判》, 知识产权出版社 2013 年版。

15. 单晓光、许春明等:《知识产权制度与经济增长: 机制 · 实证 · 优化》, 经济科学出版社 2009 年版。

16. 朱理:《著作权的边界——信息社会著作权的限制与例外研究》, 北京大学出版社 2011 年版。

17. 王迁:《网络环境中的著作权保护研究》, 法律出版社 2011 年版。

18. 于玉:《著作权合理使用制度研究——应对数字网络环境挑战》, 知识产权出版社 2012 年版。

19. 朱谢群:《我国知识产权发展战略与实施的法律问题研究》, 中国人民大学出版社 2008 年版。

20. 韦景竹:《版权制度中的公共利益研究》, 中山大学出版社 2011 年版。

21. 张文显等:《知识经济与法律制度创新》, 北京大学出版社 2012 年版。

22. 齐爱民:《捍卫信息社会中的财产——信息财产法原理》, 北京大学出版社 2009 年版。

23. 齐爱民:《拯救信息社会中的人格——个人信息保护法总论》, 北京大学出版社 2009 年版。

24. 刘青编:《信息法新论——平衡信息控制与获取的法律制度》, 科学出版社 2008 年版。

25. 徐绍敏:《信息法框架与体系研究》, 浙江大学出版社 2007 年版。

26. 田禾:《亚洲信息法研究》，中国人民公安大学出版社 2007 年版。

27. 曹新明:《促进我国知识产权产业化制度研究》，知识产权出版社 2012 年版。

28. 王玉林:《网络信息资源开发利用的法律问题》，安徽大学出版社 2010 年版。

29. 邱均平主编:《信息资源管理政策与法规》，科学出版社 2009 年版。

30. 中国人民大学知识产权学院编:《知识产权国际条约集成》，清华大学出版社 2011 年版。

31. 中国百年著作权法律集成汇编组编:《中国百年著作权法律集成》，中国人民大学出版社 2010 年版。

32. 陈氢、陈梅花主编:《信息检索与利用》，清华大学出版社 2012 年版。

33. 张杰等:《政府信息公开制度论》，吉林大学出版社 2008 年版。

34. 李广宇:《政府信息公开诉讼：理念、方法与案例》，法律出版社 2009 年版。

35. 冯惠玲主编:《政府信息资源管理》，中国人民大学出版社 2006 年版。

36. 程万高:《政府信息资源开发利用》，科学出版社 2009 年版。

37. 牛忠志、曲海鹏等:《政府信息资源的共享、增值性开发与利用》，知识产权出版社 2011 年版。

38. 陈传夫:《信息资源公共获取与知识产权保护》，北京图书馆出版社 2007 年版。

39. 陈传夫:《信息资源知识产权制度研究》，湖南大学出版社 2008 年版。

40. 肖冬梅:《信息资源公共获取制度研究》，海洋出版社 2008 年版。

41. 陈晋:《开放获取十年 2001 ~ 2011》，国家图书馆出版社 2012 年版。

42. 邓集文:《中国政府公共信息服务问责制改革研究》，知识产权出版社 2012 年版。

43. 甘绍宁主编:《重点产业专利信息应用指南》，知识产权出版社 2013 年版。

44. 马费成编著:《信息经济学》,武汉大学出版社 2012 年版。

45. 马费成、宋恩梅编著:《信息管理学基础》,武汉大学出版社 2012 年版。

46. 方曙等编著:《知识产权信息资源使用指南》,科学出版社 2012 年版。

47. 马费成等:《数字信息资源规划、管理与利用研究》,经济科学出版社 2012 年版。

48. 唐恒:《知识产权中介服务体系的构建与发展》,江苏大学出版社 2011 年版。

49. 杨铁军主编:《知识产权服务与科技经济发展》,知识产权出版社 2010 年版。

50. 鲍红主编:《知识产权文化建设与发展论坛论文集》,知识产权出版社 2013 年版。

51. 鲍红主编:《知识产权与创新发展论坛论文集》,知识产权出版社 2012 年版。

52. 鲍红主编:《知识产权与转变经济发展方式论坛论文集》,知识产权出版社 2010 年版。

53. 马海群等:《现代知识产权管理》,科学出版社 2009 年版。

54. 马海群:《网络时代的知识产权信息管理》,科学出版社 2003 年版。

55. 马海群等:《数字信息资源的国家宏观规划与管理》,知识产权出版社 2010 年版。

56. 曾德国:《知识产权管理》,知识产权出版社 2012 年版。

57. 胡佐超主编:《专利管理》,知识产权出版社 2002 年版。

58. 谢俊贵:《公共信息学》,湖南师范大学出版社 2004 年版。

59. 李建蓉主编:《专利信息与利用》,知识产权出版社 2011 年版。

60. 孙艳玲主编:《因特网上查专利》,知识产权出版社 2003 年版。

61. 骆云中、陈蔚杰、徐晓琳编著:《专利情报分析与利用》,华东理工大学出版社 2007 年版。

62. 谢德体等主编:《信息检索与分析利用》,清华大学出版社 2009 年版。

63. 林豪慧、孙丽芳主编:《信息资源检索与利用》，电子工业出版社 2007 年版。

64. 宋金芹编著:《科技信息检索与利用》，中国电力出版社 2010 年版。

65. 张建勇主编:《文献数据库数据加工规范》，知识产权出版社 2009 年版。

66. 宫小全、谷彦芳、郭启兴:《基础产业知识产权信息管理研究》，知识产权出版社 2008 年版。

67. 卢新德:《构建信息安全保障新体系——全球信息战的新形势与我国的信息安全战略》，中国经济出版社 2007 年版。

68. 徐文伯、饶戈平:《信息数字化与法律——数字图书馆建设中的法律问题》，法律出版社 2002 年版。

69. 宋为编:《中美中小企业知识产权管理比较》，中国科学技术大学出版社 2012 年版。

70. 王正志主编:《中国知识产权指数报告 2013》，知识产权出版社 2013 年版。

71. 王正志主编:《中国知识产权指数报告 2012》，知识产权出版社 2012 年版。

72. 王正志主编:《中国知识产权指数报告 2011》，知识产权出版社 2011 年版。

73. 王正志主编:《中国知识产权指数报告 2009》，知识产权出版社 2010 年版。

74. 王正志主编:《中国知识产权指数报告》，知识产权出版社 2009 年版。

75. 《十二国著作权法》翻译组编:《十二国著作权法》，清华大学出版社 2011 年版。

76. 世界知识产权组织编著:《知识产权指南——政策、法律及应用》，北京大学国际知识产权研究中心译，知识产权出版社 2012 年版。

77. ［日］北川善太郎:《著作权交易市场——信息社会的法律基础》，郭慧琴译，华中科技大学出版社 2011 年版。

78. ［澳］马克·戴维森:《数据库的法律保护》，朱理译，北京大学出版社 2007 年版。

79. [日] 竹内弘高、野中郁次郎:《知识创造的螺旋——知识管理理论与案例研究》，李萌译，知识产权出版社 2006 年版。

80. [美] 罗伯特·P. 墨杰斯等:《新技术时代的知识产权法》，齐筠等译，中国政法大学出版社 2003 年版。

81. [美] 威廉·M. 兰德斯、理查德·A. 波斯纳:《知识产权法的经济结构》，金海军译，北京大学出版社 2005 年版。

82. [德] Christopher Kuner:《欧洲数据保护法》，旷野等译，法律出版社 2008 年版。

83. [美] 保罗·戈斯汀:《著作权之道——从古登堡到数字点播机》，金海军译，北京大学出版社 2008 年版。

84. [美] 迈克尔·A. 艾因霍恩:《媒体、技术和版权：经济与法律的融合》，赵启杉译，北京大学出版社 2012 年版。

85. [印] 甘古力:《知识产权——释放知识经济的能量》，宋建华、姜丹明、张永华译，知识产权出版社 2004 年版。

二、论文类

1. 冯晓青:“信息产权理论与知识产权制度之正当性”，载《法律科学》2005 年第 4 期。

2. 冯晓青:“我国知识产权信息网络平台建设研究”，载《湖南大学学报（社会科学版）》2013 年第 3 期。

3. 冯晓青:“美、日、韩知识产权战略之探讨”，载《黑龙江社会科学》2007 年第 6 期。

4. 冯晓青、李喜蕊:“中国知识产权文献及信息网络服务现状研究”，载《黑龙江社会科学》2012 年第 5 期。

5. 冯晓青:“论企业知识产权管理体系及其保障”，载《广东社会科学》2010 年第 1 期。

6. 冯晓青、赵秀姣:“国家知识产权文献及信息资源库建设内容选择及建构思路探析”，载《武陵学刊》2012 年第 5 期。

7. 李喜蕊:“中美英行政管理型知识产权网络信息服务对比研究”，载

《湘潭大学学报》2013 年第 1 期。

8. 杨利华、郝喜:“我国知识产权法律规范体系建设现状、问题与对策研究——兼论国家知识产权文献及信息资料库中的部分法律法规体系构建”，载《武陵学刊》2012 年第 5 期。

9. 郑璇玉、王进:“‘国家知识产权文献及信息资料库建设’实证研究”，载《武陵学刊》2012 年第 5 期。

10. 郑成思:“信息、知识产权与中国知识产权战略若干问题”，载《环球法律评论》2006 年第 3 期。

11. 郑成思、朱谢群:“信息与知识产权的基本概念”，载《科技与法律》2004 年第 2 期。

12. 郑成思、朱谢群:“信息与知识产权”，载《西南科技大学学报（哲学社会科学版)》2006 年第 1 期。

13. 朱谢群:“信息共享与知识产权专有”，载《中国社会科学》2003 年第 4 期。

14. 向波:“知识、信息与知识产权的对象”，载《知识产权》2011 年第 1 期。

15. 姚锡长、彭艳娟:“我国知识产权政策体系的基本框架及完善对策”，载《中外企业家》2011 年第 2 期。

16. 刘菊芳:“发展知识产权服务业的关键问题与政策研究”，载《知识产权》2012 年第 5 期。

17. 杨武、付婧、郑红:“知识产权服务业体系研究”，载《中国发明与专利》2011 年第 12 期。

18. 吴离离:“浅析我国知识产权公共服务体系的构建”，载《知识产权》2011 年第 6 期。

19. 陈传夫、盛钊:“我国公益性信息服务的知识产权政策问题”，载《情报科学》2008 年第 1 期。

20. 陈传夫、吴钢、孙凯、饶艳:“图书馆知识产权管理方案优化研究”，载《国家图书馆学刊》2009 年第 2 期。

21. 陈传夫、盛钊:“我国公益性信息服务的知识产权政策问题”，载《情报科学》2008 年第 1 期。

22. 陈传夫等："中国图书馆界对知识产权问题的认知调研报告（下）——图书馆知识产权管理进展与对策"，载《图书与情报》2010 年第 2 期。

23. 陈传夫等："中国图书馆界对知识产权问题的认知调研报告（中）——图书馆知识产权管理困境的原因"，载《图书与情报》2010 年第 1 期。

24. 陈传夫、饶艳、吴钢："转型时期图书馆知识产权管理战略需求、目标与路径"，载《中国图书馆学报》2010 年第 2 期。

25. 马海群："论知识产权管理的研究视角与内容体系"，载《新世纪图书馆》2011 年第 4 期。

26. 马海群："知识产权信息管理的调控手段分析"，载《世界科技研究与发展》2006 年第 2 期。

27. 马海群："网络时代的知识产权信息理论研究"，载《图书情报知识》2003 年第 1 期。

28. 马海群："网络时代知识产权信息服务的创新与发展"，载《情报学报》2003 年第 3 期

29. 马海群："知识产权信息的概念、内容、特点和功能"，载《图书情报工作》1998 年第 3 期。

30. 马海群："从 ipsearchengine. com 看知识产权信息专门搜索引擎的核心功能设计"，载《中国索引》2003 年第 2 期。

31. 马海群、庄琦："从 WIPO 看混淆网络信息技术对知识产权信息管理的影响"，载《图书情报工作》2002 年第 12 期。

32. 马海群："外国知识产权信息管理系统研发现状分析及借鉴"，载《研究与探讨》2008 年第 8 期。

33. 马海群："论知识产权信息开发与企业竞争情报研究"，载《理论纵横》2003 年第 2 期。

34. 马海群："加强知识产权信息管理，促进知识经济快速发展"，载《知识产权》2000 年第 3 期。

35. 马海群："联机与互联网知识产权信息检索的比较研究"，载《河南图书馆学刊》2002 年第 11 期。

36. 王英、马海群："信息法体系结构构建新论"，载《情报科学》2010年第1期。

37. 肖冬梅："垂直搜索引擎研究"，载《图书馆学研究》2003年第2期。

38. 曹磊："知识产权信息管理系统模型研究"，载《电子知识产权》2009年第1期。

39. 李秀云："知识经济与知识产权信息"，载《河南科技》2002年第6期。

40. 杜伟："因特网上的知识产权信息"，载《情报科学》2000年第4期。

41. 贺延辉："信息管理科学研究的新领域、新成果——评《网络时代的知识产权信息管理》"，载《中国图书馆学报》2004年第3期。

42. 祁延莉："DIALOG系统知识产权数据库及其检索"，载《读书与情报》1992年第3期。

43. 刘可静："当代知识产权信息资源开发和利用的新特点——'欧盟知识产权帮助网站'的启示"，载《电子知识产权》2005年第2期。

44. 戴中生："知识产权信息服务与中小企业科技进步"，载《现代情报》2009年第7期。

45. 崔雁："知识产权与信息公共获取权协调研究"，武汉大学2005年硕士学位论文。

46. 曹秋秀："论知识产权保护对图书馆信息资源共享的影响"，载《民族论坛》2010年第9期。

47. 魏庆华、黄少晖、张新明："浅析我国知识产权信息管理系统的研发现状"，载《广东科技》2009年第11期。

48. 陈晟、刘春茂："网络环境下知识产权的信息交流背景分析"，载《情报科学》2004年第6期。

49. 朱星华、贾维红："加强我国知识产权信息服务的几点建议"，载《中国科技论坛》2007年第2期。

50. 郭瑾、高伟："知识产权信息化管理——铺设企业创新发展的捷径"，载《经济与管理》2002年第11期。

51. 牛晓宏、马海群："知识产权信息专门搜索引擎的核心功能设计"，载《情报科学》2002年第11期。

52. 李德升："知识产权信息组织机制的实证研究——以企业专利竞争情报为例"，载《情报杂志》2006年第3期。

53. 张希："移动阅读环境下的专利信息服务发展策略研究"，载《中国发明与专利》2013年第4期。

54. 姜永常："论知识服务与信息服务"，载《情报学报》2001年第5期。

55. 徐峰："国外专利信息服务体系建设经验与启示"，载《科技管理研究》2008年第11期。

56. 尹新强："网络免费专利信息资源识别与利用——国内几大专利信息服务平台比较"，载《山东图书馆学刊》2010年第6期。

57. 张娴、肖国华："利用USPTO网站资源检索美国专利信息"，载《图书情报工作》2005年第10期。

58. 丁波涛："欧美政府信息商业化模式比较研究"，载《图书馆情报工作》2009年第6期。

59. 张泽吾："国家实施知识产权战略的层面及重点"，载《理论界》2009年第5期。

60. 李湖生、康美娟："中外四大官方网站免费专利检索系统之比较研究"，载《图书馆理论与实践》2008年第1期。

61. 李名家、杨俊："美国和日本高校知识产权战略研究"，载《武汉大学学报（哲学社会科学版）》2005年第6期。

62. 王鑫："欧盟与我国信息政策比较研究"，载《信息工作研究》2009年第20期。

63. 刘祯娜："《欧盟数据库指令》研究及对我国图书馆数据库保护的影响"，载《新世纪图书馆》2011年第11期。

64. 付明星："韩国知识产权政策及管理新动向研究"，载《知识产权》2010年第3期。

65. 鲁欣蕊："韩国知识产权信息服务现状介绍"，载《中国发明与专利》2012年第12期。

66. 鲁欣蕊："日本知识产权信息服务现状介绍"，载《中国发明与专利》2012 年第 6 期。

67. 陈海涛："试论中小企业在国民经济中的地位与作用"，载《大众科技》2006 年第 5 期。

68. 姜桂兴；"韩国知识产权管理与知识产权战略探析"，载《科技与经济》2005 年第 5 期。

69. 朱雪忠、黄静："试论我国知识产权行政管理机构的一体化设置"，载《科技与法律》2004 年第 3 期。

70. 曹平："中外专利文献信息检索平台比较研究"，载《情报探索》2011 年第 7 期。

71. 吴桐、刘菊芳："我国知识产权服务业发展现状与对策研究"，载《中国发明与专利》2012 年第 6 期。

72. 张立频："自助式知识产权信息服务探讨"，载《图书馆学刊》2006 年第 2 期。

73. 杨东："互联网信息服务市场支配地位的认定及法律调整"，载《政法论坛》2012 年第 1 期。

74. 王玉林："数字图书馆信息服务基本法律问题研究"，载《中国图书馆学报》2007 年第 3 期。

75. 王玉林："数字图书馆信息服务特殊法律问题研究"，载《情报理论与实践》2007 年第 3 期。

76. 汤爱群、吕先竞："我国面向企业提供信息服务的法律法规现状分析"，载《图书馆学研究》2008 年第 9 期。

77. 谢天、邹平学："我国个人信息保护的立法模式探析"，载《岭南学刊》2011 年第 2 期。

78. 齐爱民："论个人信息保护法的统一立法模式"，载《重庆工商大学学报》2009 年第 4 期。

79. 齐爱民："论信息财产的法律保护与大陆法系财产权体系之建立"，载《学术论坛》2009 年第 2 期。

80. 李昕："美国反垃圾信息法及对中国的启示"，载《华中师范大学学报（人文社会科学版）》2008 年第 5 期。

81. 何天翔："版权、运行的电子控制与大众市场认可——对美国《统一计算机信息交易法》若干制度的法经济学分析"，载《暨南学报》2011年第5期。

82. 邓胜利、张李义、李巍："创新型国家的信息服务体制与信息保障体系构建（6）——创新发展导向下的国家信息保障制度建设"，载《图书情报工作》2010年第6期。

83. 戴中生："知识产权信息服务与中小企业科技进步"，载《现代情报》2009年第7期。

84. 曹秋秀："论知识产权保护对图书馆信息资源共享的影响"，载《民族论坛》2010年第9期。

85. 李红："解析日本知识产权信息披露导引及其对我国的启示"，载《竞争情报》2010年第2期。

86. 李红："知识经济时代企业的知识产权信息战略"，载《上海大学学报（社会科学版）》2001年第4期。

87. 李红："知识产权信息在知识产权保护中的地位和作用"，载《上海高校图书情报学刊》2000年第4期。

88. 马斌、朱少华、王楠："专利法第21条第2款中'专利信息'初探"，载《中国发明与专利》2012年第8期。

89. 于大伟："对专利信息利用困境的思考及对策探析——以构建专利数据开放平台为视角"，载《知识产权》2014年第7期。

90. 王潜："从欧洲专利局开放数据平台看专利信息公开的未来趋势"，载《数字与缩微影像》2012年第4期。

91. 于大伟："对专利信息利用困境的思考及对策探析——以构建专利数据开放平台为视角"，载《知识产权》2014年第7期。

92. 文庭孝、陈能华："信息资源共享及其社会协调机制研究"，载《中国图书馆学报》2007年第3期。

93. 李卓卓："信息资源共享系统绩效评估研究"，武汉大学2009年博士学位论文。

94. 樊博、孟庆国："顶层设计视角下的政府信息资源共享研究"，载《现代管理科学》2009年第1期。

95. 张翮："云计算环境下信息资源共享模式研究"，载《情报科学》2010 年第 10 期。

96. 赖茂生等："信息资源开发利用基本理论研究"，载《情报理论与实践》2004 年第 3 期。

97. 冉从敬："公共部门信息再利用的企业定位及认知调查"，载《图书与情报》2010 年第 6 期。

98. 黄长著："在国家的现代化进程中加强信息资源的开发利用"，载《湘潭大学学报（哲学社会科学版)》2005 年第 5 期。

99. 胡小明："信息资源开发利用新观念"，载《中国信息界》2006 年第 4 期。

100. Marica Staresinic, Bojana Boh, "Patent informations: The issue of relevance in full - text patent document searches", *Online Information Review*, 1 (2009), pp. 157 ~ 172.

101. Amy J. C. Trappey, Charles V. Trappey, "An R&D knowledge management method for patent document summarization", *Industrial Management & Data Systems*, 2 (2008), pp. 245 ~ 257.

102. Nicolas van Zeebroeck, Bruno van Pottelsberghe de la Potterie, Dominique Guellec, "Patents and academic research: a state of the art", *Journal of Intellectual Capital*, 2 (2008), pp. 246 ~ 263.

103. B. H. Rudall, C. J. H. Mann, "Future and emerging information technologies", *Kybernetes*, 9 (2006), pp. 168 ~ 199.

三、网站或数据库

（一）国内知识产权网站或数据库（包括港澳台）

1. 中国保护知识产权网知识产权法律法规数据库：http://laws. ipr. gov. cn/ipr12312/flfg/searchArticle. jsp。

2. 中国普法网法律法规信息系统：http://58. 68. 134. 175：8081/home/begin. cbs。

3. 国务院法制办法律法规全文检索系统：http://search. chinalaw. gov. cn/search2. html。

4. 中国海关法规查询：http://www. customs. gov. cn/tabid/2745/Default. aspx。

5. 中国法院网法律文库：http://www. chinacourt. org/law. shtml。

6. 北大法宝：http://www. pkulaw. cn。

7. 北大法意：http://www. lawyee. net/index. asp。

8. 月旦法学知识库：http://www. lawdata. com. tw/anglekmc/ttswebx? @0：0：1：lawkm@@0. 7856829385909807。

9. 国家知识产权局专利检索与服务系统（试用版）：http://www. pss - system. gov. cn/sipopublicsearch/portal/index. shtml。

10. 国家知识产权局中国专利查询系统：http://publicquery. sipo. gov. cn。

11. 国家知识产权局专利法律状态查询：http://search. sipo. gov. cn/sipo/zljs/searchflzt. jsp。

12. 粤港澳知识产权资料库：http://www. ip - prd. net/main_ s. htm。

13. 香港知识产权署专利检索系统：http://ipsearch. ipd. gov. hk/patent/index. html。

14. 香港知识产权署外观设计检索系统：http://ipsearch. ipd. gov. hk/design/index. html。

15. 台湾地区专利检索：http://www. twpat. com/Webpat/Default. aspx。

16. 澳门专利检索：http://www. economia. gov. mo/web/DSE/public? _nfpb = true&_ pageLabel = Pg_ ES_ AE_ QE_ PATENT&locale - zh_ CN。

17. 中国知识产权网中国专利信息服务平台：http://search. cnipr. com。

18. 中国专利信息网专利检索：http://www. patent. com. cn。

19. 中国专利信息中心专利检索服务：http://search. cnpat. com. cn/cprs2010/default. aspx。

20. NSTL 中外专利数据库：http://www. nstl. gov. cn/NSTL/facade/search/searchByDocType. do? subDocTypes = P01，P02，P03，P04，P05，P06，P07，P08，P09&name_ chi = 专利。

21. CNKI 中国专利数据库：http://dbpub. cnki. net/Grid2008/Dbpub/brief. aspx? ID = SCPD。

22. 万方中外专利全文数据库：http://c. wanfangdata. com. cn/Patent. aspx。

23. 百度专利搜索：http://zhuanli. baidu. com。

24. SooPAT 专利搜索 ：http://www. soopat. com。

25. 国家重点产业专利信息服务平台：http://www. chinaip. com. cn。

26. 中国商标查询：http://sbj. saic. gov. cn/sbcx。

27. 香港知识产权署商标检索系统：http://ipsearch. ipd. gov. hk/trademark/jsp/index. html。

28. 澳门商标检索：http://www. economia. gov. mo/web/DSE/public? _nfpb = true&_ pageLabel = Pg_ ES_ AE_ QE_ TRADEMARK&locale = zh_ CN。

29. 农业部品种权公告查询：http://www. cnpvp. cn/Gazette/GazetteQuery. aspx。

30. 林业局林业植物品种权查询：http://www. cnpvp. net。

31. 知识产权裁判文书检索：http://ipr. court. gov. cn。

32. 司法文书检索：http://www. chinacourt. org/paper. shtml。

33. 林业品种权判决书：http://www. cnpvp. net/root/icataview. aspx? id = 34。

34. 法院公告查询（6 个月内）：http://www. chinacourt. org/fygg. shtml。

35. 知识产权海关保护备案系统：http://202. 127. 48. 151/applyrecord。

36. 国家知识产权局集成电路布图设计专有权公告（2001 年至今）：http://www. sipo. gov. cn/zwgs/jcdlgg/zyqgg/index. html。

37. 国家知识产权局集成电路布图设计专有权事务公告（2002 年至今）：http://www. sipo. gov. cn/zwgs/jcdlgg/zyqswgg。

38. 国家工商总局商标局商标公告（3 个月内）：http://sbj. saic. gov. cn/sbgg。

39. 国家工商总局商标局驰名商标认定公告（2007 年至今）：http://sbj. saic. gov. cn/cmsb/index. html。

40. 国家林业局植物新品种保护办公室公告：http://www. cnpvp. net/root/icataview. aspx? id =4。

41. 农业部植物新品种保护办公室公告：http://www. cnpvp. cn/Index. aspx? ID =72。

42. 国家版权局版权统计：http://www. ncac. gov. cn/cms/html/309/3503/

List - 1. html。

43. 国家质检总局公告（地理标志）(2001 年至今)：http://www. npgi. com. cn/announce/GGList_ cx2. as。

44. 香港知识产权公报：http://www. ipd. gov. hk/sc/ip_ journal. htm。

45. 澳门知识产权公报：http://www. economia. gov. mo/web/DSE/public? _nfpb = true&_ pageLabel = Pg_ IP_ OG&locale = zh_ CN。

46. 国家知识产权局网：http://www. sipo. gov. cn。

47. 中国商标网：http://www. ctmo. gov. cn。

48. 专利之星专利检索系统网：http://search. patentstar. cn/cprs2010。

49. “彼速商标之星”知识产权管理系统：www. bizsolution. com. cn。

50. 中国版权保护中心服务平台：http://www. ccopyright. com. cn/cpcc。

51. 国际版权网版权交易平台：http://portal. cbice. com。

52. 国家知识产权人才信息网络平台：http://www. sipo. gov. cn/ztzl/ywzt/gjzscqrcxxwlpt。

53. 中国知识产权远程教育平台总站：http://elearning. ciptc. org. cn/public/index。

54. 冯晓青知识产权网：http://www. fengxiaoqingip. com。

55. 中国知识产权研究网：http://www. iprcn. com。

56. 中国知识产权评论网：http://www. rucipr. com。

57. 华东政法大学知识产权学院：http://www. zscq. ecupl. edu. cn。

58. 知识产权实验室：http://www. newiplaw. com。

59. 中国社会科学网知识产权专题：http://www. cssn. cn/cate/1300. htm。

60. 北京大学科技法研究中心网：http://stlaw. pku. edu. cn/index. asp。

61. 上海大学知识产权学院网：http://www. ips. shu. edu. cn。

62. 华中科技大学知识产权战略研究院网：http://www. iprs. org. cn。

63. 同济大学知识产权学院网：http://www. tongji. edu. cn/ ~ ipi。

64. 西北大学知识产权学院网：http://fxy. nwu. edu. cn。

65. 华南理工大学知识产权学院网：http://www. scut. edu. cn/iplaw。

66. 西南政法大学知识产权学院网：http://202. 202. 80. 1/msfxy/xin/xueyuan/index. asp。

67. 湘潭大学知识产权学院网：http://ipf. xtu. edu. cn。

68. 重庆知识产权学院网：http://ipschool. cqut. edu. cn。

69. 中国科学院知识产权网：http://www. casip. ac. cn。

（二）国外知识产权网站或数据库

1. WIPO 专利检索：http://www. wipo. int/portal/index. html. en。

2. WIPO 数字图书馆：http://www. wipo. int/wipogold/en。

3. WIPO 外观设计检索：http://www. wipo. int/ipdl/en/search/hague/search－struct. jsp。

4. WIPO 商标检索：http://www. wipo. int/romarin。

5. 美国专利商标局专利法律状态检索（Patent Application Information Retrieval）：http://www. uspto. gov/patft/index. html。

6. 美国专利商标局专利授权数据库：http://www. uspto. gov/patft/index. html。

7. 美国专利商标局专利申请公布数据库（Published Applications）：http://www. uspto. gov/patft/index. html。

8. 美国专利商标局专利权转移检索（Patent Assignment Database）：http://www. uspto. gov/patft/index. html。

9. 美国专利商标局专利分类检索（Tools to Help in Searching by Patent Classification）：http://www. uspto. gov/patft/index. html。

10. 加拿大专利检索（Patents Database）：http://brevets－patents. ic. gc. ca/opic－cipo/cpd/eng/introduction. html。

11. 加拿大专利局长决定：http://brevets－patents. ic. gc. ca/opic－cipo/comdec/eng/search. html。

12. 加拿大外观设计检索：http://www. ic. gc. ca/app/opic－cipo/id/? searchType = design&language = eng。

13. 加拿大商标检索：http://www. ic. gc. ca/app/opic－cipo/trdmrks/srch/tmSrch. do? lang = eng。

14. esp@ cenet 数据检索系统：http://ep. espacenet. com/（世界专利数据库、JP 专利数据库、EPO 成员国数据库、EP 数据库、WO 数据库）。

15. epoline 数据检索系统：http://www. epoline. org/portal/public。

16. 英国专利检索：http://www. ipo. gov. uk/patent. htm。

17. 英国外观设计检索：http://www. ipo. gov. uk/design. htm。

18. 英国专利、外观设计公报（1998 年至今）：http://www. ipo. gov. uk/patent/p – journal/p – pdj. htm。

19. 英国商标检索：http://www. ipo. gov. uk/tm. htm。

20. 澳大利亚商标公报（2007 年至今）：http://www. ipo. gov. uk/tm/t – journal/t – tmj. htm。

21. 澳大利亚专利检索：http://www. ipaustralia. gov. au。

22. 澳大利亚专利公报（2004 年至今）：http://pericles. ipaustralia. gov. au/ols/epublish/content/olsAOJPatentPDFs. jsp。

23. 澳大利亚外观设计公报（2005 年至今）：http://pericles. ipaustralia. gov. au/ols/epublish/content/olsDesignPDFs. jsp。

24. 澳大利亚商标公报（2005 年至今）：http://pericles. ipaustralia. gov. au/ols/epublish/content/olsTrademarkPDFs. jsp。

25. 澳大利亚外观设计检索：http://www. ipaustralia. gov. au/get – the – right – ip/designs。

26. 澳大利亚商标检索：http://www. ipaustralia. gov. au/get – the – right – ip/trade – marks/。

27. 日本专利、实用新型检索：http://www. ipdl. inpit. go. jp/homepg_ e. ipdl。

28. 日本外观设计检索：http://www4. ipdl. inpit. go. jp/Isyou/dgde_ top. ipdl? N0000 = 3100。

29. 日本商标检索：http://www3. ipdl. inpit. go. jp/cgi – bin/ET/ep_ main. cgi? 1203388595884。

30. 日本工业产权法律状态检索：http://www1. ipdl. inpit. go. jp/IPDL/keika. htm。

31. 韩国专利、实用新型检索：http://patent2. kipris. or. kr/patent_ eng/kclo1000a. do。

32. 韩国英文专利文摘检索：http://eng. kipris. or. kr。

33. 韩国外观设计检索：http://detseng. kipris. or. kr/dets_ en/loin1000a.

do？method = loginDG&searchType = S。

34. 新加坡专利检索：http://www. epatents. gov. sg/default_ redirect. asp。

35. 新加坡外观设计检索：http://designsearch. ipos. gov. sg/eDSearch/Search. jsp。

36. 新加坡商标检索：http://tmsearch. ipos. gov. sg/eTMSearch/eSearchOption. jsp。

37. 新加坡商标公报（2006 至今）：http://tmsearch. ipos. gov. sg/eJournalSearch/ejournalcontrollerservlet。

38. 德国 DPMApublikationen 数据库：http://publikationen. dpma. de/。

39. 德国 DEPATISnet 数据库：http://depatisnet. dpma. de/DepatisNet/depatisnet？window = 1&space = unknown&content = index&action = index&session = c23b66f230d8e4c02ea0a0ad4905acbcc785b07c2b92&stamp = 2309。

40. 德国 DPINFO 法律状态检索：http://dpinfo. dpma. de。

41. 法国外观设计数据库：http://www. plutarque. com。

42. 印度国家信息中心专利检索：http://patinfo. nic. in/UTH。

43. 印度同族专利检索（Click here for Patent Search）：http://patinfo. nic. in。

44. DIALOG 联机检索系统：http://www. dialog. com（DataStar™ Web，DialogClassic Web™、Dialog® Web）。

45. STN 联机检索系统：http://www. stnweb. cas. org，http://www. stneasy. cas. org。

46. Questel. Orbit 数据库：http://www. qweb. questel. orbit. com/，http://www. qpat. com。

47. 世界知识产权组织网：http://www. wipo. int/about - wipo/zh/index. html。

48. WIPO GOLD 信息资源集成系统：http://www. wipo. int/wipogold/en。

49. 美国专利商标局网：http://www. uspto. gov。

50. 英国知识产权局网：http://www. ipo. gov. uk。

51. 美国专利资源网：http://www. uspatentresource. com。

52. 美国全球专利门户网站：http://www. globalpatents. com。

53. 美国知识产权联盟：http://www.cipr.org。

54. 美国国际知识产权联盟：http://www.iipa.com。

55. 美国专利资源组织：http://www.patentresources.com。

56. 美国知识产权培训数据库：http://www.training.ipr.gov。

57. 美国 DNA 专利数据库（DPD）：http://dnapatents.georgetown.edu。

58. 美国知识产权文件汇编软件（IPDAS）：http://www.ipdas.com。

59. 美国知识产权案例追踪系统：http://www.flextrac.com。

60. 美国专利和商标综合跟踪系统（PATTSY）：http://www.pattsy.com。

61. 美国防专利诈骗中心：http://www.inventorfraud.com。

62. 斯坦福大学技术许可办公室：http://otl.stanford.edu。

63. 哈佛大学技术与商标许可办公室：http://www.techtransfer.harvard.edu。